Knowledge House & Walnut Tree Publishing

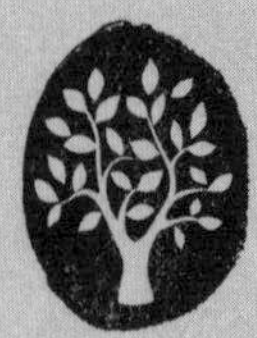

Knowledge House & Walnut Tree Publishing

互聯網金融——邏輯與結構

目錄

Contents

Contents

目錄

Contents

CHAPTER

互聯網金融：他國的經驗 329

導論
互聯網金融：成長的邏輯

互聯網金融（網路金融）是一種新的金融業態。本導論從互聯網金融的基本內容、運作結構、理論基礎、風險特點、監管標準以及替代邊界等角度出發，探究其生存邏輯、理論結構及監管準則。廣闊的市場空間是互聯網金融生存的必要條件，而金融功能與網路技術特性在「基因」層面上的匹配是其生存和發展的充份條件，也是其生存和發展的邏輯基礎。在理論層面上，金融功能理論、「二次脫媒」理論、新信用理論、普惠金融理論、連續金融理論構成了互聯網金融獨特的理論結構。

從形式上看，雖然互聯網金融的風險也會以操作風險、技術風險、信用風險、流動性風險等形式出現，但其內在風險更多地表現為透明度風險，外在風險更多地表現為技術和系統安全性，因而風險的疊加性相對明顯。基於這樣的風險特點，互聯網金融監管（金融監理）準則的基石標準應是透明度，外在標準是平台技術安全等級。與此同時，互聯網金融與傳統金融的相互競爭會推動金融結構的變革和金融功能效率的提升，完成從大企業金融、富人金融到普惠型金融的轉型。

互聯網金融對傳統金融體系的撞擊，進而引發新金融業態的出現，可能是未來若干年中國金融面臨的現實。互聯網金融對所有的研究者來說，都是一個全新的研究課題，是一個混沌而不太清晰的世界。互聯網金融的基本內涵、運作結構、理論基礎、商業模式、風險特點、替代邊界、監管標準等，都需要我們做系統而深入的研究。

互聯網金融：定義與形態

關於互聯網金融的內涵，雖然目前尚無十分準確的定義，但就其核心要素和基本屬性而言，學者們的認識已漸趨明朗。所謂互聯網金融是基於網路平台的金融，網路平台和金融功能是互聯網金融最重要的兩個要素。關於互聯網金融的基本屬性，我們同意謝平的判斷，也就是互聯網金融既不同於商業銀行的間接融資，也不同於資本市場的直接融資，屬於第三種金融融資模式[1]，因而是一種新的金融業態。[2]在本書的研究中，是將互聯網金融定義為第三金融業態。

在對互聯網金融做出準確定義之前，我們不妨對業已出現的互聯網金融的形態或業務線進行適當歸類。

從網路平台和金融功能兩個核心要素出發，目前互聯網金融的形態或業務線大體可歸為以下四類：

(1)第三方支付，包括網路支付和行動支付。

(2)網路融資，主要包括三部份：一是基於平台客戶資訊和雲數據的小微貸款和消費貸款；二是P2P（peer to peer）平台貸款；三是群眾募資（crowdfunding，眾籌）模式。

(3)網路投資，主要包括兩部份：一是P2P和群眾募資平台融資的資金提供者；二是網上貨幣市場

---

❶參見謝平、鄒傳偉，《互聯網金融模式研究》，載《金融研究》，2012(12)。

❷參見吳曉求，《中國金融的深度變革與互聯網金融》，載《財貿經濟》，2014(1)。

基金。

(4)網路貨幣。

關於金融產品的網路銷售及金融資訊的整合、發佈，可歸類為網路對金融業務的支持體系，其本質不屬於金融業務。

此外，還有一種形態是否屬於互聯網金融形態尚存爭議，即傳統金融業務網路化。它是指以網路替代金融中介和市場據點、人工服務，但產品結構、盈利模式並未發生根本性變化。謝平等學者將其納入互聯網金融的範圍，吳曉求則將其定義為金融互聯網（網路）而非互聯網金融。[3]

據此，我們大體可以得出如下判斷：從概念和內容看，互聯網金融有狹義和廣義之分。狹義的或嚴格意義上的互聯網金融是不包括傳統金融業務網路化，即金融網路部份；而廣義的或寬泛意義上的互聯網金融則包括金融網路部份。

之所以要做這樣的劃分，是因為狹義的互聯網金融與金融網路在商業理念、盈利模式和金融產品的設計規則等「基因」層面存在重大差異，本書後面的研究對此會有深入分析。本書所指的互聯網金融是指狹義的或嚴格意義上的互聯網金融。

總體看來，我們可以對互聯網金融做如下定義：所謂互聯網金融是指具有網路精神，以網路為平台，以雲數據整合為基礎而構建的具有相應金融功能鏈的新金融業態，也稱第三金融業態。

互聯網金融：生存的邏輯

要分析網路對金融的滲透，探討互聯網金融的生存邏輯，進而研究互聯網金融對整個金融體系的影響，就必須研究網路是如何滲透商業領域以及如何顛覆傳統商業模式的。

電子商務：互聯網金融的一面鏡子

網路對傳統商業模式的滲透乃至顛覆，對研究互聯網金融的發展有重要的啟發意義。而要研究電子商務模式的形成，就必須瞭解網路對產業整合所具有的特殊功能。

我們知道，網路通過巨大的黏合作用和資訊整合開創了一個無邊界的社會，這個無邊界的社會變得前所未有的複雜且富有生命力。它正在以悄然無息而又不可逆轉的趨勢創造出一種新的社會組織結構，形成新的社會存在形式，進而徹底改變了人們的生存狀態和生活方式。

網路最基礎的功能是對資訊的整合，從而形成了價值無限的資訊流。人類社會的黏合劑實際上是資訊。資訊的貫通使眾人形成了社會，單一的資訊只有零碎的價值，資訊的黏合具有社會價值。當眾多資訊的黏合被一種機制進行有序地整合而形成了巨大的、無窮無盡的、但結構清晰的資訊流時，一種無邊界的平台就在眼前。人與人之間的關係不再被物理空間所約束，社會的存在方式悄然發生了革命性的變化。這種巨大的變化體現在人的生存狀態、生活方式、文化觀念、消費模式等諸多方面。這

❸ 轉引自螞蟻金服，《基於互聯網的普惠金融實踐》，2012-09-23。

個對資訊進行有序整合而形成巨大資訊流的機制就是網路。

網路不僅實現了資訊流在時間和空間上的整合，從個體到整體的整合，由局部到無邊界的整合，而且以此為基礎，推動著物流的整合，進而以其巨大的成本優勢實現了對已有產業的系統整合，塑造了新的競爭格局。網路既是傳統產業的重構者，又是大眾消費模式的牽引者，它在結構層面推動著經濟增長模式的轉型。

如果說網路的資訊整合功能對社會組織結構和生活方式的變革具有重大影響，那麼在資訊流基礎上對物流牽引，進而對已有產業進行重構，則是其具有的巨大經濟意義。

網路進入商業流通後對傳統商業模式的顛覆，進而重構一種全新的商業運作結構（即電子商務）就是一個經典案例。阿里巴巴所建構的新的商業運作結構則是諸多經典案例中的精品。

實際上，以阿里巴巴為代表的電子商務模式除創造了無邊界的合作平台外，以資訊流的整合牽引物流聚合是其成功的關鍵點。無邊界的平台克服了傳統商業的物理空間、局域和時間約束，人們的消費（購物）過程可隨時隨地完成。在資訊流基礎上的物流聚合使消費者具有無限廣闊的選擇權，而分工基礎上的協作以及無物理空間約束的特點，則極大地降低了商業成本。電子商務特別是像淘寶網這樣的純平台電商所具有的這些優勢或特點，正是傳統商業模式的根本缺陷所在。網路之所以成為傳統商業的重構者甚至是顛覆者，是因為它們是大眾消費習慣的牽引者、變革者，是一種新的消費模式和商業文化的創造者。

網路在攻克了傳統商業帝國這個古老的產業後，下一個要滲透的一定是金融服務業，它要改變的是傳統金融體系。這是因為金融產業與商業同屬服務業，而且利潤豐厚，其「舞台」之大比商業有過之而無不及。電子商務是互聯網金融的一面鏡子。

廣闊的市場空間為互聯網金融的生存和發展提供了肥沃的土壤

從商業的角度看，網路所要重構的產業一定是「產業帝國」，即規模大、服務面廣、利潤厚、具有統一的標準、對經濟活動具有廣泛影響力的產業。金融業具備所有這些要素。

(1)從世界來看，截至二〇一一年底，全球金融資產規模達到兩百一十八兆美元。其中，全球銀行業資產規模約佔全球金融資產的百分之三十九，即八十五兆美元。人的一生或多或少都會與金融（如支付、清算、儲蓄、融資、投資、保險、理財等金融服務）相關聯。與商業一樣，金融無孔不入地滲透到人們的生活和經濟活動中，金融是名副其實的「產業帝國」，是產業鏈中的「皇冠」。

(2)就中國的情況而言，金融更像一個臃腫的「產業帝國」。到二〇一三年底，中國金融資產規模達到一百九十二兆八千九百億人民幣，利潤達到一兆八千七百億人民幣；其中銀行業金融機構的資產規模達一百五十一兆三千五百億人民幣，佔金融業總資產的百分之七十八．四六，利潤一兆七千四百億人民幣，佔金融業利潤的百分之九十三．〇五。銀行業中的十六家上市銀行的淨利潤佔滬深兩市兩千五百一十三家上市公司的百分之五十一．四二。總體而言，中國金融特別是商業銀行由於缺乏外部的系統性競爭者，其高額利潤有較大的壟斷性，導致創新動力不夠。雖然商業銀行的內部競爭相對充份，但外部壓力明顯不足，迫切需要來自於體系外部的系統性壓力和戰略競爭者。互聯網金融是中國現行金融體系的戰略競爭者，也是中國金融變革的推動者。

(3)在中國，金融這個傳統的「產業帝國」需要新的活力。新的活力來源於「基因」式的變革，來源於體系外部的系統性壓力。這種外部的和系統性壓力的重要來源就是網路，就如同傳統「商業帝國」需要藉助網路煥發新的生命力一樣。

與商業相比，無比廣闊的市場空間為互聯網金融的發展提供了更加絢麗的舞台，這是互聯網金融生存和發展的肥沃土壤。

金融與網路在功能（「基因」）上是耦合的

廣闊的市場空間是互聯網金融生存和發展的重要外部條件，而金融功能與網路技術的耦合，或者說金融功能與網路的技術特性在「基因」層面上匹配，既是互聯網金融生存的必要條件，也是互聯網金融生存的邏輯基礎。

按照現代金融功能理論的劃分，金融系統具有六項基本功能：

- 跨期、跨區域、跨行業的資源配置。
- 提供支付、清算和結算。
- 提供管理風險的方法和機制。
- 提供價格資訊。
- 儲備資源和所有權分割。

• 創造激勵機制。

在上述六項基本功能中，一般認為「資源配置」和「支付結算」是金融最基礎的兩大功能，通常由商業銀行承擔。對於後四種功能，在不同的金融模式和程度上分別由商業銀行和資本市場來承擔，其中風險管理（財富管理）是現代金融最核心的功能。從「基因」的匹配性上看，網路與金融的前四種功能，即「資源配置（融資）」、「支付清算」、「風險管理（財富管理）」、「提供價格資訊」，具有更高的耦合性。後兩種功能的實現更多的是基於一種制度結構和產品設計，但網路平台的植入，與這兩種功能的實現並無衝突，從一定意義上說亦有利於這兩種功能的效率提升。

互聯網金融：功能耦合性分析

互聯網金融可以進一步優化金融的「資源配置」功能

金融學意義上的「資源配置」是指資金的供給方透過適當的機制將資金的使用權讓渡給資金需求方的過程。這種資源配置過程通常分為兩類：一是吸收存款和發放貸款的過程，主要由商業銀行作為中介來完成；二是資金供給者與需求者以市場為平台直接進行交易的過程，這個市場平台主要是資本市場。我們約定俗成地把前者稱為「間接融資」，把後者稱為「直接融資」。

在這兩種融資形式中，間接融資的基礎風險是信用風險，直接融資的基礎風險是透明度。傳統上，在間接融資中，信用風險評估的主要測度除信用紀錄和信譽等級外，更多地側重於現金流、利潤等財務指標和資產（含不動產）規模等指標，緩釋信用風險的機制大多都是抵押、質押和擔保。在直接融資中，透明度的風險主要表現為上市公司的資訊披露是否真實、即時、完整。這兩種融資模式對風險的定義在自身邏輯範圍內沒有問題，但前者（即商業銀行）對信用風險的定義多少有點「富人好信用，窮人差信用」的邏輯；後者則把信用的履約置於法律和道德兩重約束下的「自覺之中」。實際上，個人或企業信用的優劣，是否存在履約風險，通常在實際交易行為中更能體現出來。持續的、高頻率的、以信用為擔保的交易，更能真正地、動態地反映交易主體的信用和履約能力。網路與生俱來的資訊流整合功能，創造了雲數據時代，它顯然區別於以抽樣統計為基礎的小數據時代。網路通過對雲數據的處理，使人們能夠清晰地看到抽樣所無法描述的細節資訊。顯然，現在的電腦完全具備了這樣的大計算能力。

在網路所創造的雲數據時代，首先是如何獲取數據，其次是網路「開放、平等、協作、分享」的精神為數據的獲得創造了天然的平台，從而較好地解決了經濟活動中的資訊不對稱性問題。或許在這個時代，僅僅雲數據的處理就可能形成新的金融中介，個人或企業的信用資訊無一不呈現在其中。這些雲數據中所體現出的信用資訊，其實比傳統的信用識別標誌要準確得多。所以，網路在當前主流金融最關心的信用風險識別技術上，顯然更進了一步，使金融識別風險的能力更具時效性、準確性，從而完善了金融識別風險的能力。

既然網路可以更有效地識別信用風險，又解決了經濟活動中的資訊不對稱問題，那麼以網路為平台的金融顯然更有利於金融的資源配置（即融資）功能的實現。

互聯網金融可以進一步改善當前的以商業銀行為主體的支付體系，更便捷地提供支付清算服務，使金融的支付清算功能效率大幅提升

在不同的金融結構中，支付清算體系的構建有較大差異。在大多數國家，商業銀行承擔著社會經濟活動中支付清算的功能，在中國尤其如此。中國的商業銀行構建了形式多樣的基於實體經濟交易和少量金融交易的支付清算系統，在全社會支付清算功能中居於絕對主導地位。

就佔主導地位的銀行支付清算系統而言，由於它更多地吸收和運用了現代資訊科技，致使支付清算的技術手段和工具不斷創新、效率有較大提高，這實際上就是網路的巨大作用。這說明基於網路平台的金融，在克服了時空約束的基礎上，加快了資金的流動速度，克服了支付清算資金的「存量化」，最大限度地保證了交易雙方特別是資金接受方的利益。

除了商業銀行運用網路技術改進或創新支付工具和支付體系，從而大大提升銀行體系的支付效率外，以網路為平台游離於銀行體系之外的第三方支付及支付工具是真正意義上互聯網金融的核心元素之一，也是互聯網金融的重要形態。這種具有互聯網金融「基因」的支付工具和支付體系，開始具有「脫媒」的某些特徵。它與商業銀行運用網路技術所創新或改進的支付工具和支付體系相比，貌似一樣或相近，實則有較大的差異。這種差異來自於「基因」的不同，不可將兩者混為一談。

基於互聯網金融平台的支付工具和支付體系，或許由於「脫媒」和高技術的特性，其靈活、便捷、快速、高效的特點是傳統金融支付工具和支付體系所難以達到的。顯然，基於互聯網金融的支付工具和支付體系，既是現有金融包括商業銀行支付工具和支付體系的重要競爭者，也是現有社會支付系統進一步升級的推動者。

互聯網金融進一步完善了「財富管理（風險配置）」的功能

互聯網金融對於金融「財富管理（風險配置）」功能的貢獻主要表現在三個方面：一是向下延伸客戶群鏈條，進一步豐富財富管理的功能；二是提供成本低廉、快捷便利的基於財富管理的金融產品行銷網路；三是推動餘額資金的財富化，有效地擴大了財富管理需求者的規模。在諸多金融功能的進行過程中，財富管理的需求具有較大的隱性特點，格式化或標準化產品及服務對個性化的財富管理影響甚微，因為對個性化的財富管理者來說，對「人」的認同遠高於對「平台」的認同。

在目前的金融狀態下，互聯網金融平台對潛在的非個性化的財富管理需求者來說，具有巨大的吸引力。其基本表現形式是，在基於優化資源配置的前提下，追求餘額資金的財富化。「餘額寶」是一個有價值的案例。「餘額寶」類型的、基於互聯網金融平台的財富管理工具最大的貢獻在於，突破了商業銀行餘額資金儲蓄化的傳統，實現了餘額資金的財富化。在這裡，客戶的餘額資金不再是無任何收益的閒置資金，也不是低利率的儲蓄產品。這一功能的突破，極大地延伸了財富管理的客戶端，並對商業銀行固有的儲蓄產品特別是活期儲蓄產品帶來了重大挑戰，進而在客觀上推動了商業銀行傳統業務的競爭和轉型。所以，互聯網金融在「財富管理」功能的拓展上，具有積極的推動作用。

互聯網金融對於改善金融「提供價格資訊」的功能有積極影響，從而使價格資訊更豐富、更即時、更準確

一般認為，金融提供的價格資訊包含兩類：一是資金價格，即利率；二是資產價格，通常由股票價格及其指數來表示。前者主要由貨幣市場和銀行體系提供，後者則由資本市場動態即時發佈。網路平台的引入，提高了動員資金的能力和資金的使用效率，加快了資金流轉速度，促進了互聯網金融與現行主流金融特別是商業銀行的競爭，將使利率這一資金價格更即時、準確地反映資金供求關係，進而引導資金的合理流動。在資本市場上，由於交易系統和即時報價系統充份採用了先進的計算機技術和資訊科技，股票價格及其指數已經充份展現了動態、即時的特點，這與網路的技術基礎是一脈相承的。

在電子商務模式中，基於網路平台的競價機制是一個很好的案例。網路所創造出的無邊界平台，為眾多廠商和消費者以及廠商之間的競價提供了最優的機制。在這裡，價格沒有外部力量的約束，所有價格都是廠商之間、消費者與廠商之間競價的結果。所謂網路對資訊流的整合，一個重要內容就是推動競爭價格的形成。這種價格形成機制遠比傳統市場結構下的價格形成機制合理和透明，網路平台解決了傳統市場結構下所存在的資訊不對稱和成本約束問題，所以互聯網金融不僅進一步改善了傳統金融「提供價格資訊」的功能，而且也使這個「價格資訊」的內涵得以擴充、豐富。

互聯網金融的理論結構

互聯網金融既有與傳統金融相近的理論基礎，更有自身獨特的理論結構。

金融功能理論

與傳統金融相比，互聯網金融並不突出金融組織和金融機構，而是基於金融功能更有效地實現而形成的一種新的金融業態，其基礎理論仍是金融功能理論。

如前所述，互聯網金融的出現和蓬勃發展，一方面使金融功能的實現越來越不依賴於特定的金融組織和金融機構，另一方面又使金融功能的效率在成本大幅降低的同時大大提升。由此，金融功能的內涵得以深化，金融服務的對象大大拓展。

金融功能效率的提升，表現在以下幾個方面：第一，突出表現在金融的支付結算功能上。互聯網金融提供的支付結算服務，具有靈活、便捷、快速、安全的特點，這是傳統金融提供的支付結算所難以達到的。第二，表現在資源配置或融資功能上。互聯網金融的資源配置功能或提供的融資服務，是對傳統金融融資功能的結構性補充，它有效地解決了某些特定的資金供給與資金需求的匹配性，完成了在傳統金融結構下難以完成的某些特定資金供求的撮合，使金融資源配置功能的實現更豐富、更結構化。第三，表現在金融的財富管理或風險管理功能上。互聯網金融實現了財富管理的大眾化，這顯然是對傳統金融財富管理富人化觀念的一種顛覆，使財富管理功能的內涵和外延得到極大的深化和延伸。第四，在金融其他功能的進行過程中，互聯網金融要不降低了成本，要不擴展了內涵，要麼提升了效率。

「二次脫媒」理論

一般認為，資訊不對稱、市場的不確定性以及由此引發的風險管理需求是金融中介存在的重要原因，也是金融中介理論形成的基礎。❹然而，互聯網金融所具有的特點正在侵蝕金融中介賴以存在的基礎，從而使金融中介正在經歷自資本市場「脫媒」以來的第二次「脫媒」。如果說資本市場是金融第一次「脫媒」的推手，那麼互聯網金融就是金融第二次「脫媒」的催化劑。正是基於這種理解，互聯網金融是一種新的金融業態，即第三金融業態。

在互聯網金融中，資訊的不對稱性有了更大的、根本性的改進。網路平台具有即時發佈資訊、資訊探索快速、強大的資訊流整合能力以及對雲數據的有效處理能力，在解決資訊不對稱方面，互聯網金融與傳統金融相比，向前邁出了根本性的一步。因此，傳統金融中介存在的經濟性和必要性受到了嚴重衝擊，金融中介的組織形態亦將發生重要變化。可以預期，基於雲數據的發掘和處理，可能是互聯網金融時代新金融中介的重要形態，這或許是金融第二次「脫媒」的重要副產品。

在金融形態結構化演進過程中，資本市場對於商業銀行而言，是金融的第一次「脫媒」，脫媒的重點在「資源配置」（即融資）功能上。這次「脫媒」推動了金融結構的變革，無疑是一次歷史性跨

❸ Scholtens and Wensveen(2000) 認為，價值增加應是金融中介理論的核心內容之一。

越。之所以是歷史性跨越，是因為金融的第一次「脫媒」推動了金融資源的自由流動和市場化配置，促進了金融體系風險定價機制的形成，完成了資訊從「點對點」到「點對多」、「多對多」的轉變，從資訊封閉到資訊公開的轉型，實現了資金所有者由儲蓄者到投資者角色的轉換，進而建立了財富增長的市場機制。

然而，由於資訊科技等因素的約束，金融的第一次「脫媒」並不徹底。網路平台的植入勢必推動金融的「二次脫媒」。金融的第一次「脫媒」，從現象看，似乎是為了規避利率管制，但其實質是金融功能演變使然，是商業銀行提供的金融服務滿足不了資金持有者對高收益、高風險產品的需求。同樣，互聯網金融推動金融「二次脫媒」，雖然也可以找到繞開管制的某種痕跡，但其實質也是現行金融體系滿足不了日益多樣化的金融服務需求。

與金融的第一次「脫媒」主要是推動金融活動的市場化不同，互聯網金融推動的金融「二次脫媒」主要是解決金融的效率和金融服務的結構性匹配問題。這裡說的金融效率主要表現為靈活、快捷、低成本、相對安全和資訊對稱性。金融服務的結構性匹配主要是指金融服務的廣泛性或普惠性問題。所有這些問題都是金融的第一次「脫媒」所沒有解決或沒有很好解決的問題。

新信用理論

信用是金融的核心和基石，也是金融的生命線。信用風險是傳統金融三大風險中的基礎風險。如何評估信用等級，如何觀測、緩釋和對沖信用風險，在現行金融運作框架中已有相對成熟的理論、技術和方法。一般來說，在現行信用評級理論和方法中，信用的優劣、高低通常與企業的資產規模、財務狀況、資金流量和個人的身份地位、收入水準、資產規模等有密切的關係，資產抵押或質押通常也是緩釋風險的主要機制。在這裡，信用與收入、財富、名譽、地位幾乎是同義語。基於雲數據的互聯網金融，從根本上顛覆了傳統金融關於信用的定義和觀測信用的視角。

實際上，經濟主體（企業和個人）的信用狀況都要通過其經濟行為特別是市場交易行為來表現。在金融活動中，金融交易行為是經濟主體信用表現的最好檢驗。網路平台所產生的雲數據，客觀地描述了相關交易主體的履約狀況和信用水準，真實展現了他們的商業行為軌跡。基於對雲數據的挖掘、整理、計算而形成的信用觀測結果顯然比傳統金融對信用的「先驗」評估要真實得多、準確得多、客觀得多。阿里小貸的低不良率就是一個很好的例證。

所以，互聯網金融通過雲數據來觀測實際交易行為的履約狀況，進而判斷相關經濟主體的信用能力，顯然大大推進了信用理論的內涵。如果說重財務指標、重資產指標等硬指標的信用理論是工業社會的信用理論，進而可稱為傳統信用理論，那麼基於雲數據大計算、側重於觀測實際交易行為軌跡的信用理論就是網路時代的信用理論，進而也可稱為新信用理論。新信用理論是互聯網金融存在和發展的重要理論基石。

普惠金融理論

二〇〇五年，聯合國提出普惠金融（inclusive financial system）的理念，希望推動建立為社會各階層所有成員提供公平、便捷、安全、低成本服務的金融體系。普惠金融的實質就是將需要金融服務的所有人納入金融服務範圍，讓所有人得到適當的與其需求相匹配的金融服務。普惠金融理念應當是金融服務的最高準則，也是衡量一國金融體系公平性的最高標準。

中國金融體系經過多年的改革在諸多方面取得了巨大成就，但一些深層次的結構性問題仍然相當嚴重，其中金融服務的廣度和深度存在明顯的不足。有調查數據顯示，在中國，大多數有信貸需求的家庭只能通過民間借貸來滿足，四分之三的農村家庭借貸更是依賴於非正規的民間管道。❺大多數小微企業難以從正規金融管道獲得貸款。在中國，金融體系的資金配置更多地傾向於大中型企業特別是國有企業，財富管理的重點主要在高收入群體，而針對數量眾多且十分活躍的小微企業和中低收入階層的金融服務被嚴重忽視。從這個意義上說，中國現行金融體系的本質是一種大企業金融和富人金融。金融服務的嚴重不平衡性，推動了社會貧富差距的擴大，背離了普惠金融的基本理念。

由於商業規則和營運平台的約束，傳統金融難以實現普惠理念。互聯網金融十分有效地彌補了傳統金融的內在缺陷，它以網路為平台，以資訊整合和雲數據計算為基礎，開創了一個自由、靈活、便捷、高效、安全、低成本、不問地位高低、不計財富多少、人人可以參與的新金融運作結構。在這裡，小微企業可以獲得相應貸款，低收入群體可以享受財富管理帶來的喜悅，消費者可以體驗快捷支付帶來的時間效率，需要資金周轉的小微企業可以找到手持盈餘資金但投資無門的投資者，雖然他們可能面臨比傳統金融更高的風險。這些被傳統金融所忽視的企業、個人終於在互聯網金融上獲得了適當的金融服務。金融服務第一次擺脫了對身份、地位、名望、財富、收入的依賴，顯然它是對普惠金融理念的踐行，而這正是互聯網金融具有強大生命力的源泉。

從離散金融到連續金融

金融工具是金融服務的載體，傳統金融本質上是離散金融。離散金融最顯著的特徵就是幾乎所有金融工具的服務功能都是斷裂的，或者說離散的，它們之間在功能上難以自動或不可能無成本地轉換，金融服務或金融工具之間存在一條人為的巨大溝壑，要跨越這一條條溝壑，消費者（即金融服務的需求者）必須付出不應該由他們付出的成本。這些成本是傳統金融巨額利潤的組成部份。這些溝壑的存在與傳統金融的內在結構渾然一體。

傳統金融為了防範風險，通常都會設立諸多條條框框，至於這些條條框框給客戶帶來了多大的效率損失或成本付出，通常不在其視野之中。在傳統金融的運作框架內，為防範風險設立諸多條條框框當然無可非議，但當這些條條框框給社會帶來的效率損失遠超其所獲取的利潤時，就不得不反思其存在的經濟性。所以，傳統金融這種離散金融的服務特點不僅常讓人有不便和僵化之感，還有某種置客戶利益不顧而追求自身利益最大化的利己主義傾向。雖然金融要盈利，但金融的本質不是追求利潤最大化。通過為社會提供恰當的金融服務，追求全社會的福祉和效率應是金融的最高境界。從這個意義上說，傳統金融的確背離了金融的本質。

❺參見西南財經大學中國家庭金融調查與研究中心，《中國農村家庭金融發展報告（二〇一四）》，成都，西南財經大學出版社，2014。

與傳統金融不同，互聯網金融是一種連續金融。互聯網金融的所有工具創新都源於客戶的需要而不是自身利潤的需求。第三方支付、基於互聯網金融平台的財富管理等顯然都有這些特點。互聯網金融的工具可以自由、通暢地轉換，沒有障礙，沒有溝壑，甚至沒有成本，這就是為什麼互聯網金融在中國有廣闊發展前景的原因。連續金融的服務是無縫隙的，工具是自動轉換的，體現了網路精神，即以客戶為本、為客戶創造價值、為客戶提供便利，進而為社會帶來效率。當然，這不是說互聯網金融不需要利潤，而是說這種利潤的獲取是以客戶價值的提升為前提的，這與金融的本質是匹配的。互聯網金融的這種理論和精神代表的是金融的未來。

互聯網金融的風險特點

分析、瞭解互聯網金融的風險，是制定互聯網金融監管準則的前提，也是提高監管有效性的重要基礎。互聯網金融作為網路與金融之間跨界融合的產物，雖然其形態發生了重大變異，但本質仍是金融，這就如同汽車和馬車都是交通工具一樣，雖然它們的外部形態已完全不同。所以，互聯網金融存在著與商業銀行類似的操作風險、技術風險、信用風險、政策風險和流動性風險等，也存在與資本市場相似的透明度風險。不同的是，由於互聯網金融的營運平台和運作結構發生了根本性變化，其業務形態較現行金融存在「基因」上的差異，故風險的形式亦有自己的特點。互聯網金融的風險因其形態或業務線的不同而有所不同。

本書第一部份對互聯網金融的形態或業務做了如下四個部份的劃分：一、第三方支付；二、網路融資；三、網路投資；四、網路貨幣。除網路貨幣本書暫不涉及外，前三種形態所隱含的風險實際上有較大差異，這些風險共同構成了現實的、多樣化的、複合性的互聯網金融風險類型。

第三方支付

支付是金融的基礎功能，第三方支付是互聯網金融中最具核心競爭力的功能，也是對傳統金融最具挑戰性的功能。人們通常說的互聯網金融對傳統金融具有顛覆性作用，通常都是指互聯網金融的第三方支付功能。

互聯網金融中的第三方支付，按照使用終端形態的不同，通常又分為網路支付和行動支付。網路支付基於個人電腦（PC）終端，行動支付基於手機和平板電腦行動終端。隨著行動終端的不斷普及，行動支付正在成為第三方支付的發展趨勢。無論是網路支付還是行動支付，第三方支付都存在技術風險和操作風險，這一點與傳統金融的卡支付所存在的風險類似。第三方支付存在的技術風險主要是指所信賴的資訊系統的技術安全和技術容量、駭客攻擊、賬戶資金被盜等。這裡所說的操作風險是指支付人的操作失誤。從已有的實踐和案例看，不能得出第三方支付所存在的技術風險和操作風險比傳統金融高的結論，但如何提高第三方支付的技術保證，增厚其技術「盾牌」，改善操作上的靈活性、便捷性和安全性，仍是互聯網金融防範風險的重要內容。

網路融資

互聯網金融概念中的網路融資是指以網路為平台的融資。本書定義的網路融資主要有三種形式：一是基於平台客戶資訊和雲數據的網路貸款，基本形式是對小微企業貸款和消費貸款。二是基於P2P平台的借貸。P2P是連接投資者和融資者的平台，通過這個平台進行個人對個人的借貸，也有個人對企業的借貸。三是群眾募資模式，主要利用網路讓小企業或個人展示創意或創業項目，以獲取外部資金支持。群眾募資模式通常有債權式群眾募資和股權式群眾募資等形式。[6]

互聯網金融中基於平台客戶資訊和雲數據的網路貸款與傳統金融的貸款一樣，也存在信用風險。不同的是，這種不進行實地面對面徵信的網路貸款是以平台客戶資訊和雲數據為基礎的，側重於貸款人的行為數據而不是先驗的資質條件。從已有的相關數據看，基於雲數據的網路貸款不良率與商業銀行貸款不良率相比，前者似乎更低。

P2P平台融資的風險主要表現在三個方面：一是借款人的資訊披露是否充份，這是P2P最大的風險源；二是缺乏有效的、可持續的風險對沖機制，不存在類似於商業銀行的貸款風險撥備機制，一旦出現借款人較大規模的違約，就有可能出現「跑路」現象；三是政策邊界風險。從形式上看，P2P融資模式離非法集資只差一步，如果存在「資金池」，則可能出現嚴重的政策法律風險。

網路投資

網路投資主要有兩種形式：一是P2P、群眾募資模式的資金提供者，其投資收益表現為利息、項目或產品回報、股權等。二是網上貨幣市場基金，如餘額寶。從已有數據看，其收益率明顯高於商業銀行活期儲蓄，甚至高於商業銀行定期儲蓄利率。它與互聯網金融的支付體系有自動銜接的功能。

對P2P貸款的投資風險，主要源於借款人的資訊披露是否充份、企業或項目的經營狀態以及風險對沖機制是否具備。群眾募資模式的投資風險主要集中在項目或產品是否盈利或是否有良好的市場預期。投資於網上貨幣市場基金的風險，主要是流動性風險，但由於其基礎資產主要是同業存款和流動性較好的貨幣市場產品，所以風險一般很低。但是，如果這種投資產品與支付工具是自動轉換的，則在支付脈衝高峰期（如每年「雙十一」時期），不排除存在流動性風險的可能性。

綜上分析，我們可以得出如下初步判斷：一是互聯網金融本質上仍是金融，其不同形態所隱含的風險與現有商業銀行和資本市場等隱含的風險類似；二是互聯網金融是一種基於「二次脫媒」後的新金融業態，其風險源發生了某種轉型或變異，導致風險類型更加複合。

概括而言，第三方支付中的技術風險更加敏感，脈衝式風險更加突出；網路貸款和與此對應的網路投資中的信用風險同時疊加了透明度風險，或者說這種信用風險的生成源是透明度風險。敏感度很高的技術風險和作為風險生成源的透明度風險，可能是互聯網金融中最值得關注的風險，而如何構建適當的風險對沖機制，保持互聯網金融融資功能的可持續性，是互聯網金融未來面臨的一大難題。

---

❻參見螞蟻金服，《基於互聯網的普惠金融實踐》，2012-09-23。

互聯網金融的監管準則

理清風險類型和風險來源的重要目的之一是制定相應的監管準則。無論是商業銀行還是資本市場，其所確立的監管準則的本質都是試圖對沖潛在的風險。商業銀行存款準備金制度試圖對沖貨幣的無限創造所帶來的信用的無邊際擴張。資金充足率標準所要對沖的風險主要是試圖收縮不良資產率上升引發的金融外部負效應。存貸比的限定是商業銀行資產規模和結構流動性安全的重要閥門。撥備覆蓋是商業銀行資產風險的事後補償機制。透明度則是資本市場「三公」原則實現的基石。由此可見，無論是第一金融業態的商業銀行，還是第二金融業態的資本市場，為了維持運作的常態化，各自均基於自身的風險特點，制定了一套與其風險結構相匹配的監管準則。作為第三金融業態的互聯網金融，必須找到並制定與其風險結構相匹配並能有效約束或對沖風險的監管準則。顯然，互聯網金融的這套監管準則與商業銀行的監管準則有較大差異，也與資本市場的監管準則有所不同。

那麼，互聯網金融的監管準則是什麼呢？

互聯網金融監管準則的「基石」標準或核心標準是透明度，外在標準或進入標準是平台技術安全等級，其目的主要是保證互聯網金融體系內資金的安全、資訊的真實和運作的有序。

從業務形態看，互聯網金融與商業銀行的功能相似。從「基因」匹配性看，互聯網金融與資本市場更接近。互聯網金融的「二次脫媒」更多地指向商業銀行，或者說互聯網金融主要是繼資本市場之後對商業銀行的「再脫媒」，而對資本市場的「脫媒」作用相對較弱，僅限於資本市場交易環節的

「脫媒」而已。正因為對商業銀行和資本市場的這種「二次脫媒」的差異，互聯網金融的風險「基因」與資本市場更為相近，這就是為什麼互聯網金融的監管準則從形式上更接近於資本市場的原因所在。

資本市場的「基石」監管準則所要求的透明度，更多地強調上市公司的資訊披露。與此不同，互聯網金融所要求的透明度更多地指向借款人的資訊透明度，而這正是所有網路平台的核心職責所在，也是互聯網金融有序運作最重要的基礎。

技術安全是互聯網金融的另一條生命線。如果說借款人足夠的資訊透明度是互聯網金融存在和發展的核心，那麼技術優勢和技術安全則是互聯網金融有序運作的外部保障。所以，對網路平台的技術等級要求，顯然也是制定互聯網金融監管的重要標準。

互聯網金融的替代邊界

互聯網金融的發展趨勢不可逆轉，其具有的雲數據、低成本、資訊流整合、快捷高效率的特性，無疑會對傳統金融業態特別是股本報酬率（ROE）較高的銀行業帶來嚴重挑戰。但是，我們應當清晰而客觀地看到，這種挑戰有的是帶有顛覆性的、此長彼消式的競爭，具有替代性趨勢；有的是相互促進式的競爭，彼此難以替代。互聯網金融與傳統金融特別是商業銀行的相互競爭，客觀上會推動金融結構的變革與金融功能效率的提升，拓展金融服務的範圍，推動金融產品的創新。

總體而言，互聯網金融將在支付功能上具有明顯的優勢；在資源配置或融資領域，基於平台客戶資訊和雲數據的網路貸款特別是小微貸款，亦具有較明顯優勢；P2P、群眾募資等模式由於滿足了傳統金融難以企及的客戶群（即所謂的長尾客戶）的融資需求，使金融服務的普惠性和結構化得到大幅提升，因而亦有較大空間；對於非個性化資產管理，雖然受到感知、認同在某種程度上的約束，但仍有一定的生存空間。在這些領域，互聯網金融會在不同程度上擠壓傳統金融特別是商業銀行的生長空間。面對這種蠶食式的競爭，傳統金融特別是商業銀行必須調整策略，廣泛運用網路技術，加快改革和創新，進而推動銀行業的技術進步，加快網路與金融的全面融合。

與互聯網金融一樣，商業銀行顯然有自身的比較優勢，如個性化服務、高度的專業性、較高的感知價值、對沖風險的能力、雄厚的資本實力以及對線下大客戶的壟斷等。這些比較優勢使傳統金融特別是商業銀行在大額貸款、個性化財富管理、投資諮詢、資源儲備等方面具有難以替代的優勢，而資本市場在財富管理、資產證券化等領域的地位則難以撼動。

在互聯網金融的滲透、競爭和撞擊下，中國金融將呈現如下基本趨勢：現行金融模式和運作結構將產生巨大的變革，金融功能的效率將大大提高，金融服務的結構化功能將不斷完善，金融將從大企業金融、富人金融向普惠型金融轉型。

參考文獻

金磷，《史上最有深度互聯網金融研報——互聯網金融》，百度文庫，2013。
劉積仁，史蒂夫·佩珀馬斯特，《融合時代》，北京：中信出版社，2013。
吳曉求，〈中國金融的深度變革與互聯網金融〉，《財貿經濟》，2014(1)。
謝平，鄒傳偉，〈互聯網金融模式研究〉，《金融研究》，2012(12)。
螞蟻金服，《基於互聯網的普惠金融實踐》，2012-09-23。
西南財經大學中國家庭金融調查與研究中心，《中國農村家庭金融發展報告（二〇一四）》，成都：西南財經大學出版社，2014。
茲維·博迪等，《金融學》，北京：中國人民大學出版社，2013。
克萊·舍基，《人人時代》，北京：中國人民大學出版社，2012。

CHAPTER 1

網路與資訊社會：基本定律與大趨勢

摘要

資訊科技帶來的資訊社會變革已經深刻影響到人類社會生活的方方面面，其中網路帶來的巨大推動力已逐步深入到金融市場體系的眾多領域。在此背景下，本章對網路引領下的資訊科技發展與應運而生的商業革命進行了較為系統的回顧。在簡要回顧了網路的硬體基礎——電子計算機的發展之後，我們概括性地將網路的歷史發展分為了三大階段：第一階段為二十世紀六〇年代，以「ARPANET」的提出標誌著網路的起源；第二階段為二十世紀七〇年代，網路的誕生在科學界掀起了一陣浪潮，導致了以CSNET、USENET等為代表的大量新網路的推廣與應用；第三階段自二十世紀九〇年代起，隨著「網路之父」蒂姆．伯納斯．李提出了「萬維網」以及瀏覽器「馬賽克」（Mosaic）的研發成功，網路得到了迅速普及。在回顧歷史的基礎上，我們指出了網路催生出的網路經濟發展的三大基本定律以及網路經濟對傳統經濟帶來的衝擊和機遇。接著，我們從宏觀層面分析了網路新技術為社會帶來的巨大變革，並從網路帶動下的經濟形態及商業模式的變革、經濟全球化進程的加速、人類生活行為模式變革三大切入點進行了深入的闡釋與分析。最後，在大數據全面來臨的時代背景下，我們對網路構建的無邊界平台的巨大影響做出了具體分析，同時對在此基礎上資訊流的全局整合及大數據的全面爆發為當前帶來的無限財富與機遇做出了闡釋與探討，並提出了金融市場面臨大數據時代的挑戰和準備。

網路引領下的資訊科技與商業革命

網路發展簡史

電子計算機的形成與發展

一九四六年二月，在美國賓夕法尼亞大學的莫爾電機學院誕生了世界上第一台電子計算機ENIAC，其全稱為Electronic Numerical Integrator And Computer，即電子數字積分計算機。這個龐然大物長五十英尺（一英尺＝〇．三〇五公尺），寬三十英尺，佔地面積約一千五百平方英尺，重達三十噸（約一間半教室大，六頭大象的重量），每秒鐘可做五千次加法運算。它的產生讓整個美國乃至全世界都為之振奮。

如**圖一**所示，這是世界上第一台電子計算機ENIAC和它的主要製造者。圖中左數第二位是當時年僅三十六歲的美國物理學家莫奇利（J.W.Mauchly），左數第三位是年僅二十四歲的物理學家埃克特（J.P.Eckert）。

ENIAC的研製想法產生於第二次世界大戰期間，當時美國軍方開始大力發展新式武器，在研製過程中，砲彈彈道問題的研究要經過許多複雜的計算過程。依靠以前的計算工具已遠遠不能滿足要求，急需一種自動快速完成計算過程的機器。因此，美國軍方撥款大力支持，成立了以莫奇利、埃克特為首，以美國第一顆原子彈研製參與者馮．諾依曼（John von Neumann）為顧問的研製小組，進而實現

圖一　第一台計算機的研製成功

資料來源：http：//www.techcn.com.cn/index.php?doc-view-113483.html。

了計算機的順利問世。表一中給出了ENIAC與同時期機電式計算機MARK-I、MARK-II、MARK-V的計算速度比較，可以看出ENIAC的計算能力遠高出同期的其他計算機。

自第一台計算機問世之後，越來越多的高性能計算機被研製出來。縱觀計算機的發展，它已從第一代計算機逐步發展到第四代計算機，並繼續邁向第五代、第六代智慧型計算機。表二中清晰地給出了四代電子計算機發展特點的對比。

(1)第一代電子計算機。第一代電子計算機的代表階段為一九四六至一九五八年。這一時期的計算機也稱真空管計算機，其體積龐大、運算速度較低、存儲量小、價格昂貴，主要用於科學計算，因此其使用領域主要涉及科學研究單位和重要部門。

表一　ENIAC與同時期機電式計算機的運算速度比較

機器名	製造日期	運算速度（ms）	
		加法	乘法
MARK-I	1944年	300	5700
MARK-II	1947年	200	700
MARK-V	1947年	300	1000
ENIAC	1946年	0.2	0.8

資料來源：李彥：《IT通史：計算機技術發展與計算機企業商戰風雲》，北京，清華大學出版社，2005。

表二　四階段電子計算機特點比較

代別	起止年份	硬體特徵	軟體發展狀況	應用領域	主流產品
第一代計算機	1946—1958年	真空管	機器語言和彙編語言	科學計算	IBM-700系列
第二代計算機	1958—1965年	電晶體	高級語言（編譯程式）管理，簡單的操作系統	科學計算、數據處理、事務管理	IBM-7000系列
第三代計算機	1965—1970年	中小規模積體電路	功能較強的操作系統，高級語言，結構化、模組化的程式設計	系列化遠程終端、向社會各部門推廣和普及	IBM-System/360
第四代計算機	1970年至今	大規模、超大規模積體電路	操作系統進一步完善，資料庫系統，網路軟體	網路、分佈式計算機、人工智能迅速推廣	IBM-3090系列

(2) 第二代電子計算機。第二代電子計算機的代表階段為一九五八至一九六五年。這一時期的計算機也稱電晶體計算機，其運算速度比第一代計算機的運算速度提高了近百倍，體積卻減小為原來的幾十分之一。在軟體方面也開始使用計算機算法語言。這一時期的計算機不僅用於科學計算，還用於數據處理和事務處理及工業控制。

(3) 第三代電子計算機。第三代電子計算機的代表階段為一九六五至一九七〇年。這一時期的計算機也稱中小規模積體電路計算機，操作系統就是在這一時期出現的，此階段的計算機功能越來越強、應用越來越廣。其已被拓展用於文字處理、企業管理、自動控制等領域，計算機已逐步在商業領域凸顯出重要的作用和地位。

(4)第四代電子計算機。第四代電子計算機的代表階段為一九七〇年至今。這一時期的計算機也稱大規模、超大規模積體電路計算機，伴隨著微處理器的產生，微型計算機逐步走入人們生活，計算機被用於人類社會生產生活的各個領域，成為人類生活中不可缺少的一個重要部份。

計算機在中國的發展相比美國而言，起步要晚，但發展速度卻十分驚人。一九五八年，中科院計算所研製成功中國第一台小型真空管通用計算機103機（八一型），標誌著中國第一台電子計算機的誕生。一九八三年，國防科技大學研製成功運算速度每秒上億次的銀河—I巨型機，這是中國高速計算機研製的一個重要里程碑。總之，近幾十年來，電子計算機的發展迅速，不僅廣泛應用於科學研究部門、商業領域等，同時電子計算機已走進千家萬戶。

據統計，自一九九八年二月至二〇一三年九月約十五年間，僅電子計算機整機月產量就呈一百九十三萬六千倍的增長。**圖二**顯示了自二〇〇九年二月至二〇一三年八月每月電子計算機的整機產量。

網路發展起源

從一定意義上講，網路是美蘇冷戰的產物。二十世紀六〇年代，美國國防部為防止唯一的軍事指揮中心被蘇聯攻擊，開始建立分散的指揮系統，而分散的指揮點之間需要通過某種通信網聯繫。一九六七年十月，美國科學家拉里·羅伯茨（Larry Roberts）和鮑勃·泰勒（Bob Taylor）第一次

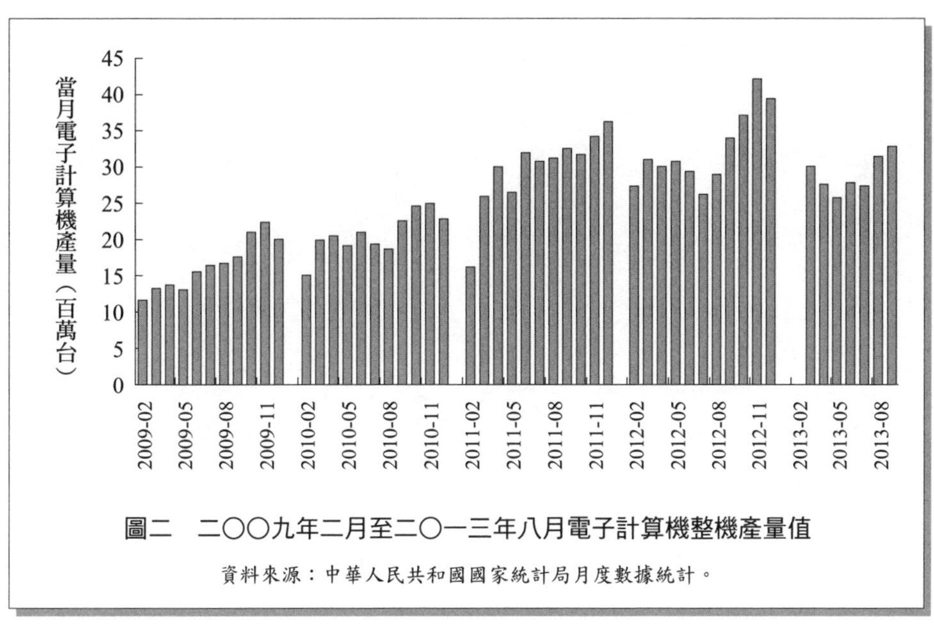

圖二　二○○九年二月至二○一三年八月電子計算機整機產量值

資料來源：中華人民共和國國家統計局月度數據統計。

提出了「ARPANET」，即「阿帕網」，ARPANET是全球網路的始祖。

一九六九年十一月，美國國防部高級研究計劃管理局（Advanced Research Projects Agency, ARPA）開始建立ARPANET。但初期，只是由西海岸四個結點構成：第一個結點選在加州大學洛杉磯分校（University of California at Los Angeles, UCLA），因為羅伯茨以前在麻省理工學院（Massachusetts Institute of Technology, MIT）的同事克萊因羅克教授就在該校主持網路研究；第二個結點選在史丹佛研究院（SRI），那裡有道格拉斯・恩戈巴特（D.Engelbart）等一批網路先驅人物；第三個、第四個結點為加州大學聖塔芭芭拉分校（UCSB）和猶他州的猶他大學（The University of Utah），這兩所大學有電腦繪圖研究方面的專家。

如**圖三**所示，ARPANET不斷壯大，一九七○年已經初具雛形，並開始向非軍方部門和許多大學及商業領域開放。直至一九七七年，ARPANET的主機已由最

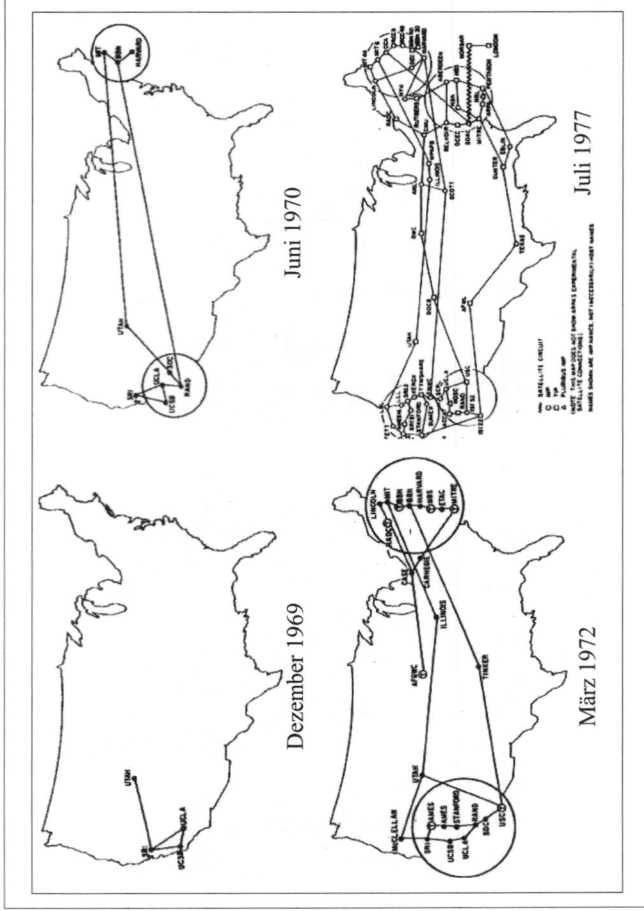

圖三　一九六九至一九七七年ARPANET節點分佈發展圖

資料來源：http：//jeromeabel.net/files/ressources/retour-a-la-matiere/05.reseaux/large/04-arpanet_1969.png。

初位於西海岸的四台主機發展至全美國上百台主機的規模。

網路在科學界的推廣與運用

隨著ARPANET的出現和發展，自一九七〇年起，開始出現了大量新的網路，包括計算機科學研究網路（Computer Science Research Network, CSNET）、因時網（Because It's Time Network, BITNET）、新聞討論組網路（User's Network, USENET）和美國國家科學基金網路（National Science Foundation Network, NSFNET）。[1]

(1)CSNET。一九七九年，威克森大學的拉里．蘭德韋伯（Lary Landweber）教授提議為計算機科學家創建一個網路，供計算機研究人員之間互傳資訊。同年，他組織來自威克森大

表三　一九七九至一九八八年USENET的使用規模

時間	1979	1980	1981	1982	1983	1984	1985	1986	1987	1988
站點數目（個）	3	15	150	400	600	900	1300	2200	5200	7800
文章（篇／天）	2	10	20	50	120	225	225	946	957	1933

資料來源：李彥：《IT通史：計算機技術發展與計算機企業商戰風雲》，北京，清華大學出版社，2005。

學、特拉華州大學和普渡大學等大學以及ARPA、NSF的一些學者共聚一堂，召開了建立計算機科學研究網路（CSNET）的發起大會，並用兩年時間（即在一九八一年）完成了CSNET的建成和投入使用。一九八三年，CSNET和ARPANET進行了互聯。

(2)BITNET。BITNET是大學網，起源於一九八一年紐約市立大學和耶魯大學IBM主機間的互聯。此後，BITNET在美國的各個大學校園裡不斷擴展。該網路不僅提供電子郵件文件服務，還提供了一些獨特的服務（如列印表服務等），從而大大促進了美國各個大學間資訊（即資源）的交流和互通。

(3)USENET。USENET被稱為「窮人的ARPA網」，因為它是由一群研究生創建和使用的。相對於建造ARPA網的美國國防部等部門來說，這些研究生一窮二白，但有著無窮的智慧和創新。這種用戶新聞組滿足了大學學生用來發新聞、交流學習經驗、互通資訊等要求。直至一九八四年，USENET與ARPA網連在了一起，其訪問人數得以劇增，發展至今勢頭仍很強勁。從表三即可看出用戶新聞網USENET的發展過程。

(4)NSFNET。一九八六年，美國國家科學基金會利用ARPA網發展出來的IP通信，在五個科學研究教育服務超級電腦中心的基礎上建立了NSFNET廣域網，實

❶參見李彥，《IT通史：計算機技術發展與計算機企業商戰風雲》，北京，清華大學出版社，2005。

現了資源的共享與互聯。NSFNET分三級層次，由主幹網、地區網和校園網組成。各個大學主機可連接到本校校園網，校園網就近連接到地區網，地區網又連接到主幹網，主幹網再通過高速通信線路與ARPANET連接。在國家科學基金會的鼓勵和資助下，許多大學、政府資助的研究機構甚至私營的研究機構紛紛把自身的區域網路加入到NSFNET廣域網中。伴隨著國家科學基金會在全美國建立起按地區劃分的計算機廣域網並將這些地區網路和超級計算機中心互聯起來，NSFNET逐步替代了網路之父ARPANET，並於一九九〇年六月徹底取代ARPANET成為了網際網路（Internet）主幹網之一，ARPANET至此退出了歷史舞台。一九九一年，商業網際網路交易協會（Commercial Internet Exchange Association, CIEA）宣佈可以把網際網路子網用於任何一個商業用戶，商業網際網路交易協會的成立標誌著網際網路發展史上一個新的飛躍。

自二十世紀六〇年代至今，網路的飛速發展帶動了商業的變革，促成了一大批基於電子計算機及網路業務的公司誕生和發展。

網路的出現促使許多熱中並擅長電子計算機及網路領域的科學家、研究者走上了創業的道路。在此時期，誕生了一大批世界一流的公司，典型代表為微軟（Microsoft）公司、英特爾（Intel）公司及思科（Cisco）公司。

比爾・蓋茲創建的軟體業帝國——微軟公司，是全世界最大的軟體公司，同時還是新技術變革的領導者。微軟依靠在微機操作系統中的統治地位，把握住了計算機裸機與用戶操作使用之間的咽喉，形成了強大的壟斷局面，締造出了軟體業的羅馬帝國。

在一九六八年的矽谷，戈登·摩爾（Gordon Moore）和羅伯特·諾伊斯（Robert Noyce）創建了世界著名的處理器製造商——英特爾公司。英特爾趕上了個人電腦革命的浪潮，並且把握住了微軟這個強勢的夥伴。英特爾憑藉其迅速的技術研發與創新能力，領導著計算機處理器的技術革命，形成了計算機處理器市場的壟斷局面。

世界上最大的設備製造公司——思科公司，其創建者是史丹佛大學的一對教師夫婦李奧納多·波薩克（Leonard Bosack）和桑迪·勒納（Sandy Lerner），兩人創造的支持各種網路服務器和協議的「多協議路由器」成為日後思科公司賴以生存的主要產品之一。思科公司憑藉其市場產品定位的優勢和鼓勵員工創業的特殊文化氛圍，保持了高速的發展勢頭，穩坐網路設備提供商的頭把交椅。

網路的發展，不僅帶動了一個新興產業的出現和發展，給一大批關注電子計算機和網路發展的人才創造了無窮無盡的財富；而且弱化了地域差異，實現了跨地域、跨領域乃至跨國界的資訊資源的共享與整合。在這個階段，網路拓寬了資訊溝通的邊界，打破了地域及領域的局限。但是，如果因此就得出網路改變了人們生活的結論，仍有些為時尚早。

網路的社會性普及

一九九一年，歐洲粒子物理研究所（European Organization for Nuclear Research, CERN）的蒂姆·伯納斯·李（Tim Berners-Lee）開發出了萬維網（World Wide Web, WWW）及瀏覽器軟體，並將自己的發明無私地奉獻給了全世界。萬維網是歷史上影響最深遠、最廣泛的傳播媒介，它實現了人類以史無前例的巨大規模相互交流，深深改變了人類的生活面貌。因此，萬維網的發明者蒂姆·伯納斯·李被稱為「網路之父」。

一九九三年，伊利諾州大學美國國家超級計算機應用中心的學生馬克·安德魯森（Mark Andreesen）等人開發出了真正的瀏覽器「馬賽克」（Mosaic），後被作為網景導航者（Netscape Navigator）推向市場。此後，網路獲得了爆炸性的普及。

網路的爆炸性普及，使得網路逐步進入了普通百姓的家中。根據艾瑞諮詢（iResearch）整理eMarketer的數據發現（見**圖四**），二〇〇八年美國網路的網民規模為兩億零三百二十萬人，網民普及率為百分之六十六·八。二〇〇九年的網民規模達到了兩億一千一百七十萬人，網民普及率達到百分之六十八·九。預計二〇一四年，美國網民的普及

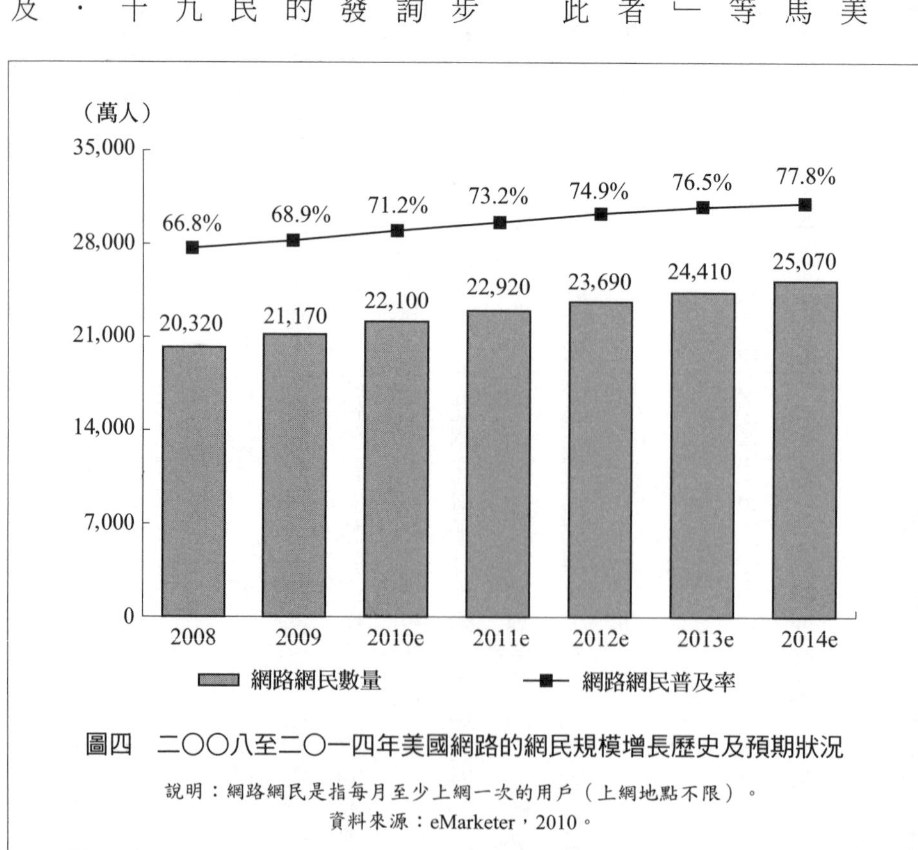

圖四　二〇〇八至二〇一四年美國網路的網民規模增長歷史及預期狀況

說明：網路網民是指每月至少上網一次的用戶（上網地點不限）。

資料來源：eMarketer，2010。

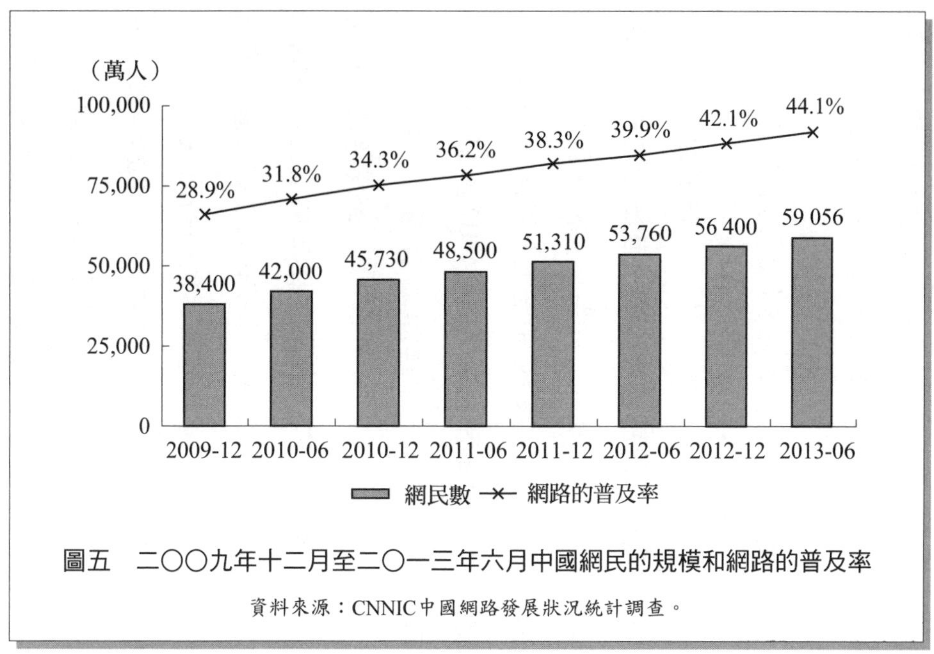

圖五　二〇〇九年十二月至二〇一三年六月中國網民的規模和網路的普及率

資料來源：CNNIC中國網路發展狀況統計調查。

率將會高達百分之七十七・八。

據CNNIC中國網路發展狀況統計調查結果顯示，自二〇〇九年十二月至二〇一三年六月，中國網路的普及率上升了百分之十二・二，網民的規模增加了兩億零六百五十六萬人，雖然在整體上仍與美國相差一定距離，但其普及十分迅速（見圖五）。正是看到這種必然的趨勢，自二十世紀九〇年代以來，誕生了一連串改變了傳統商業模式、改變了人們生活模式的公司，它們的出現和發展對社會的變革產生了深遠的影響。

在科技工業史乃至整個工業史上，能超過微軟發展速度並超越其影響的公司屈指可數，但網景公司就是這樣的公司之一。其創建者正是開發出「Mosaic」馬賽克瀏覽器的馬克・安德魯森。網景公司創造的網頁瀏覽器曾一度扼住電腦與網路連接的咽喉，市場佔有率居主導地位，使用率曾高達百分之九十。但在後來與微軟的瀏覽器之爭中，敗給了微軟操作系統捆綁免費瀏覽器的競爭策略。[2]

說到對當今網路模式貢獻最大的人，不得不提及雅虎（Yahoo）公司的創始人楊致遠和大衛・費羅（David Filo），他們對世界的貢獻遠不止是創建了世界上最大的網路門戶網站——Yahoo。更重要的是，他們制定了網路這個行業至今仍然遵守的遊戲規則——開放、免費、盈利。雅虎為全球超過五億的獨立用戶提供了包括搜索引擎、電子郵件、新聞等多元化的網路服務。其提供免費服務，卻通過廣告獲利的獨特盈利模式開創了網路的先河，同時刺激了電子商務的誕生，對於商業模式的變革產生了深遠的影響。

此外，在網路普及基礎上產生的電子商務，也極大地顛覆了傳統的商業模式。以亞馬遜（Amazon）和eBay公司為代表的電子商務公司開拓了網路商業的新領域，締造了一個又一個奇蹟。

總之，網路發展與全球資訊化進程、新興產業及公司的出現、商業模式的變革有著密不可分的關係。一方面，全球資訊化、產業及公司的發展甚至整個商業模式的變革都進一步加速了網路技術的更新換代；另一方面，電腦與網路的發展催生了社會眾多領域的變革，對人類社會的生產生活方式都產生了深遠的影響。

網路發展帶動網路資訊流的變更與融合

人類社會的生產生活離不開商品的流通。而商品流通中，最核心的部份為物流、商流和資訊流。伴隨著人類社會生產的不斷進步，物流、商流和資訊流在人類發展的不同社會時期起著不一樣的社會作用。

早在農業社會時期，農業生產為主導經濟，商品經濟仍不發達，人們基本上處在自給自足的生活狀態。當生產者生產的產品在滿足自身消費並有剩餘之後，才開始出現生產產品的交換。早期，生產者將生產的多餘產品拿到市場進行交換，但在市場交換之前，生產者無法獲取市場需求的資訊，也不可能先與商品需求者簽訂商品買賣協議作為保證。其只能將生產的產品拿到市場上銷售，通過這樣的方式進行買賣。因此，我們可以看出，在農業社會時期，商品的流通不是以商流為主導，更無法以資訊流為主導，而是以生產者先將商品搬運到市場再決定是否進行交易的物流形式為主導。也就是說，先產生了物流，才促進了商流和資訊流的發生，因此整個農業社會是以物流為主導的。

當進入工業社會，商品經濟已經十分發達。生產者為了保證產品有效地銷售出去，需要在生產前簽訂商品銷售協議。因此，生產者的生產行為是以交換為目的，在這個過程中，商流起著決定性的作用。與此同時，資訊流也起著很大的作用，資訊流的出現指導了產品的去向，主導了商流的流通方向。然而，在工業時期，資訊化程度的不高決定了資訊流的局限性，同時商流的出現帶動了物流的發展，但兩者可以分開，因此工業社會時期是以商流為主導的。

進入資訊社會，資訊科技和資訊傳播得到了廣泛的發展，資訊流逐漸凸顯其重要的地位，成為了資訊社會時期的主導流。在商品經濟交換中，資訊流成為了先導，決定著交易方向和交易對象。通過網路平台跨時間、跨地域的巨大優勢，資訊的溝通十分便利，導致資訊和資源的共享普遍存在，而生

❷參見吳軍，《浪潮之巔》，北京，電子工業出版社，2011。

產者通過充份挖掘商機，主導了商品的交易，使得成交率大大提升，因此資訊流決定了商流。同時，網路的出現降低了交易成本，從另一個角度也促進了商流的發展。此外，資訊流對物流的支配作用也在不斷加大，而資訊科技的提升也為以商品運輸為主導的物流提供了更經濟、更便捷、更科學的路線與途徑。所以說，資訊科技的發展與革命，不僅促進了商流、物流的發展，同時也決定了資訊流在資訊社會中的主導地位。

網路催生網路經濟的發展與運用

二十世紀九〇年代，美國等已開發國家憑藉其資訊科技的高速發展，率先進入了網路經濟時代。網路經濟是一個全新的概念，是指一種建立在計算機網路（特別是網路）基礎之上，以資訊科技為核心，進行資源的分配、生產和消費的新經濟形態。

資訊科技和網路技術的飛快發展，之所以能夠迅速地滲透到經濟各個領域，使網路經濟能夠迅速滲透到傳統經濟領域中來，是因為在資訊網路的發展過程中，有些規律起著重要的支配作用。

網路經濟學經典定律

(1)摩爾定律。一九六五年，英特爾公司的創始人戈登·摩爾提出了一條揭示資訊科技進步速度的定律——摩爾定律（Moore's Law）。該定律的內容為：當價格不變時，積體電路上可容納的電晶體數目，約每隔十八個月便會增加一倍，性能也將提升一倍，而成本卻會成比例的遞減。換言之，每一美元所能買到的電腦性能，將每隔十八個月翻兩倍以上。

摩爾定律的提出得到了資訊科技各個領域的廣泛驗證。在電腦計算速度領域，一九四六年，世界上第一台電子計算機ENIAC的計算速度為一秒內完成五千次定點加減法運算。今天，使用英特爾「酷睿」的個人電腦的計算速度為每秒五百億次浮點運算，至少是ENIAC的一千萬倍。截至二〇〇七年六月，世界上最快的計算機IBM藍色基因（BlueGene/L），速度高達每秒三百六十七兆次浮點運算，是ENIAC的七百三十四億倍，恰好滿足每二十個月翻一倍，與摩爾定律的預測大致相同。此外，在晶片存儲容量、網路傳播速度等方面都能驗證摩爾定律的正確性。❸

如**圖六**所示，圖中直線表示了摩爾定律預測的微處理器電晶體數量的增長趨勢，而每一個點表示自一九七一年至二〇一一年，英特爾公司和超微（AMD）公司新開發的微處理器中的電晶體數量。我們可以明顯地觀察到，其電晶體數量基本符合摩爾定律的預測，這再一次印證了摩爾定律的正確性。

此後，基於摩爾定律的理論，摩爾又提出了摩爾第二理論和反摩爾理論，揭露了資訊科技產業中成本、營業額發展的內在規律。一九九五年，摩爾在國際光學工程協會的一次會議上指出，從經濟和成本的角度考慮，摩爾定律關於製造成本同比下降的假說可能會失效；相反，製造晶片的成本會不斷增加，資本投入正以比收入快得多的速度增加。此後，業界將摩爾對晶片成本趨勢的預測稱為「摩爾第二定律」。此外，Google的執行長施密特（Eric Emerson Schmidt）曾指出：如果你反過來看摩爾定律，如果一個資訊科技公司今天和十八個月前賣掉同樣多、同樣的產品，那麼它的營業額就要降低一半，業界把其提出的這一定律稱為「反摩爾定律」。反摩爾定律透露出資訊科技行業競爭的劇烈和不

❸參見吳軍，《浪潮之巔》，北京，電子工業出版社，2011。

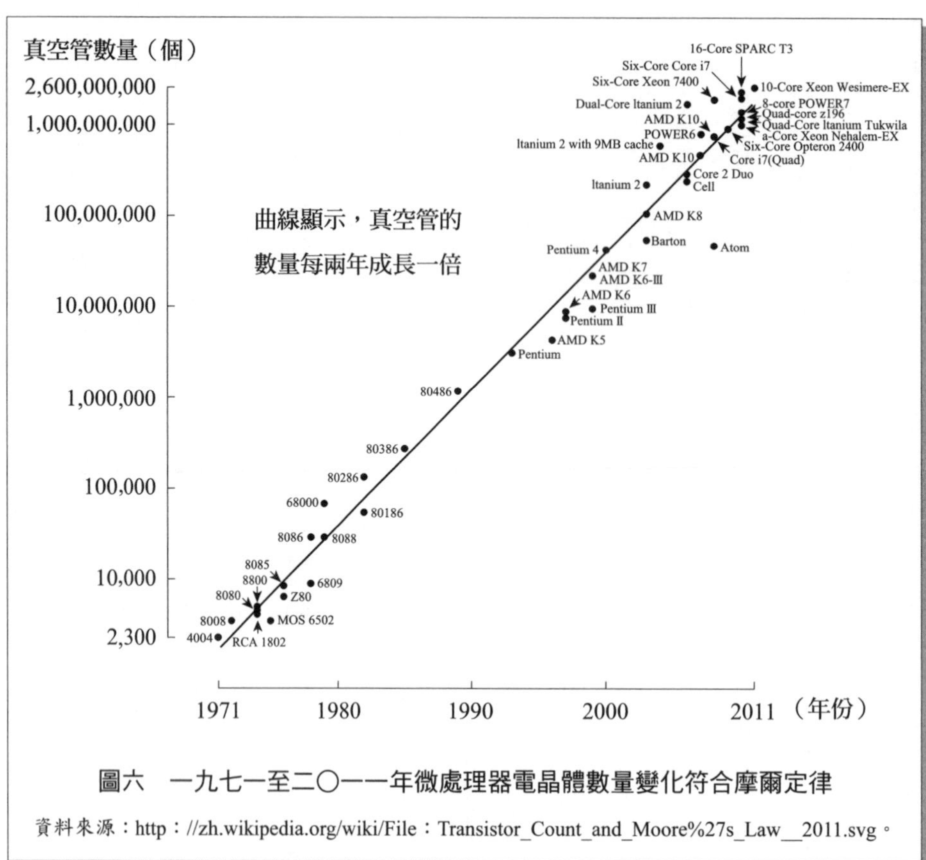

圖六　一九七一至二〇一一年微處理器電晶體數量變化符合摩爾定律

資料來源：http：//zh.wikipedia.org/wiki/File：Transistor_Count_and_Moore%27s_Law__2011.svg。

易，同時也有如昇陽（Sun）公司的諸多資訊科技公司受反摩爾定律的影響逐步脫離整個行業。但從積極的角度考慮，反摩爾定律促成了科技領域質的進步，也為新興公司提供了生存和發展的可能。

(2)梅特卡夫定律。梅特卡夫定律（Metcalfe's Law）常與摩爾定律相提並論，如果說摩爾定律是資訊科學的發展規律，那麼梅特卡夫定律就是網路技術的發展規律。

梅特卡夫定律的提出者是電腦網路的先驅、乙太網路發明者、3Com公司的創始人羅伯特·梅特卡夫（Robert Metcalfe）。該定律表明，網路的價值等於網路節點數的平方，網路的價值與聯網用戶數的平方成正比。

梅特卡夫定律基於網路的外部性效果，即對原來的使用者而言，使用者越多，不僅網路的效用不會減少，反而會越來越大。摩爾定律加上產業合流現象，形成了到處資訊化的局面；梅特卡夫定律又將到處資訊化的企業，以網路外部性的乘數效果相聯結，就締造出了一個規模龐大、充滿無數商機和成長潛力、能夠與實體世界相媲美的全球化電子商務市場。

與此同時，也正是網路極強的外部性和正反饋性，與梅特卡夫揭示出的網路的價值隨用戶數量的增長而呈算術級數增長或二次方程式增長的規則，促成了網路規模的急劇增長。

全球IPv4位址數已經於二〇一一年二月分配完畢，**圖七**顯示出自二〇一一年起，中國IPv4位址數基本維持不變，但IPv6位址數仍保持了較高的增長速率。截至二〇一三年六月底，中國IPv6位址數量為14607組／32。由此可以看出，中國網路規模的增長十分迅速。

(3)達維多定律。曾任職英特爾公司高級行銷主管和副總裁的威廉・H・達維多（William H.Davidow）提出了以其名字命名的達維多定律。業界把摩爾定律、梅特卡夫定律和達維多定律並稱網路經濟的三大定律。

達維多定律闡釋了任何企業在本產業中必須不斷更新自己的產品。一家企業要想在市場上佔據主導地位，就必須首先開發出新一代產品。因此，達維多定律也稱網路經濟中的「馬太效應（Matthew effect）」。達維多定律的理論基點，建立在市場開發和利益分割的成效基礎上。第一個進入市場的產品可以自動獲得百分之五十的市場比率，因而只有率先進入市場才能更容易地獲得較大的市場份額和

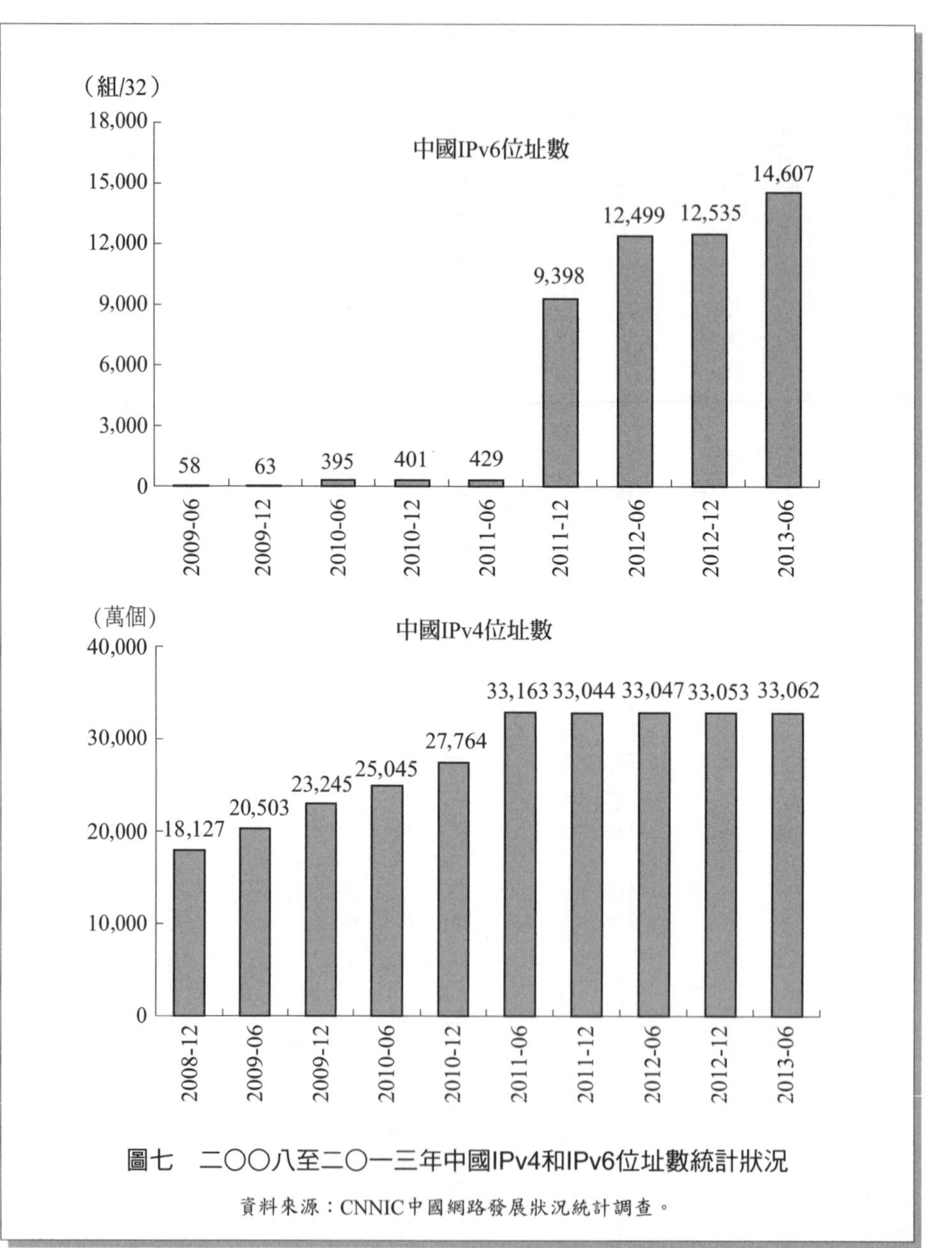

圖七　二〇〇八至二〇一三年中國IPv4和IPv6位址數統計狀況

資料來源：CNNIC中國網路發展狀況統計調查。

高額的利潤。英特爾公司在其產品的開發和行銷上就奉行了達維多定律，並獲得了高額的回報。英特爾公司的成功就是對達維多定律最好的驗證。

因此，達維多定律告訴我們，在資訊科技領域乃至其他眾多行業中，只有不斷地更新換代，以新創產品淘汰老產品，保持技術上的絕對領先，使成功的新產品盡快進入市場，才能形成新的市場和產品標準，從而掌握制定市場規則的權利。因此，要保持領先，就必須時刻否定並超越自己。

網路經濟的衝擊與機遇

眾所周知，網路經濟憑藉其虛擬化、智慧型、創新型等多重特徵和優勢迅速興起，對傳統經濟產生了巨大的衝擊，具體表現為對傳統經濟理論和經濟產業提出了挑戰。

(1)網路經濟的出現對傳統經濟理論的衝擊。❹網路經濟的興起，對建立在傳統經濟基礎上的傳統經濟理論提出了重大的挑戰，使得許多傳統的經濟理論需要重新加以認識和解釋，下面將擇要進行討論。

第一，邊際收益遞減規律適用範圍的重新認識。在傳統經濟中，邊際收益遞減規律一直被認為是一項十分重要的客觀規律，它規定了生產的成本與收益之間關係的性質，即在一個以資源作為投入的企業中，在保持其他條件不變的情況下，隨著某一個投入要素的增加，每一單位該投入的邊際產品下降，出現所謂的邊際收益遞減規律。

在農業和工業經濟生產中，由於其物質投入要素、自然資源等的有限性和稀缺性，且技術更新的

❹參見蘇惠香，《網絡經濟技術創新與擴散效應研究》，大連，東北財經大學出版社，2009。

速率保持在一個相對穩定的狀態，因而在任一投入產出系統中，邊際收益呈現遞減規律，這在傳統經濟中十分普遍。

然而，在網路經濟中，資訊資源表現出了可以再生和重複利用的特徵。由於資訊不具備排他性，且網路的外部性也決定了投入的單位產品不呈現邊際遞減的現象，反而會出現邊際遞增的趨勢，即隨著某一投入量的增加，每一單位該種投入的邊際產品在增加。因為當一個數位化產品生產出後，對其追加生產和複製的成本極低，對於最初生產者來說，追加生產十萬份或一份複製的成本幾乎是一樣的，當產品被複製或者下載時，不會增加成本也不會減少收益。然而，隨著用戶對它們的使用和改進的增多，能夠創造出的價值就越大。資訊作為投入要素，與其他的要素進行有機結合，就提高了投入要素的邊際效用，最終產生了邊際收益遞增的現象。當然，這只是對網路經濟下邊際收益遞增現象一個側面的理解與闡述，這個規律還出現在企業間競爭與合作等多個領域。因此，在網路經濟主導下的邊際收益遞增規律打破了傳統經濟邊際收益遞減規律的普適性。然而，這並不意味著網路經濟的出現將取代邊際收益遞減規律，只是縮小了邊際收益遞減規律的適用範圍，使其不再具有主導性的地位，但邊際收益遞減規律仍會繼續發揮重要作用。

第二，打破了傳統價格理論的適用性。一直以來，價格理論清晰地揭示著商品價格的形成和其變動規律的內在關係。價格理論與供求關係理論是傳統經濟學中很重要的內容。傳統經濟學認為，需求與價格緊密相連，當商品的價格升高，消費者對其的需求就會減小；而當商品的價格有所下降時，消費者對其的需求就會增加。因此，需求與價格往往呈反向變化關係。同時，供給也與價格緊密相關，當商品的價格升高，生產者對商品的供給就會增大；反之，則會減小。因此，供給與價格往往呈正向變化關係。

然而，在網路經濟中，供給與需求對價格的影響則打破了傳統規律，價格不再是市場中的唯一標準。例如，當消費者對網路產品的需求增大時，供應商不一定會提高價格，而是保持價格不變，甚至會降低價格；而當消費者對網路產品的需求減少時，供應商對降低價格的決策也不一定是必然的。造成這種與傳統經濟學規律大相逕庭的現象來自多方面原因，包括許多網路產品廠商的收益並不是來自產品本身的利潤，而是來自產品的影響力和基於影響力大小而發展的廣告業務的盈利，所以廠商追求的是產品影響力最大化，故產品本身價格的決定不完全依賴於傳統的供求關係理論和價格理論。

由此可以看出，傳統經濟價格理論的地位在網路經濟的發展中再次被動搖，這是由於網路經濟下的產品盈利模式不同於以往商業模式下的盈利方式所決定的。網路經濟必將會對傳統的價格理論做出新時期的完善和補充。

第三，規模經濟性。一方面，規模經濟是從生產規模與產品成本的關係來考察，是指由於生產專業化水準的提高等原因，使生產規模增大、產品數量增加，導致企業的單位生產成本下降，從而形成企業長期平均成本隨產量增加而遞減的規律。另一方面，規模經濟還可從企業規模與管理成本的關係來考察，當企業規模由小變大時，企業的管理成本會增加，可能出現組織失效、交易成本整體上升。因此，規模經濟效益的提高與交易費用降低不可兼得，需要依靠效益與企業規模之間的複雜權衡關係來決定企業的邊界。

當網路經濟出現後，規模經濟在這兩個層面上的發展都產生了巨大變化。在網路經濟狀態下，網路的出現將企業內部與外部都聯繫在一起，使企業間的交易突破了時間與空間上的限制而得到了充份的延伸。從外部來看，不同企業之間採取了網上直接交易的形式，消除了許多冗餘的交易中間環節。與此同時，由於企業間資訊的即時溝通、有效，因而對產業鏈上的供給、需求也更容易把握。從內部來看，網路交易和企業內資訊系統結合下的生產管理，共同促進了庫存的減少，甚至可達到零庫存狀態。這樣可以大大降低企業的交易成本。可以說，在網路經濟下，企業內部與外部都因網路聯繫在一起，規模經濟效益的獲得與交易費用的降低不再直接相互排斥。

同時，在網路經濟環境下，資訊產業、網路產業、知識產業等在經濟中逐漸佔據主導地位。這些產業的發展不同於傳統產業，無須依賴佔比很大的固定成本，而是形成了軟體、多媒體、資訊諮詢服務、研究與開發、網路設備與產品等變動成本佔總成本較高的格局。因此，伴隨著生產技術和管理技術整合化發展、資訊系統建立和外包業務模式的並行發展，增加經濟效益的途徑也越來越多樣化，範圍經濟、時效經濟、差異經濟、成長經濟等新途徑不斷出現。大企業獲得規模經濟的同時，小企業也能獲得較高的效益，大小企業之間的差異不能因規模上的差別進行絕對的區分，這也使企業在一定技術基礎上的有效規模區間延伸了。

(2)網路經濟的出現對傳統產業的挑戰。❺網路經濟的出現極大地推動了傳統產業的變革，雖然其沒有撼動傳統經濟在國民經濟中的基礎地位，但網路經濟帶來的產業資訊化和資訊傳播方式的變革引起了傳統經濟產業的革命性改造。

第一，網路經濟衝擊下的製造業變革。隨著網路經濟的發展，資訊處理和通信技術突飛猛進，整個製造業從兩個方面正發生著根本性變化。一方面，製造業在技術方面發生了深刻變革。資訊科技的引入降低了各種生產成本。由於資訊可即時反饋，庫存可以大幅度下降；資訊科技極大地加速了生產的節奏，大大縮短了生產週期，降低了生產成本。同時，網路帶動了銷售通路的變革，可以通過網上訂貨管道、技術支持等方式，為銷售活動節省大量費用。另一方面，製造業在作業組織方面產生了變革。隨著資訊科技的引入，各種資訊系統被開發和普及。企業的生產作業實現了流程電腦化，電腦與生產機器的完美結合和控制，加速了製造業的自動化發展，同時提高了產品的品質與可靠性，提高了效率，降低了勞資成本，產生了新的作業組織管理方式。

第二，網路經濟衝擊下的零售業發展。網路經濟的出現極大地衝擊了傳統零售業。網路的出現帶動了電子商務的興起。幾十年的發展催生出了一大批網上經銷商，他們依靠網路強大的功能，跨越了時間和地域的障礙，拓展了銷售地區和領域。

亞馬遜和eBay公司就是在這個時候產生的。二十世紀末，杰夫·貝佐斯（Jeff Bezos）在車庫裡創建了亞馬遜公司，其以全新的經營理念將書店從現實搬到了網路之中，開創了最成功的網路書店，完全顛覆了傳統的商業模式，創造了B2C（business to customer）的電子商務模式，並於一九九七年五月十六日在華爾街上市，締造了新的車庫神話。

一九九五年，皮埃爾·奧米戴爾（Pierre Omidyar）創建了網路上第一個交易市場——eBay公司，

❺參見盛曉白、韓耀、徐迪等，《網絡經濟學》，北京，電子工業出版社，2009。

它給全球民眾提供了一個網上買賣物品的線上拍賣和購物網站，開創了網路商業領域全新的C2C（customer to customer）模式，進一步豐富了電子商務的營運模式，在電子商務的發展史上同樣具有里程碑式的意義。電子商務的發展規模在不到二十年的時間裡發生了翻天覆地的變化。

據統計，二〇一一年美國電子商務零售額為一千九百四十三億美元，同比增長了百分之十六．一。根據eMarketer研究機構的預計，美國在二〇一六年的電子商務零售額將達三千六百一十九億美元，幾乎成長一倍。如**圖八**所示，網路經濟下的美國電子商務零售額正以每年百分之十四左右的同比增長率迅速發展。

與此同時，在資訊科技帶動的網路經濟飛速發展下，網上零售佔整個社會總零

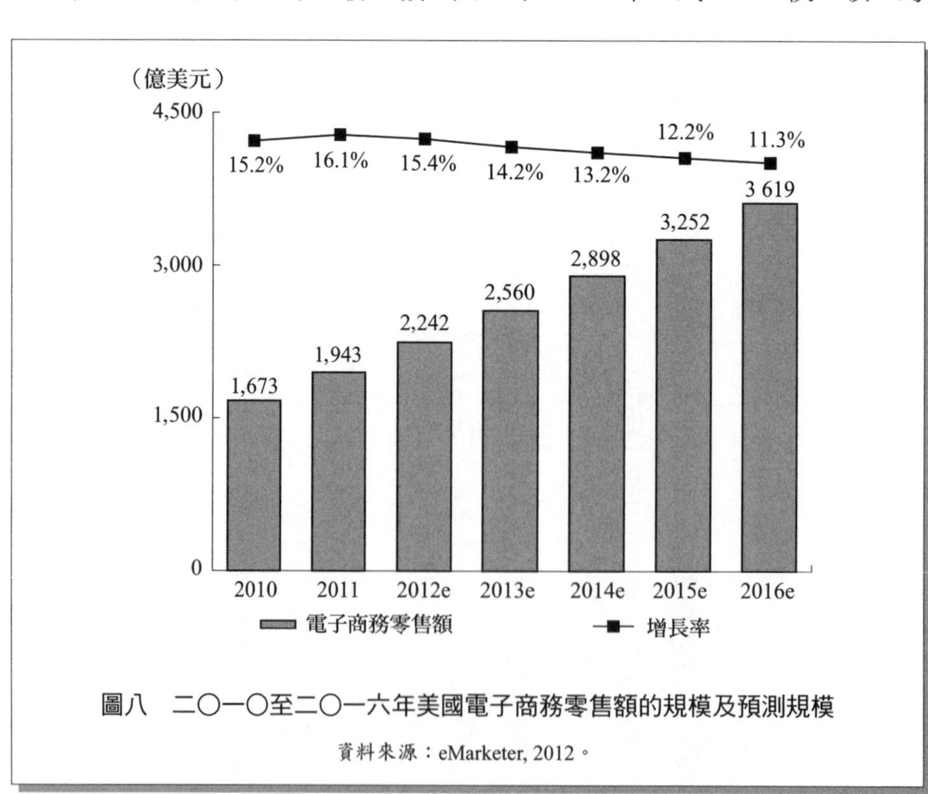

圖八　二〇一〇至二〇一六年美國電子商務零售額的規模及預測規模

資料來源：eMarketer, 2012。

售額的比率也逐步上升。可以看出，網路零售正以很快的速度佔領著零售業市場，搶奪著傳統零售業的市場份額。

圖九顯示了二〇一一年歐洲部份國家，以英國、瑞士、德國等已開發國家為典型代表的網上零售額佔社會總零售額的比率。其中，英國的網上零售市場最發達，網上零售額佔社會總零售額的比率達到了百分之十二。德國和瑞士的網上零售額也較高，分別達到了百分之九和百分之八．七。而波蘭和義大利的網上零售額佔社會總零售額的比率較低，只達到了百分之三．一和百分之一．三。

第三，網路經濟衝擊下的旅遊業創新。資訊科技的發展，使得網路上出現了越來越多的「網路旅遊」新浪潮。傳統的旅遊業使得消費者依賴於旅行社等指導機構，在經驗豐富的公司、團體及個人等的帶領下，合理地規劃出旅

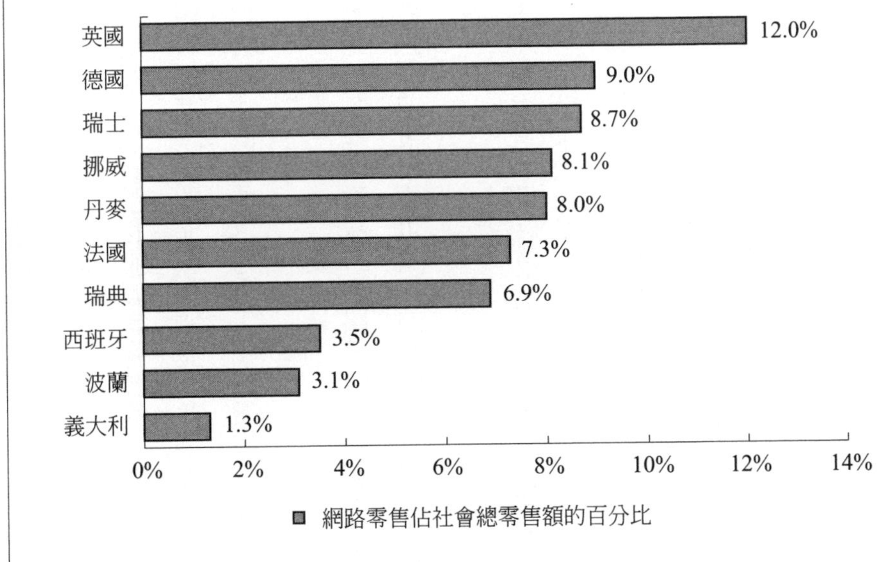

圖九　二〇一一年歐洲部份國家網上零售額佔社會總零售額的比率

資料來源：Retailresearch,2012。

遊的路線，獲取旅遊的相關資訊。然而，隨著網路逐步滲透到人們的社會生活之中，資訊和資源的分享實現了即時化、無成本化。因此，越來越多的人選擇通過網路自行設計及安排旅遊路線、旅遊內容和旅遊時間表。這一階段只是初步的「網路旅遊」發展階段，即網路和旅遊是脫節的，網路主要承擔著為人們旅遊提供諮詢和個性化服務的作用。隨著資訊科技進一步的深入和擴展，並不排除真正將旅遊和網路相融合，實現足不出戶就可以真正滿足一部份人旅遊的目的。總之，網路徹底「顛覆」旅遊業並不是一件不可能的事情。

雖然網路經濟的出現給傳統經濟帶來了巨大的衝擊，但這並不意味著網路經濟可以徹底取代傳統經濟。這是因為網路經濟離不開傳統產業的支撐，兩者之間並沒有不可逾越的鴻溝，它們之間相互依存、相互促進，形成了繼承與發展的關係。

時代的發展決定了只有將網路經濟與傳統經濟有機地融合在一起，才能最有效地抓住網路經濟帶來的機遇，並將其有效地應用於新時期的經濟發展中。

網路經濟與傳統經濟的融合方式可以從宏觀上分為傳統網路化、網路傳統化、網路傳統相融合三種手段。

傳統網路化，即將傳統產業延伸到網路經濟中去，充份利用資訊科技發展帶來的網路優勢。傳統經濟中的企業可以向網路經濟發展與延伸，憑藉其信譽好、推廣品牌能力強、擁有既定用戶群等眾多優勢，融合網路的新技術、新載體、新平台，尋求新的發展空間。在這個領域，我們可以看到非常多的成功案例。

網路傳統化，即將網路經濟滲透到傳統產業中。網路經濟中的網路企業對資訊科技要求較高，對網路的依賴較強，而且在傳統經濟中構建一個具有品牌價值的企業並非易事。為了企業的多樣化、全方面發展，減小網路企業面對類似「網路泡沫」等危機的風險，許多網路企業往往採取兼併的形式，積極地向傳統經濟領域滲透，並打下了十分堅實的基礎。該領域最著名的案例發生在二〇〇〇年，美國線上宣佈以一千八百一十億美元收購時代華納的史上最大的兼併事件。

網路傳統相融合，網路經濟為傳統經濟提供有效平台。在傳統經濟與網路經濟相融合的發展方向上，最廣為人知的就是阿里巴巴的企業平台。由於廣大的中小企業不同於實力雄厚的傳統大型企業，並不具有足夠的實力和人才優勢，所以它們要想進入網路經濟的行列，最佳的方式就是通過專業的電子商務平台，享受網路經濟帶來的豐厚利潤。阿里巴巴、中搜網這樣的優秀企業，正是因為它們獨具慧眼地抓住了傳統經濟與網路經濟融合的契機，針對各種企業推出了採購、貿易等不同形式的電子平台。

網路新技術帶動社會變革

網路帶動下虛擬的實體化

傳統的農業經濟與工業經濟的發展，取決於對自然資源的佔有與配置。農業與工業的發展是建立在對自然資源的佔有和使用上，經濟行為創造的產品與價值往往也是展現在現實存在的實體產品上。但是，隨著資訊科技的革命和網路的進一步普及，帶動了網路經濟體橫向擴充與縱向深入的二維立體發展。在經濟活動中，無論是社會思維意識還是經濟主體本身都已將虛擬的價值成份融入了企業實體的生產活動形式中，實現了虛擬世界與現實世界的融合統一，因此這一趨勢被稱為虛擬的實體化。所謂虛擬，是指網路帶動下發展起來的無形的經濟生態、資訊數據等。實體化表現為人類在思維和應用上與實體社會生產生活方式相融合的過程。虛擬的實體化現象已經滲透到資訊經濟的各個領域，在以下幾個典型方面的體現尤為明顯。

基於網路的虛擬價值成為企業資產評估的重要組成部份

網路發展創造的虛擬網路價值已逐步發揮出其越來越明顯的價值優勢，主要體現在以下幾個方面[6]：

第一，網路降低了資訊傳播的成本，提升了整個社會的效率。對於充份利用網路技術的企業，可以充份受益於網路的巨大優勢。

第二，基於網路建立起的無邊界平台將人、企業聯繫在一起。通過平台即時有效的資訊傳遞和反饋建立起了企業與人之間良好的互動機制，可使企業更快捷地瞭解用戶需求，用戶更方便地整合消費資訊，即構建了雙贏的局面。

第三，網路促使企業活動大規模的集中。一方面，這主要起因於上升的利潤所帶來的動力，驅使許多客戶關係型行業在網路上出現，如虛擬社會、資訊中介等。另一方面，上升的利潤會產生集約化程度很高的企業，如提供票據服務、交易處理服務及廣告服務的行業。

第四，網路提供了越來越多創造價值的機會。網路變革了傳統的經濟生態，用強大的資訊科技驅動著經濟乃至整個社會的轉型。人們在這種全新的社會經濟形態中摸索著前進，而陌生就意味著潛在的機遇，誰能夠挖掘並佔領全新的領域，誰就能充份利用網路帶來的巨大優勢。

伴隨著網路價值的日益凸顯，越來越多的網路企業如雨後春筍般建立起來，網路併購行為也有如潮湧。在資訊科技不斷完善的近幾十年，網路經濟因網路提供資訊的無限性和人類消費資訊能力的客觀有限性這一對深刻矛盾而呈現出了網路聚財的特徵，網路成為了資本的「孵化器」。雅虎、美國線上、亞馬遜、eBay等全球網路巨型企業創造的市值在一個時期就佔領了美國網路股市值的近一半，創造了一個又一個神話。資訊產業用短短五年時間創造的價值，超過了汽車工業一百年創造的價值。資訊時代的增長方式是指數增長方式。對於一萬元的投資，傳統工業會以百分之十的年增長率成長，故十年投資創造的價值為兩萬五千九百萬元；而將一萬元投資於電子商務領域，則會因其具有百分之兩百的年增長率，而在十年後創造比傳統工業高出五個數量級的價值。

網路所帶來的虛擬價值已成為評估企業資本的一項重要組成部份。現如今，越來越多的資產評估機構把對網路無形資產的評估納入公司業務的主要內容中。基於網路平台虛擬性的特點，針對網路企業的評估與分析也已經完善至多個方面，包括基於客戶類評估、技術類評估、服務類評估等。客戶類評估是考量公司擁有的客戶關係、客戶名單、客戶資訊等數據量的重大價值，如Facebook、Twitter等

❻參見唐敬年、皮立君、宋丹峰等，《網絡技術、網絡經濟、網絡價值及其評估》，載《中國資產評估》，2000(4): 35-37，47。

社群網站；技術類評估包括公司掌握的尖端資訊科技、內部使用的軟體、數據庫等無形的技術價值，如微軟、甲骨文（Oracle）、蘋果等電腦軟硬體公司；服務類評估包括基於網路的廣告、搜索、管理等業務帶來的無形價值，如Google、雅虎等公司。可以說，將企業無形資產納入對企業評估的重要組成，是網路發展的歷史必然趨勢，也是對傳統資產價值形態評估方法的進一步補充與完善。從反面看，也凸顯了網路為整個人類社會帶來的巨大價值。

無實體的網路企業，成為經濟生態圈中重要的主體部份

以阿里巴巴集團前執行長馬雲先生於二〇〇四年十二月創建的第三方支付平台——浙江支付寶網絡技術有限公司（以下簡稱「支付寶」）為例，支付寶是中國國內獨創的領先的獨立第三方支付平台。支付寶公司的存在和發展打破了傳統企業基於實際的資源和生產環境創立的特徵，不依賴於實體的企業資源，而是建立在虛擬網路的基礎上，在自身盈利的同時，解決了虛擬網路交易主體間信用障礙的安全問題，創造了網路安全交易的服務理念。

支付寶是網路發展史上的一個創舉，同時也是電子商務領域的一個重要的里程碑。支付寶的出現帶動了整個網路支付產業，尤其是第三方支付平台的發展，它為制約中國電子商務發展中的支付問題和線上交易的誠信問題提供了切實有效、意義重大的思維和解決方案，推動了網路誠信體系的建立，產生了深遠的影響。同時，支付寶本身也在以驚人的增長速度擴大著規模。根據**圖十**可以看出，支付寶帶領下的中國電子商務網路支付自二〇〇六年起，營業額不斷攀升，在二〇〇七至二〇〇九年期間達到了百分之一百二十左右的交易額增長率。此後，雖然交易額的增長趨勢有所緩和，但其總交易額

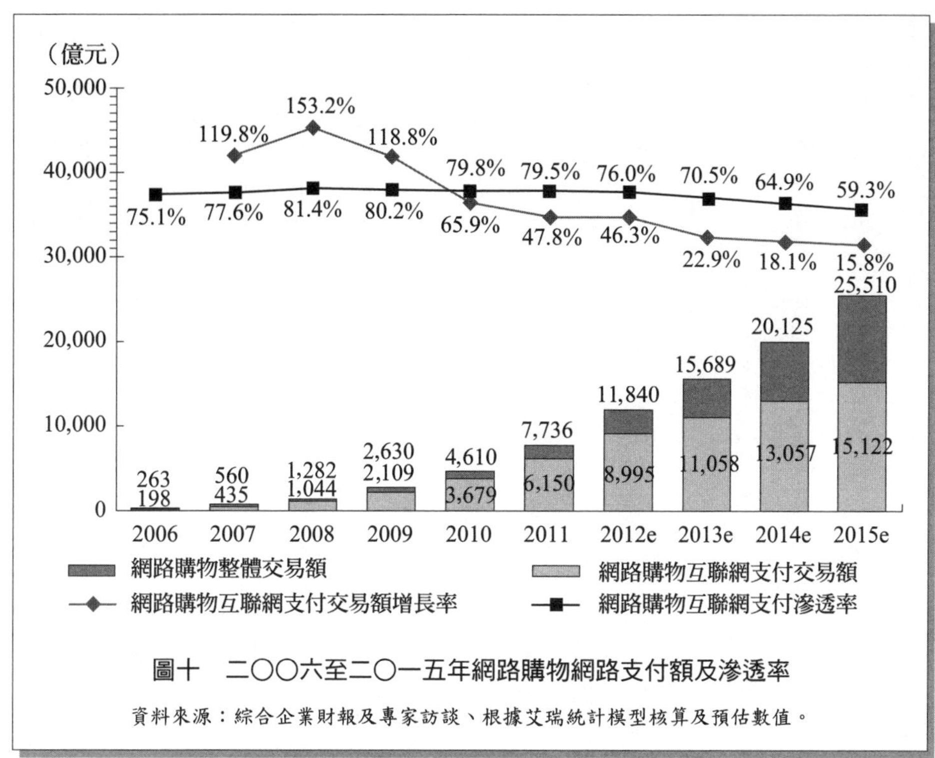

圖十　二〇〇六至二〇一五年網路購物網路支付額及滲透率

資料來源：綜合企業財報及專家訪談、根據艾瑞統計模型核算及預估數值。

卻由千億元增長至兆元的數量級，且網路支付的滲透率一直保持在百分之五十九以上。

除此之外，自二十世紀末以來，亞馬遜中國、京東商城等一大批電子商務企業也如雨後春筍般迅速佔領了市場。其依據虛擬企業電子商務的新觀念，利用網路的強大功能將客戶的購買需求、庫存與供應、物流運輸等環節的資訊有效地整合與配置，沒有建立任何實體的商店，就實現了上億元的日營業額，佔領了零售業市場相當規模的份額。

由此可以看出，無實體的網路企業已逐漸凸顯其巨大的優勢，搶佔著市場的份額，並以強大的實力取得了其在經濟生態圈中重要的經濟主體地位。

企業發生經濟行為的對象已超越了實體

傳統的農業經濟與工業經濟基於實物的產出和交換，決定了其對實體資源高度的依賴性。伴隨著資訊科技的發展，衍生出大量的網路公司，而經濟活動中包括企業宣傳、企業分工、交易行為、產品使用等一系列經濟行為模式也逐步發生了深刻的變化，並不斷適應時代的需求，讓經濟主體從虛擬環境下的經濟行為中獲得了真實的收益。

傳統的企業宣傳往往基於傳統的媒體，企業與品牌的廣告通過實體的報紙、雜誌、看板，或者廣播、電視等傳媒手段傳達給消費者。隨著雅虎公司創始人楊致遠和大衛・費羅開創了網路獨特的廣告盈利模式的先河，企業產品與品牌的廣告開始大規模進入網路領域。隨著網路廣告的完善，谷歌等公司推出了谷歌競價廣告（Google AdWords）等新型廣告投放方式，進行了一種在網站上快捷、簡便地刊登廣告的方式，無論廣告預算多少都可以充份享受網路高效的廣告服務。整個過程可以在虛擬網路上快捷地完成，同時並無實際人力和資源的任何消耗。

此外，支付寶的出現獨創了網路第三方支付平台，使得經濟活動中的交易行為可以完全建立在虛擬網路上。此外，隨著網路的普及，越來越多的銀行開通了線上業務，建立起虛擬環境中的網路銀行，用戶可以足不出戶就在網路上完成交易的支付、轉賬等銀行業務。可以看出，經濟行為中的交易也逐步向虛擬化、便捷化轉變。

不僅如此，網路已逐步滲透到經濟行為的各個環節和領域。企業通過網路進行業務外包，整合利用外部的優勢專業化資源，從而降低了企業本身的成本，充份集中資源發揮核心競爭力並增強了企業對環境的應變能力。有些產品的使用和體驗也實現了全虛擬化，這一點尤其適用於金融產業、知識產業、資訊產業等。網路銀行、網路證券及保險的逐步完善讓用戶在虛擬環境下便捷地完成了投資與收益。網上教育的普及，滿足了用戶足不出戶就可以根據自身所需完成知識的學習，既節約了大量的時間和精力，也滿足了各類人群差異化的時間安排。

總之，伴隨著網路縱向深入與橫向普及的二維發展，企業經濟行為的環節和對象越來越多地實現了全虛擬化，虛擬網路為現實經濟發展帶來了不可估量的巨大效用。

網路互通條件下的市場經濟發展全球化

經濟全球化的演進過程

在資本主義早期，隨著工業革命的開始和推動，資本主義國家的社會生產力得到了極大的解放，資本主義得到了長足的發展。伴隨著殖民擴張和海外貿易的全球化演進，逐步形成了全球的國際分工。對於這一階段的全球化，根據資本主義國家不斷擴充殖民地、爭先搶佔全球原料產地和商品市場的特徵，可以將其稱為「實體的經濟全球化」。

在第二次世界大戰之後，自從世界上第一台電子計算機被創造出來，尤其是二十世紀六〇年代以資訊科技為代表的現代科學技術的飛速發展，大大加速了全球化的進程。資訊科技的興起與普及，使得交通、資訊、科技、文化等諸多領域實現了全球化進展。與實體的經濟全球化不同，這一次的全球化不是以資本主義已開發國家為主導、對開發中國家有潛在威脅的全球化發展，而是真正實現了各國經濟的相互融合，符合各個國家的根本利益。基於網路在這一次經濟全球化中的關鍵作用以及由網路構造出的全球經濟網路，現階段的經濟全球化可以稱為「虛擬的經濟全球化」。

網路的發展與經濟全球化相互滲透

(1)網路的發展在技術上保證了經濟全球化的進程。網路的發展在推動全球化過程中有重大的作用，資訊科技的不斷更新和普及，消除了不同時間、不同地域的障礙，達到了資源的高度融合，使全世界各個國家之間的交流更加頻繁、聯繫更加緊密，極大地促進了經濟全球化。

首先，網路技術催生了無紙化貿易。資訊科技的創新將大量傳統的紙質資料電子化，賦予了原始資源更高的流動性、易保存等優勢，大大減少了傳統的書面材料和文件產生的資源及人力消耗。一方面，降低了保存資訊的成本，節約了大量資源，減少了人力的耗費，並消除了資料備份的成本；另一方面，也大大提升了資訊傳遞的效率。網路的出現替代了傳統紙質文件基於物流時耗長的傳輸，形成了基於網路高速、準確、便捷的傳遞，極大地縮短了資訊傳遞的時間，提升了傳遞資訊資源的效率。與此同時，在國際金融領域，還湧現出了虛擬銀行、網路證券、網上理財、電子貨幣等電子金融服務，極大地提升了金融交易的效率，便利了金融市場的交易活動。因此，網路技術的發展催生了無紙化貿易，打破了國際化的邊界。

其次，網路技術跨越了空間和時間的障礙。從一個方面來看，傳統的經濟活動建立在人工進行的基礎上，這個特徵決定了傳統經濟的時間限制。而資訊科技的發展和變革，用科學的技術方法脫離了人工服務，實現了一種全自動化的經濟交易方式，跨越了不同國家、不同生活行為習慣經濟主體的時間限制。同時，網路技術打破了空間的障礙，將不同國界、不同地域的經濟主體聯繫到了一起，通過網路交流（不僅包括檔案，更包含語音、視頻上的溝通）降低了信用風險，提升了合作與交易可靠性，促進了跨地域的經濟合作。因此，網路技術消除了空間與時間上的障礙，促進了經濟全球化。

最後，網路技術大大降低了交易成本。作為經濟活動的基礎保障，資訊資源的作用十分明顯。傳統的經濟模式決定了較高的資訊傳播成本，往往資本實力越強的企業越能在資訊與品牌傳播上佔據優勢，深化了經濟學上的「馬太效應」。而網路的出現，降低了資訊傳播的門檻，無論企業規模的大小，都可以藉助網路的力量發佈和獲取資訊，從而創造了更多的經濟機會。與此同時，資訊科技的發展及資訊系統的建設，簡化了交易環節，創造了許多新的交易方式和手段，從各個方面極大地降低了交易成本，擴大了市場規模，推動了國際分工，促進了經濟的全球化。

(2)經濟全球化發展推動了網路的優化與升級。在網路強力推動經濟全球化發展的同時，全球化的經濟也導致了數據的激增，催生了網路存儲及通信的技術提升。隨著經濟全球化的深入，網路的功能得到了不斷的完善，在經濟領域發揮了重要的作用，尤其是在互聯網金融領域，網路銀行、網上理財等金融服務產生了數目巨大的存儲需求，不斷推動著網路技術的革新。與此同時，全球化經濟的深入與擴充對網路傳輸的即時性、高效性不斷提出更高的要求，這就進一步引導著網路技術在硬體與軟體上的全面革新與進步。在經濟全球化發展下暴露出的資訊科技局限和障礙，激發了網路的革新與發展，推動著網路的優化與升級。

與此同時，在經濟全球化的條件下，經濟主體間的競爭加劇，對交易成本降低的不斷需求進一步推進了網路技術的實現。經濟全球化促使各個國家、各個經濟領域的往來更加頻繁，交易規模不斷擴大。隨著更多企業的加入，企業之間競爭加劇，這必然導致誰能在生產、交易等環節降低成本，誰便能擁有競爭主動權的現象。因此，對網路技術的深入需求成為網路技術不斷革新的源源動力。

此外，全球化經濟的虛擬特徵也對數據保護、資訊安全等領域提出了新的挑戰。眾所周知，資訊化給全球經濟化帶來了前所未有的發展動力，而網路革命則把發展推到了一個新的高潮。網路催生的新商務模式——電子商務，把網路發展成了一個巨大的交易和資訊發佈平台。但是，隨著資訊的公開化、流通化，也導致了經濟犯罪技術的提高。

一九九五年，花旗銀行官員發現一名電腦駭客已獲取了密碼和程式，並將在布宜諾斯艾利斯和紐約的花旗銀行轉賬。為了阻止這個駭客的犯罪活動，花旗銀行的技術專家密切監視銀行的全球支付系統，終於發現了一條資金轉賬的秘密「路徑」。隨後，法務執行官捕獲了這個由俄國人、英國人、以色列人和荷蘭人組成的犯罪集團，而這個集團的首領只是一個畢業於俄國聖彼得堡大學生物化學系的大學生。他們沒有武器、人質和逃跑的車，卻從花旗銀行盜走了一千兩百萬美元的資金。

此後，越來越多的網路技術專家將注意力轉移到數據保護、資訊安全以及經濟領域尤其是金融行業資訊系統的防攻擊技術提升上，進一步促進了資訊科技的革新和進步。

網路延展下的生活模式無形化

資訊科技的發展所帶動的網路革命，不僅在宏觀上實現了社會、經濟、文化等領域的深刻變革，而且在微觀上，也變革了每一個人的生活模式。正如美國前副總統高爾所言：「正像槍砲和電視將人類帶入二十世紀一樣，資訊高速公路將我們帶入下一個世紀，徹底改變了我們的生活、學習和工作方式。」網路技術的進步與適用範圍的延展共同促進了每個人在消費、投資理財、交易、溝通、教育、醫療等各領域行為模式上的深刻變革，這裡就網路新形勢下的消費、投資、交易和溝通模式做進一步的闡述。❼

網路新型消費模式——網上購物

早在一九九七年的聖誕節，HP、Microsoft、UPS、Visa、MasterCard（萬事達卡）和KPMG（畢馬威）六家公司共同策劃了一場特殊的「電子聖誕節」，它將比利時、法國、德國、愛爾蘭、荷蘭、西班牙、瑞士和英國等九個國家的商業零售據點與全世界的聖誕節消費者聯繫到了一起，使得人們足不出戶就逛遍了世界名店，購到心滿意足的產品。新興的電子商務的奇蹟就這樣悄然出現在人們身邊。當電子商務的浪潮席捲中國時，新的商務模式顛覆了人們傳統的思維習慣、生活習慣、購物習慣，創造了一個又一個商業上的奇蹟。

二〇一二年十一月十一日，由天貓商城和淘寶網共同發動的「雙十一網購狂歡節」促銷活動創造了一百九十一億元的日銷售收入，創造了世界紀錄。換句話說，天貓商城和淘寶網用一天時間達成的交易量，達到了上海所有大中型商業企業「十一黃金週」七天總營收額的三倍。而一年後的同一天，即二〇一三年的「雙十一網購狂歡節」，第三方支付平台——支付寶一天的成交金額就達到了三百五十億人民幣，又一次創造了商業奇蹟。

新型消費模式的變革已經進入了每一個消費者的思想意識裡。據統計，二〇一二年中國網路購物

❼參見陳湛匀、鮑康榮，《改變世界的網絡經濟》，上海，上海人民出版社，2000。

交易規模突破了一兆元大關，達到了一兆三千零四十億元，較往年增長了百分之六十六．二，在社會消費品總零售額中的佔比達到了百分之六．二。從網購結構上來看，B2C的佔比達到了百分之二十九．七，呈持續增長的趨勢；其中，在阿里巴巴含平台式的B2C市場中，天貓保持領先；而在以自主銷售為主的B2C市場中，京東商城的優勢較為明顯。

從**圖十一**中可以觀察到，中國網路購物市場正逐步進入成熟期。未來幾年，隨著傳統企業大規模進駐電子商務領域，中國西部區域及中東部三四線城市也將顯示出極大的網購潛力。與此同

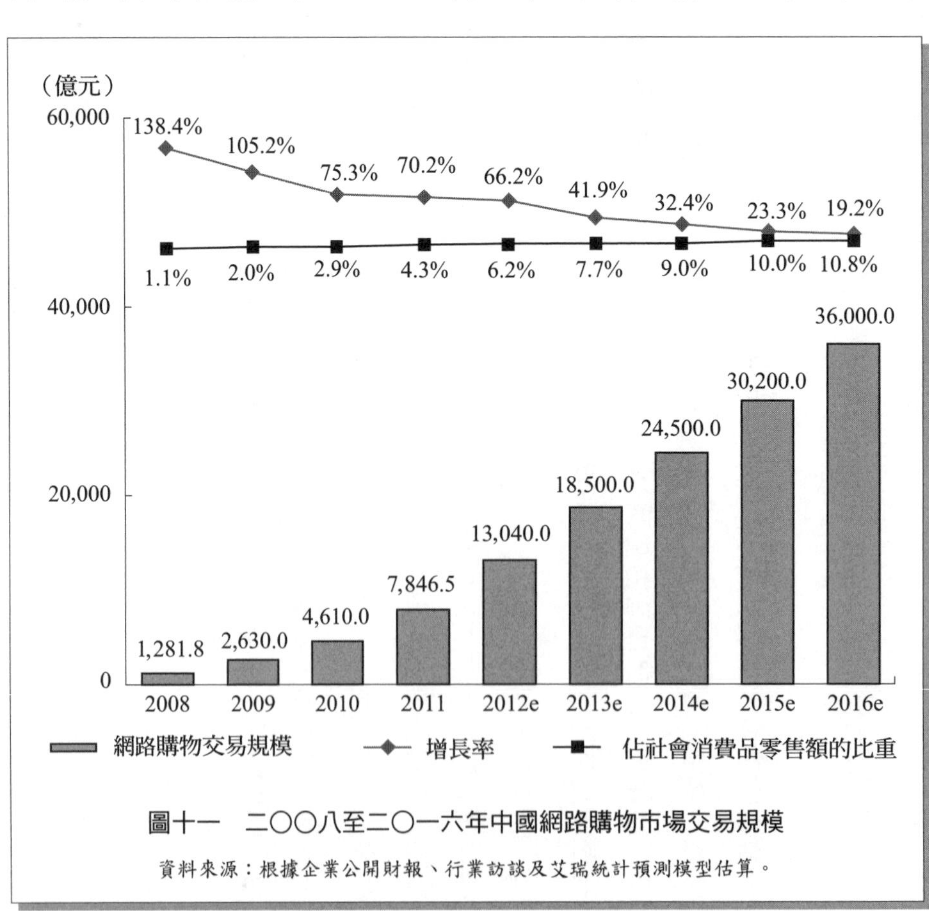

圖十一　二〇〇八至二〇一六年中國網路購物市場交易規模

資料來源：根據企業公開財報、行業訪談及艾瑞統計預測模型估算。

時，行動網路的發展促使網路購物進一步擴大了邊界。預計二〇一五至二〇一六年中國網路購物市場的交易規模將超過三兆元。

網路技術對商業模式的變革深刻影響了廣大消費群體的消費模式，同時也以驚人的速度拓展到了人們的投資手段中。

網路新型投資模式——網上證券

資訊科技的發展，催生了通過網路進行交易的網路證券交易，也稱證券電子商務。一九七一年，美國華盛頓建立了全球第一個電子交易市場——納斯達克（NASDAQ）證券市場。它統一了全美的二板市場，成為此後各國籌建二板市場的典範。發展至今，網路對證券行業的滲透已深入到中國金融領域，從發行市場到交易市場都在向電子化發展，網路證券交易模式也在不斷向深入推進。

從券商或證券公司的角度來看，網路證券交易是指利用各種網路技術，為投資者提供證券交易所的即時報價、查找各類與投資者相關的金融資訊、分析市場行情等金融服務，並通過網路幫助投資者進行網上開戶、委託、交付交割以及清算等證券交易的全過程，進行即時交易。❽

對於投資者來說，網路證券交易是指利用網路資源，獲取國內外各交易所的即時報價，查找國內外各類與投資者證券交易相關的財經諮詢資訊，分析市場行情和投資資訊，並通過網路進行網上委託下單，進行即時交易。**表四**清晰地列出了網路證券交易與傳統交易委託方式的比較。

---

❽ Liang Xun, Chen Rongchang, He Yangbo,et al., "*Associating Stock Prices with Web Financial Information Time Series Based on Support Vector Regression*",Neurocomputing, 2013, 115(2): 142-149.

表四網路證券交易與傳統交易委託方式的比較

委託方式	網路交易	櫃檯交易	電話交易	自助終端	可視電話
行情更新時間	8秒	60~120秒	約25秒	約25秒	即時
股價走勢圖	有	有	無	有	有
歷史數據	有	無	無	有	有
盤中分析	有	無	無	有	有
下單地點	任何能上網的地方	營業部內	全國	營業部內	全市
直接下單	能	不能	能	能	能
證券資訊來源	來自於網路、即時的各種證券資訊，可供用戶隨意查詢	由所在證券營業部提供	簡單的電話語音資訊，由所在證券營業部提供	由所在證券營業部提供	當日資訊、股評
費用	交易費用（可能享受佣金折扣）、上網資訊費、電話費	交易費用、可能的交通費	交易費用、電話費	交易費用、可能的交通費	交易費用、每月固定的資訊費、電話費

資料來源：梁循、曾月卿：《網絡金融》，北京，北京大學出版社，2005。

網路證券交易大大降低了資訊的不對稱性，打破了時空的限制，降低了券商的經營成本，使得證券交易費用更加低廉，因而刺激了投資，提高了市場的資源配置效率，有利於促進市場競爭和業務的創新，也有利於券商為客戶提供個性化的服務。隨著網路不斷提升資訊發佈的速度和廣度，券商可以利用網路高效地收集投資者需要的各種資訊，精確地按照每一個投資者的個人需求進行定制。一些企業抓住了商機，創建了向普通家庭提供全方位專業理財服務的系統。如**圖十二**所示，該股票投資系統可以用圖形來直觀地給出某股票在某段時間內的市場狀況，並對其進行技術分析，給出相應的市場心理分析結果和投資的參考意見，用戶可以將它與其他技術分析方法相結合，做出自己的判斷。[9]

系統後端與網路相連，接受來自電腦網路的資訊，並鎖定某特定的資訊資源豐富的網站。系統可以列出所有有效的股票名稱，用戶選擇某種名稱的股票並分析相應的時間段，系統根據用戶輸入的資訊產生相應的K線

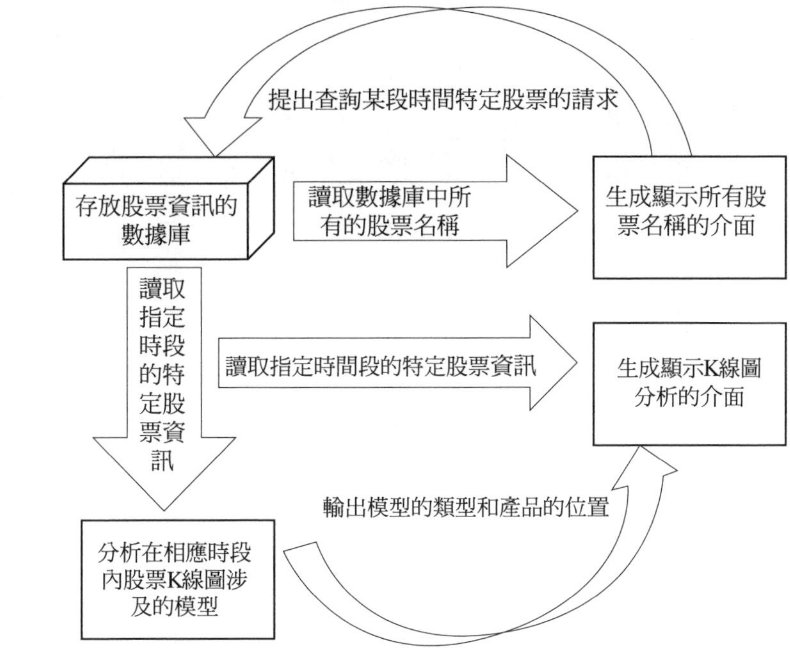

提出查詢某段時間特定股票的請求

存放股票資訊的數據庫

讀取數據庫中所有的股票名稱

生成顯示所有股票名稱的介面

讀取指定時段的特定股票資訊

讀取指定時間段的特定股票資訊

生成顯示K線圖分析的介面

輸出模型的類型和產品的位置

分析在相應時段內股票K線圖涉及的模型

圖十二　股票投資顧問系統框圖

資料來源：梁循、曾月卿：《網絡金融》，北京，北京大學出版社，2005。

圖，並附上相應的K線圖形態分析和相關的投資建議。

由此可以看出，資訊科技的發展不僅為廣大投資者提供了大量的資訊，大大降低了證券交易中資訊的不對稱性；同時，網路證券的發展推動了眾多專業理財服務的完善和進步，為缺乏專業金融知識、無法得到比較專業理財諮詢的廣大投資者提供了有價值的服務。因此，網路證券交易的新型投資模式是一種歷史發展的必然趨勢。

網路新型交易模式——網上拍賣

網上拍賣作為一種新興的觀念，同樣成為備受人們關注與參與的領域。一九九五年在美國加州聖

❾參見梁循、曾月卿，《網絡金融》，北京，北京大學出版社，2005。

荷西成立的eBay公司，是網路拍賣、線上交易購物的鼻祖。五年後，eBay進軍中國市場，二〇〇〇年二月十五日eBay公司宣佈與著名的中文網路門戶搜狐（SOHU）公司建立市場聯盟，合作建立面向中國的線上拍賣平台——「eBay中國城」。該網站的內容在用戶需求的促進下不斷創新與完善，其業務已經包含收藏品拍賣、汽車拍賣、家具等難運輸的大件物品拍賣。正是看到這樣巨大的商機，亞馬遜、雅虎、微軟等世界級企業也在不斷向網路拍賣領域擴展。

一方面，eBay的成功源於其全新的理念，網路經濟學中的達維多定律就是對此現象充份的闡釋說明。另一方面，eBay能夠在競爭激烈的電子商務領域立於不敗之地，主要是它抓住了消費者參和與參與活躍度的本質問題。eBay作為一個典型的C2C的虛擬交易平台，很好地把握住了吸引消費者、培養和擴大消費群體、提升消費者忠誠度的經營策略。並不斷根據客戶需求推陳出新：基於買賣雙方信用透明度問題，eBay首創了專門用於C2C的個人交易信用評級系統——反饋論壇（feedback forum）。根據交易歷史中用戶真實的信用評價，為新用戶提供有力的信用參考，保障了買賣參與者的安全感；同時，eBay意識到了物流在交易環節中的重要地位，因此eBay與固定的物流公司簽訂了協議，在長期互利互惠的基礎上提升了交易的效率，共同保障了拍賣交易者的利益。

網路新型溝通模式——網路社群

資訊科技的發展拉近了人與人之間的距離，使人們之間的溝通與交流變得更加的頻繁與順暢。每個人的人脈都可以通過網路得到最好的拓展，沒有空間時間的限制，甚至沒有國家、文化的障礙，正是基於這樣一個大的環境背景，才逐漸衍生出網路社區這一全新的概念。

傳統的社區一般是基於相近的地域位置，由於生活和工作的地區相近，使得人們之間相互認識的機率增大，甚至相同的社區會逐漸發展出相似的生活習慣與文化特色。在網路社區中，人們往往基於相同的愛好、共同的話題和一致的社會關注點聚集在一起。最典型的網路現象就是BBS的產生與發展。

BBS全稱Bulletin Board System，即電子公告板，最早是用來發佈股市價格資訊的，但那時網路和電腦還沒有廣泛普及，BBS與校園和街頭的公告板性質相同，只是發佈資訊的一種途徑，而且只能在蘋果的電腦上運作。隨著網路和電腦的普及，致使BBS逐漸普及，一九九一年中國第一個BBS站誕生，一九九五年BBS逐步被人們認識。此後，BBS以驚人的速度發展起來，並廣泛地深入到人們的生活中來。

發展至今，BBS已深入到了各個領域，如天涯社區、搜狐論壇、百度貼吧等形式的綜合型社區，其涵蓋內容較為廣泛，擁有眾多的用戶群。同時，它也包含了各個地方論壇，如長春論壇、廣州網等。這種形式的社區基於人們共同的家鄉或者對特定城市的關注，同樣吸引了數目眾多的用戶群。網路上最廣泛的社區，是基於相同愛好、興趣的BBS社區，如中國文學論壇、中新網論壇、我愛財經網、免費考研論壇、天地人大論壇等，分別是基於文學愛好、新聞熱點、財經消息、英語考研、大學資訊的共同關注點而成立的網路社區。類似這樣的網路社區不計其數，正是由於社區數量的眾多、用戶群數量的龐大和用戶高度的忠實度，充份說明了人們基於網路的交流和溝通已經滲透到了日常生活中，成為人們生活的一種習慣。

網路迎來大數據時代

如今，一個大規模生產、分享和應用數據的時代已經正式開啟。正如被譽為「大數據時代的預言家」的英國牛津大學網路學院教授維克托·邁爾·舍恩伯格所著的《大數據時代》中提到的：「大數據時代的經濟學、政治學、社會學和許多科學門類都會發生巨大甚至是本質上的變化和發展，進而影響人類的價值體系、知識體系和生活方式。」面對大數據時代的全面來臨，網路發展下的又一場革命已經悄然而至。⑩

大數據的產生背景及特徵

大數據的定義及產生背景

隨著全球數據量的爆炸性增長，數據已發展成為現今最重要也是增長最快的資源之一。據國際數據公司IDC（International Data Corporation）統計，預計到二〇二〇年，全球數據總量將超過**40ZB**（相當於四兆GB），這相當於二〇一一年的二十二倍。過去幾年，全球的數據量以每年百分之五十八的速度增長；今後，這個速度很可能會繼續增長。數據資源龐大的數量和複雜的結構，為傳統的數據分析、技術處理帶來了巨大的挑戰。

大數據（big data）是指所涉及的數據量規模巨大到無法通過人工在合理時間內達到截取、管理、處理並整理成人類所能解讀的資訊。網路上每一筆搜索，網站上每一筆交易、每一筆輸入都是數據，都通過電腦做篩選、整理、分析，這樣不僅可以得到簡單、客觀的結論，更能幫助企業進行經營決策，而且搜集起來的數據還可以進行規劃，以引導開發消費力量。

大數據的主要特徵

大數據是數量巨大、結構複雜、類型眾多的數據所構成的數據集合。同時，大數據也可以看作通過數據共享、交叉復用而形成的知識服務能力和智力資源。大數據的基本特徵可以高度概括為「4V」，即volume（海量性）、velocity（快速性）、variety（多樣性）、veracity（真實性）。[11]

(1)volume（海量性）。海量的數據是大數據最基本的特徵，IDC定義了大數據的數量級至少要超過100TB（1TB=1000GB）。導致數據量激增的原因是多方面的：首先，由於網路的廣泛普及，使得使用網路的人、企業、機構等明顯增多，產生了大量的資訊。其次，隨著雲計算、物聯網等新興技術的逐漸興起，也增加了大量的數據資訊。此外，圖像、音頻、視頻等二維數據近年來也大規模湧現。伴隨著三維掃瞄設備以及Kinect（由微軟開發）等動作捕捉設備的普及，數據本身的描述能力越來越強，也逐步接近於真實世界，數據呈幾何級數增長的趨勢。

(2)velocity（快速性）。大數據的快速性特徵，即要求對數據處理的即時與迅速，這是現實需求導致的必然結果，同時也是大數據區別於傳統海量數據處理的重要特徵之一。網路的普及促進了網路經濟的發展，催生了眾多電子商務應用，這就對數據處理的時效性提出了更高的要求。只有即時處理好

[10] Viktor Mayer-Schonberger,Kenneth Cukier，《大數據時代》，杭州，浙江人民出版社，2013。

[11] 參見馬建光、姜巍，《大數據的概念、特徵及其應用》，載《國防科技》，2013(12):10-17。

數據資訊，才能為企業即時提供關於用戶需求、倉儲存貨等資訊。同時，只有保持對數據處理的快速性、即時性，才能滿足用戶體驗的需求。

(3)variety（多樣性）。數據類型繁多、複雜多變是大數據又一重要的特徵。傳統的數據形式比較單一，數據的存儲一般也遵循較為統一的形式，但隨著數據量的爆炸式增長，不僅迅速增加了傳統結構化數據，也出現了大量以網頁為基礎的半結構化數據，同時視頻、音頻、圖片等非結構化的二維數據也大大激增，使得數據的結構變得更加複雜化、多樣化，這就對大數據的技術處理提出了更大的挑戰。

(4)veracity（真實性）。大數據的真實性，很多學者將其稱為價值密度低。數據價值密度低是大數據中非結構化數據的一個重要屬性。大數據的出現，完成了一個意義重大的轉變——全數據模式的開啟。該研究摒棄了小數據時代的隨機抽樣，而將樣本定義為全部的數據資訊，遵循著「樣本=總體」的原則。這樣每個數據都發揮出作用，擺脫了抽樣的隨機性帶來的誤差和風險，但對於每個數據的密度價值也相應降低了。

大數據的價值

在社會發展必然趨勢下大數據凸顯出的重要意義，讓政治、經濟、文化、科學研究等各個社會領域的人們都加緊了對其的研究和推動。

在政治領域方面，二〇一二年十一月，《時代》雜誌指出：美國總統歐巴馬能夠連任的重要秘訣在於其對過去兩年網路相關數據的準確分析、統計和利用。大數據不僅在政權更迭上發揮過重要作用，也被提升到了國家國防和發展戰略的高度。以美國為例，二〇一二年三月二十二日歐巴馬宣佈美國政府五大部門投資兩億美元啟動「大數據研究和發展計劃」（Big Data Research and Development Initiative），大力推動大數據收集、儲存、保留、管理、分析和共享海量數據技術研究，以提高美國的科學研究、教育與國家安全能力。美國政府對這次部署高度重視，將其戰略地位與工業時代相類比，強調了其在科技、經濟、政治、文化等領域產生的深遠影響。[12]

在商業領域，二〇一三年Gartner（高德納）將大數據列入「將在未來三年對企業產生重大影響的十大戰略技術」之中，提出了大數據技術將影響企業的長期計劃、規劃和行動方案。阿里巴巴能夠應對「雙十一購物狂歡節」日營業額一百九十一億元的交易量，也在於其充份利用往年的巨大數據量，對用戶消費習慣、搜索習慣甚至是瀏覽習慣等行為的綜合性分析。對大數據的成功處理實現了消費者對淘寶網和天貓網站大量的並發出需求，也保證了阿里巴巴的「商業奇蹟」。此外，IBM、Intel、易安信（EMC）、Walmart、天睿（Teradata）、Oracle、Microsoft、Google、Facebook等源於美國的跨國企業巨頭也積極推動大數據處理技術的發展，提出了自身應對大數據戰略的發展對策。

在科技領域，龐大的數據量促使人們發現解決問題的全新思維方式，通過將巨大的數據量直接交給高性能電腦處理而不經過模型和假設的解決方式，發現了眾多傳統方法無法預料的規律和結論。圖靈獎得主吉姆·格雷提出的數據密集型科研第四範式顛覆了傳統，打破了千百年來探索因果關係的思維固式，建立了以數據為中心，通過分析數據相關性，進而得出結論的全新理論方式。

[12] Viktor Mayer-Schonberger,Kenneth Cukier，《大數據時代》，杭州，浙江人民出版社，2013。

網路無邊界平台對社會的深刻影響

網路通過強大的黏合作用為人類社會創造了一個無邊界的平台。資訊流作為載體在網路虛擬的無邊界平台上的傳遞與整合，為整個無邊界平台賦予了無限的生命力。

從宏觀上說，基於網路發展而來的虛擬的無邊界平台，其最重要的意義就是在無邊界的平台上創建的虛擬資訊通道，為資訊流的通信及整合提供了最有利的條件。在傳統邊界明顯的人類社會，其局域性的資訊往往能發揮較為充份的作用。但隨著網路的發展，傳統邊界越來越模糊，不同行業、不同領域的交叉融合逐漸深入，資訊之間的交互也越來越明顯。此時，局域性的資訊只能發揮零碎的價值，而不能滿足無邊界環境下對資訊的需求，應運而生的無邊界平台利用網路資訊傳遞便捷、資訊量集中等巨大優勢，將資訊整合，形成了無邊界平台上的資訊流傳遞。這種整合而成的資訊流價值遠遠大於局域資訊價值的算術和，真正體現了一加一大於二的道理。

從微觀上考慮，網路無邊界平台為網路的每一個參與者都帶來了無限的價值與機遇。

首先，網路無邊界平台降低了人們獲取資訊的成本。隨著網路用戶的倍數擴張，網路這個平台與工具逐漸成為人們發佈資訊、搜集資訊、獲取資訊數據最常用也是最有效的一種途徑。網路環境的開放、免費特性，降低了人們使用這個重要平台的門檻，同時也大大降低了人們自由搜集各種所需資訊的成本。

其次，無邊界平台的跨時間、跨區域性，使參與主體間的交流更加即時和有效。由於網路平台打破了時間和地域的邊界，促成了一種全球化的資訊溝通。一方面，其打破了時間界限，使得資訊溝通能夠根據參與主體的需求，既可以在商品推薦、網頁搜索等狀態下選擇即時獲取，也可以因為地理時差、辦公時限等原因選擇隨後獲取，從而增強了時間的彈性。另一方面，網路平台打破了空間地域性，使得資訊溝通的範圍更加廣泛，甚至跨越了國界。因此也帶動了經濟與貿易的全球化發展。

此外，網路平台降低了創業的門檻，為企業的發展提供了巨大的便利。網路開啟的資訊時代，打破了工業經濟的常規，不再需要高成本的固定投資作為創業基礎，而且基於網路的創業成本相對極低，可以鼓勵許多掌握技術與知識的人才創造財富。同時，眾多風險投資商、天使投資人對網路領域的青睞與支持，也帶動了創業的發展。美國的Facebook、Twitter、Google等世界知名的企業都可以作為這個結論最有力的印證。

最後，網路的無邊界性帶動了思維的延展與無邊界，激發了人類巨大的創新能力、想像能力。網路無邊界的特徵也幫助人類大大拓寬了思維的邊界，人們的創造精神在這個平台上得到了前所未有的、淋漓盡致的發揮。眾多草根英雄、草根科學家的出現也說明創新已不再是科學家的專利，每個人都可以在網路這個巨大的平台上實踐其創新的理念和作品。

大數據時代下的無限財富與機遇

世間萬物的數據「量化」

對於世界的數據「量化」，即在《大數據時代》中提到的「數據化」，是一種把現象轉變為可製表分析的量化形式的過程。人類在社會生活和生產中曾創造並積累了大量的資訊，並以各種不同的形式記錄下來。大數據的發展核心動力正是來自於人們對世界測量、記錄和分析的渴望。伴隨著資訊科技的革命，越來越多的人意識到將人類對世界紀錄分析的結果數據化後所能產生的巨大價值，進而促進了人類對世間萬物數據「量化」的探索與實現。

在世界的數據量化過程中，起步較早也較為成熟的是對文字的量化。因為文字是人們記錄文明的載體，是知識和智慧的象徵，也逐漸演變成資訊互通的最有效工具，因此將文字量化所能帶來的資訊與知識的價值不可估量。二〇〇四年，谷歌公司發佈了轟動一時的「谷歌數位圖書館」計劃，試圖把所有版權條例允許的書本內容數位化，讓世界上所有人都能通過網路免費閱讀這些書籍。谷歌數位圖書館的文檔實現與完成不僅誘發了一個新的學術方向——文化組學，即通過文檔的定量分析來揭示人類行為和文化發展的趨勢。最重要的是，該成果為整個人類探索世界提供了一條開拓性的思維方向，越來越多的研究者和機構部門參與了對數據化檔案內在價值的探究和揭示上。事實上，華爾街的金融家們已經使用各種大數據分析挖掘方法，不斷找出網路上金融微博中的「數據價值」，通過股民的情感分析進行股票市場走勢的判斷，創造出了巨大價值。⓭

與此同時，許多看似不可能被量化的資訊也在資訊科技的強大工具下完成了量化。一九七八年，構成全球定位系統（GPS）的二十四顆衛星第一次發射成功，此後不斷地開放與提升。如今，GPS系統在科技運用、商業運用等領域都發揮了重要價值。Google、蘋果、微軟等企業也在積極研發自己的地理定位系統以補充GPS的缺陷，其商業價值日益凸顯。隨後，汽車上安裝了無線傳感器，地理位置資訊的數據化對保險行業產生了深刻的變革。這些數據提供了關於時間、地點和實際行駛路線的詳細資訊，使保險公司能更準確地為車險定價。在英國，車主可以根據他的實際駕駛地點和時間購買汽車保險，而不是只根據年齡、性別及履歷等。這種保險定價法激勵投保人形成更好的行為習慣。此外，UPS快遞利用地理定位數據為貨車定制最佳行車路線，僅二〇一一年一年，就使駕駛員少行駛了四千八百二十八萬公里路程，節省了三百萬加侖（一加侖=四．五四六升）的燃料，減少了三萬噸二氧化碳的排放量，產生了巨大的效益。

不僅如此，數據化的另一個趨勢更為人性化，它直接涉及我們的情感、關係和思想。社群網路公司的核心發展思想正是基於數據化的構思。隨著社群網路Facebook公司將其「社會圖譜」公之於眾，社交關係也正式被人們定義為一種數據，其潛在價值非比尋常。據一家獲得高額風險投資的創業公司的內部研究表明，個人償還債務的可能性與其朋友償還債務的可能性呈正相關。因此，一些消費者信貸領域的創業公司正考慮開發以Facebook社群圖譜為依據的信用評分。

總之，人類正在試圖從社會生活的各個領域，通過數據的量化來發現難以估量的商業價值。目前，資訊科技的發展使人類擁有了數據分析的工具和必要的設備，這樣就可以在更多的領域，更快、更大規模地進行數據處理了。

大數據的「潛在價值」日益凸顯

一直以來，數據被視為附屬於企業核心業務的部份，數據的產生與存在是為企業的核心生產活動

⑬參 Nature Publishing Group, "*Big Data:The Next Google*", Nature, Sep-3, 2008.

提供支持。而大數據時代的到來，改變了數據的價值，大數據的價值由最基本的用途轉變為對未來的潛在用途。這一轉變意義重大，它影響了企業評估其所擁有數據的方式，進而促使甚至迫使企業變革商業模式；與此同時，這一轉變也改變了組織看待和處理數據的方式。

釋放數據潛在價值的常用方式有三種：數據再利用、數據集重組和數據多重利用。

數據的再利用是指有一些企業因為存儲成本低等原因，將已經搜集或使用過的舊數據保留下來變成了「數據墳墓」，而掌握了資訊科技優勢的科技公司將其再次利用，挖掘出了巨大的價值。Farecast公司利用機票銷售數據來預測未來的機票價格；Google使用搜索關鍵詞預測出了整個國家的流感傳播狀況；美國海軍軍官馬修．方丹．莫里（Matthew Fontaine Maury）利用老船長的日誌發現了洋流。這些都是利用「數據墳墓」並產生巨大價值的典型案例。這些案例充份顯示出被人忽視的數據一旦被重新利用起來，仍會產生難以估量的效用。

數據集重組是指用新的方式混合數據，將處於休眠狀態的數據通過與其他數據集的結合而喚醒其重要價值的過程。例如，美國一家提供免費房地產估價服務的網站Zillow.com，將房地產資訊的價格數據集添加到美國的社區地圖上，並聚合了諸如社區近期的交易和物業規格等大量的資訊，預測出了區域內具體每套住宅的價值。由此可見，通過重組數據，將價值有限的單個數據匯集和重組在一起，其總價值要比單個數據的價值超出很多。

數據的多重利用類似數據再利用，但這種釋放潛在價值的方法是從數據的產生環節就設計出了數據價值的可拓展性，自數據搜集的初始就鼓勵數據的多重用途。一個典型的案例就是谷歌的街景與

GPS採集，谷歌在對數據搜集時重點強調了拓展性，它不僅拍攝了房屋和道路的照片，還採集了GPS數據，檢查了地圖的資訊，甚至加入了無線網名稱。一輛谷歌街景汽車每時每刻都能積累大量的離散數據流。在對數據進行處理時，不僅可以優化谷歌地圖服務，還可以補充GPS的缺陷等，從而充份發揮了數據集的價值。

大數據價值鏈的構成與完善

如今，已有許多企業靈敏地嗅到了大數據的巨大價值，它們積極地融入了大數據的價值鏈當中。大數據的價值鏈由多種不同特徵的企業構成，根據提供數據價值的來源，可以將其分為基於數據本身的公司、基於技術的公司和基於思維的公司。[14]

基於數據本身的公司可以看作大數據的掌控者，它們可能不是搜集第一手數據的機構，但它們能夠接觸數據、有權利使用數據並且有資格將數據授權給渴望對其進行利用的公司。最典型的就是**Facebook**、**Twitter**這類社群網路企業，它們利用自身業務優勢發展了大量忠誠度較高的用戶，每天都能產生海量數據，它們將數據通過兩個獨立的公司授權給別人使用，並通過這種利用方式獲取了巨大的利潤。

通常說來，基於技術的公司是指諮詢公司、技術供應商或者分析公司，它們通常無法獲取海量的數據來源，但這類公司掌握著尖端的專業技術技能，在與擁有大數據但缺乏技術的公司充份合作、互利互惠後，同樣可以發揮大數據的重要作用。例如，美國十大上市軟體公司之一的**Teradata**（天睿）

⓮ Viktor Mayer-Schonberger,Kenneth Cukier，《大數據時代》，杭州，浙江人民出版社，2013。

公司是全球最大的專注於大數據分析、數據倉庫和整合行銷管理解決方案的供應商，其與沃爾瑪、Pop-Tarts這兩個零售商合作，在對其數據進行了充份分析後提供合理的行銷策略，從而對零售額的提升起到了重要的作用。

基於思維的公司，它們的優勢在於能夠先人一步發現機遇，雖然其本身並不具備數據或者專業技能，但也許正是因為這一點，才讓它們擺脫了行業思維固有的桎梏，充份發揮了創造力。例如，二〇〇九年八月布拉德福德・克羅斯（Bradford Cross）在他二十歲的時候，與四個朋友一起創辦了FlightCaster.com網站，通過分析過去十年裡每個航班的情況，將過去與現實的天氣進行匹配，致力於預測航班是否會晚點。同樣，皮特・華登（Pete Warden）創立了Jetpac這樣一個公司，他們通過用戶分享到網上的旅行照片來為人們推薦下次旅行的目的地。這種大數據思維認為，公開的數據一旦處理得當，就會為千百萬人急需解決的問題提供答案。而這種極富創造力的公司的出現，也會為大數據時代的發展提供更多新鮮的「血液」和財富。

金融大數據面臨的挑戰與準備

大數據時代的到來也對金融領域提出了更多的要求和挑戰，順應時代的發展，我們必須從意識、技術、管理等各個領域做好充足的準備。[15]

(1)意識的轉變。大數據的「大」，並不在其表面上的「大容量」，而在其潛在的「大價值」。在金融大數據的背景下，針對金融市場的決策將日益基於數據和分析做出，而非傳統意義上基於經驗和直覺。因此，在大數據時代，金融分析與決策的正確性和即時性越來越依賴於對大數據的應用與判斷。

(2)技術的準備。在大數據時代，為了應對金融數據的爆炸式增長和不同類型數據的混合發生，以便在大數據下進行有效決策，存儲技術、檢索技術、分析技術、學習技術等數據處理技術必須有重大的改進。藉助於Web2.0和雲計算，我們有了更強大的處理工具和手段。但是，在海量的數據面前，僅僅有工具是遠遠不夠的，必須有更加有效的分析方法，才能完成對數據所蘊含價值的探索和發現，進而實現金融決策的準確化和即時性。

(3)管理的改進。大數據量的產生速度迅捷，在計算能力不斷提高的今天，組織結構對於計算結果的反應能力和執行能力，將成為進一步發展金融業的瓶頸，現有的層次型組織結構和指令性管理模式必須進行重大的改進，以適應新形勢下的數據新增長模式和金融活動新變化。

總之，大數據是一種資源，也是一種工具，大數據開啟了人類發展史上一次重大的時代轉型。大數據時代本身就會帶來一場人類生活、工作和思維的重大變革。只有牢牢跟緊時代的節奏，積極應對大數據為傳統社會生產生活方式帶來的各種機遇和挑戰，才能真正享受這場巨變帶給人類的不可估量的巨大價值。

⑮參見許偉、梁循、楊小平，《金融數據挖掘——基於大數據視角的展望》，北京，知識產權出版社，2013。

參考文獻

李彥，《IT通史：計算機技術發展與計算機企業商戰風雲》，北京：清華大學出版社，2005。

吳軍，《浪潮之巔》，北京：電子工業出版社，2011。

蘇惠香，《網絡經濟技術創新與擴散效應研究》，大連：東北財經大學出版社，2009。

盛曉白，韓耀，徐迪等，《網絡經濟學》，北京：電子工業出版社，2009。

唐敬年，皮立君，宋丹峰等，〈網絡技術、網絡經濟、網絡價值及其評估〉，《中國資產評估》，2000(4): 35-37,47。

陳湛匀，鮑康榮，《改變世界的網絡經濟》，上海：上海人民出版社，2000。

Liang Xun, Chen Rongchang, He Yangbo, et al., "*Associating Stock Prices with Web Financial Information Time Series Based on Support Vector Regression*", Neurocomputing, 2013, 115(2): 142-149.

梁循，曾月卿，《網絡金融》，北京：北京大學出版社，2005。

Viktor Mayer-Schonberger,Kenneth Cukier，《大數據時代》，杭州：浙江人民出版社，2013。

馬建光，姜巍，〈大數據的概念、特徵及其應用〉，《國防科技》，2013(2): 10-17。

Nature Publishing Group, "*Big Data: The Next Google*", Nature, Sep 3, 2008.

許偉，梁循，楊小平，《金融數據挖掘——基於大數據視角的展望》，北京：知識產權出版社，2013。

CHAPTER 2

網路與商業模式：顛覆與超越

本章從網路「虛擬空間」的概念出發，描繪了「虛擬空間」的兩個基本屬性：「資訊流整合」和「平台化」；然後，在此基礎上，本章概括了網路商業模式的生產機理、主要類型以及演變過程，分析了網路商業模式超越和顛覆傳統商業模式的原因，提出了網路商業模式對傳統商業模式的三大改變，即改變了企業的價值主張、改變了企業的價值創造系統以及改變了企業的價值實現方式。

網路商業模式的涵義

互聯網金融是網路商業模式（business model）的一種形態和樣式，也是網路商業模式發展至今的較高層次。研究互聯網金融，需要對網路商業模式的涵義、特徵以及來龍去脈進行分析和梳理。在此，我們先說明什麼是商業模式以及商業模式概念的出現有哪些背景，進而說明什麼是網路商業模式，以便為本章的分析奠定理論基礎。

什麼是商業模式

在市場經濟條件下，企業的基本目的、存在理由以及宗旨、使命是為顧客創造價值以及自身的持續盈利。為顧客創造哪些價值、如何創造價值以及企業如何形成收入，是企業戰略以及經營管理的核心問題，而商業模式則是對這些問題的回答。

理論界對於商業模式的定義眾多，但迄今仍未達成共識。簡單說來，我們可以將其歸納為兩類：

(1)將商業模式定義為一個企業創造價值的核心邏輯〔Linder and Cantrell（2000）〕。商業模式描述或表達的是企業從事業務活動（或者說描述企業實際營運過程背後）的邏輯」〔Peterovic et al.（2001）〕。商業模式可被看作經營戰略在概念和結構上的實現以及進行業務活動的基礎〔Osterwalder and Pigneur（2002）〕。更確切地說，它是一個概念框架，有助於把企業的戰略（或者說競爭原則）和企業的實際行動（或者說戰略執行）聯結起來。商業模式框架有助於企業從戰略的高度對其營運方式進行思考〔Richardson（2005）〕。商業模式是公司運作的秩序，公司依據它建立，依據它使用其資源、超越競爭者、向客戶提供更大的價值，並依據它盈利〔Muah et al.（2005）〕。

(2)區別於既有的從戰略、能力（資源）、價值創造等理論邏輯視角來定義商業模式，魏煒和朱武祥（二〇〇七，二〇一二）將商業模式定義為「企業利益相關者的交易結構」，包括交易主體（誰參與交易）、交易內容（交易什麼）、交易方式（怎麼交易）以及交易定價（收支）。交易主體包括客戶、供應商、經銷商等；交易內容不僅包括產品，還包括資源能力。應該說，這兩類定義基於對企業不同的認識：第一種定義基於「企業是資源（能力）的集合」的理論（資源學派）；而魏煒和朱武祥的定義則是基於「企業是一系列經濟契約的集合」的理論（制度學派）。這兩種定義的結合使得人們對商業模式的定義更為豐富和完整。

我們認為，商業模式的基本結構是企業創造的顧客價值和企業獲取的收益之間的對稱。一方面，商業模式通過提出滿足顧客價值的價值主張，對可以支配的資源、價值活動進行配置，實現價值創造和價值實現；另一方面，商業模式通過交易結構的設計實現企業各利益相關者的價值。

對於商業模式的構成要素，不同的學者給予了不同的概括。Chesbrough and Rosenbaum（2000）提出了六要素模型：價值主張、目標市場、價值鏈結構、成本結構和利潤模型、價值網路、競爭策略。Hamel（2001）提出了包含核心戰略、戰略資源、價值網路和客戶介面的四要素模型。Richardson（2005）圍繞價值概念對商業模式框架進行整理後認為，商業模式框架的三個主要要素是價值主張、價值創造和傳遞系統、價值獲取。Applegate（1999）認為商業模式由概念、價值和能力三部份組成。

Magretta（2002）認為商業模式包括角色、動機和情節。黃衛偉（二〇〇三）在Applegate模型的基礎上，認為商業模式由概念、價值、能力、實現方式四要素組成。魏煒和朱武祥（二〇〇九）從「商業模式是利益相關者的交易結構」的視角，認為商業模式的組成要素包括業務系統、定位、盈利模式、關鍵資源能力、現金流結構和企業價值。其核心概念是業務系統，強調整個交易結構的構型、交易方的角色和關係。

我們認為，商業模式由價值主張、價值創造和價值實現三要素組成。所謂價值主張是指公司通過其產品和服務能夠向消費者提供的價值，這裡包括了顧客的定位、公司提供的產品和服務的問題。價值創造是指企業如何配置資源和能力，構建能夠滿足顧客價值的產品和服務的系統。在這個價值系統的構建中，可以通過交易結構的設計實現企業利益相關者的價值。價值實現是指回答企業的盈利方式問題。

關於商業模式和戰略的關係，理論界亦存在不同的觀點。邁克爾・波特（二〇〇一）認為，商業模式不是戰略；也有人認為商業模式可以看作經營戰略在概念和結構上的實現〔Osterwalder and Pigneur（2002）〕。我們認為，就商業模式的內容而言，其與企業的經營戰略基本重疊，屬於企業戰略的組成部份。不過，商業模式強調運作方式和實現方式，它又具有戰略執行的意味。

商業模式之所以稱作「模式」，具有以下幾個特點：一、結構化。商業模式內部的若干要素相互關聯、彼此作用，構成一個內部契合、協同的整體。二、清晰性。商業模式所揭示的企業運作和價值創造的邏輯是清楚的而非模糊的，是可概括的而非表達不清的。三、可複製。在相同的企業內外部條件下，商業模式可以移植和成倍擴張。四、穩定性。作為一種模式，要具備內外部的適應性，必須有較長的穩定期，而不是曇花一現。好的商業模式除了應具備以上特點外，還應具備其他兩個特點：一是延展性。好的商業模式提供了顧客價值創新和延伸的較大空間，為業務和收益的多元化創造了條件。二是增強性。好的商業模式一旦運作，就會對關鍵經營資源（如顧客資源）的獲取、佔有、保持和拓展產生增強效應，從而使競爭優勢不斷放大和提升。❶此外，商業模式常常包含「創新」的涵義。人們提到商業模式，往往與改變行業競爭規則、打破常規做法等聯繫在一起。❷

商業模式概念出現的背景：網路是催生因素

目前，商業模式是全球企業戰略研究領域的熱門話題。商業模式是一個較新的概念，在二〇〇〇年之前出版的企業戰略理論教科書中，很少見到對它的說明和分析。

原磊（二〇〇七）從文獻學角度對商業模式的研究脈絡進行了考證：商業模式一詞最早於一九五七年出現在論文正文中，於一九六〇年出現在論文的題目和摘要中，但根據文獻統計的結果，直到一九九九年，學者才廣泛關注這一概念並將其作為一個獨立領域進行研究。此後，對商業模式的研究文獻呈上升趨勢。❸

人們普遍認為，商業模式概念的產生有兩個背景：一是許多傳統產業進入成熟期後，陷入了同質化、規模化競爭的陷阱，出現了全行業無盈利（或少盈利）的現象❹，因此呼喚新的盈利模式。這些行業中的極少數變革者採用新的戰略組合實現了盈利突破。企業實踐提出了商業模式（原先稱為盈利模式或生意模式）問題，同時也展現出解決問題的端倪和方向（如美國西南航空、戴爾電腦、ZARA時裝等案例），這必然引發管理學界的關注和興趣。學者們將這些新的戰略組合概括為新的商業模式。二是在網路的發展過程中，一批「春江水暖鴨先知」的創業者敏銳地意識到了其中蘊含的商業機會，進行了各種以網路為基礎、重要經營手段和要素的商業嘗試。但是，許多網路企業在相當長的時間內只有資源投入（俗稱「燒錢」），找不到形成現金流、獲取利益的途徑和方式。網路領域的創業者們普遍認識到網路上「流量」的重要性，但「流量」如何「變現」，始終是個必須解決、卻難以解決的核心問題。可以說，網路企業的盈利問題是與生俱來的，有的領域已基本解決，有的領域至今仍在探索之中。以騰訊為例，發明QQ即時通信系統、吸引巨大使用人群之後，在相當長的時間內找不到賺錢的路徑，直至遊戲業務以及行動互聯業務興起、壯大後，企業現金流、盈利以及持續生存和成長問題方才解決。目前，騰訊的「殺手級」產品微信已擁有了數億用戶，但基於微信的盈利模式尚處於起步階段。網路企業的實踐和現實問題促使人們思考網路企業價值創造的邏輯，網路企業所服務的客戶有哪些特徵，憑藉什麼產品或服務可以為顧客創造價值，與其他企業為顧客提供價值的方式有何差異；網路企業如何獲得收入，價值鏈如何構建，如何降低營運成本等等。這些問題都屬於網路商業模式的範疇。

❶參見吳曉求等，《中國創業板市場：成長與風險》，北京，中國人民大學出版社，2011。

❷參見吳曉求等，《中國創業板市場：成長與風險》，北京，中國人民大學出版社，2011。

❸參見原磊，《國外商業模式理論研究評介》，載《外國經濟與管理》，2007(10)。

❹參見亞德里安．丁．斯萊沃斯基等，《發現利潤區》，北京，中信出版社，2000。

網路的發展和商業模式的研究熱潮在時間上相互重疊，這不是偶然的巧合，恰恰是網路企業的實踐和管理學界的研究互動以及理論對現實做出回應的見證。如果把網路比作豐饒的土壤，商業模式理論則是盛開於這片土地上的艷麗花朵。顯然，無論是傳統產業還是新興產業，未來都會更加積極、堅定地與網路相融合，以網路為依托，將其作為關鍵的基礎要素；基於網路的新商業模式亦將層出不窮，其形態更加豐富。這將進一步牽引、推動商業模式理論的研究。

網路商業模式

提到網路商業模式，我們常常會聯想到京東的電子商務、阿里巴巴的支付寶、騰訊的微信、新浪的新聞門戶網站、攜程的旅遊服務……林林總總，樣式繁多。它們有一個共同的特點，即網路是其商業模式中的結構性要素。也就是說，在企業創造價值、獲取收入的體系、流程以及途徑之中，網路已成為與其他要素相互交融和緊密聯繫的必不可少的構件。

下面先分析一下網路的基本特徵。我們認為，網路具有兩大特徵：一是網路是一個虛擬空間；二是網路具有外部性和邊際成本遞減性。

首先，網路是一個虛擬空間。

網路屬於社會基礎設施，它為何能成為企業商業模式的組成要素呢？它又是怎樣與商業模式「結構」成為一體的呢？這需要分析網路的功能和屬性。網路是什麼？相對於可觸可感的現實世界和物理空間，它是一個虛擬空間。這個空間有兩個基本特徵：一是浩瀚的資訊流集合；二是無限廣闊的平台。

在虛擬空間內，社會經濟生活的各種資訊不斷生成、匯集、流轉、發散、沉澱和演變，資訊規模極大，資訊類型和內容無比豐富，資訊流轉效率極高。同時，資訊的鏈接呈現出無中心、網路狀和交互式（互動和反饋）的特徵。網路的世界是真正的資訊「雲」世界，它是全社會生產資訊、使用資訊、分配資訊的主要機制和途徑，它滿足了我們對資訊廣泛性、準確性和快捷性的期望；離開了網路，任何企業及個人幾乎無法有效地傳遞、獲取、處理資訊。由於網路虛擬空間具有「資訊流整合」的屬性，因此它對商業模式的影響在兩個方面發生：一是原來具有多種有形載體的知識、資訊產品（如圖書、報紙、唱片、膠卷等）直接轉化為網路上的資訊形態；這些產品（可統稱為「內容」產品）的生產、流通和消費都在網路上發生和進行。這就是大量音頻、視頻（包括遊戲在內）等內容網站生成的原因。二是在企業價值鏈的構成要素（商流、物流、資訊流）中，將資訊流移植到網路上。換言之，將網路嵌於企業的價值鏈以及商業模式之中，以提高市場資訊獲取、顧客需求辨識、產品展示、顧客溝通和互動、市場訂單回應、內外部價值鏈銜接等資訊流轉的效率。目前，傳統行業中大量的「價值鏈」型企業都在以這種方式吸納、融合、擁抱網路。

虛擬空間除了是由「資訊流整合」之外，它還為我們提供了生存的第二空間，帶來了與眾不同的體驗。由於虛擬空間是無限開放的，也是低門檻的——幾乎所有人都可以自由、平等地進入，因此它對所有的企業和個人而言，都是一個展現自我、與他人交往、開發和整合資源、尋找和創造價值空間的平台。這是一個舞台，任何企業和個人都可以置身其上出演各種劇目，它像一首流行歌曲所唱的：

「我在這裡歡笑，我在這裡哭泣；我在這裡活著，也在這裡死去；……我在這裡尋找，也在這裡失去。」在這個平台上，各類企業及個人既聚合又分離，形成一個包含多種「部落」在內的虛擬社會。由於網路天然具有平台屬性，因此它為一些企業採用平台型商業模式創造了條件：我搭台，你唱戲；你銷售，我服務；只要你願意來，我就免費。前來唱戲的人越多，平台的集聚效應和外部效應就越大。試想一下，在真實的物理空間裡，有哪一個商場能像淘寶那樣容納數以百萬計的商家，有哪一個機構能為如此眾多的中小創業者提供機會；有哪一個軟體商店能像「APP STORE」那樣提供（並且快速更新）海量應用？

虛擬空間的「資訊流整合」和「平台」兩種功能及屬性，彼此之間是相互關聯、作用、影響和增強的。豐沛的資訊流以及便捷、互動、無限鏈接的資訊流動機制吸引了眾多的主體（企業、個人以及各種機構）參與；而平台上各類主體的聚焦則會帶來巨量資訊。「資訊」和「平台」兩種功能交互在一起，催生了眾多社群型、社交型以及服務型商業模式。要麼以「資訊流」要素為必要條件，以「平台」要素為充份條件，如微博、微信、股吧、論壇型商業模式；要麼反過來，以「平台」要素為必要條件，以「資訊流」要素為充份條件，如支付寶、P2P網貸等。

其次，網路具有外部性和邊際成本遞減性的交互作用機制。

根據梅特卡夫定律，網路的價值等於網路節點數的平方，網路的價值與聯網用戶數的平方成正比。探究梅特卡夫定律背後的理論，可以發現其源於網路的外部性（network externality）：「隨著使用同一產品的其他消費者數目增加，個體消費者從中獲得的效用增加。」[Katz and Shapiro（1985）]

網路的外部性是由於其創造的產品——資訊具有不同於一般物質產品的特性，即資訊的消費過程很可能同時就是資訊的生產過程，它所包含的知識或感受在消費者那裡催生出更多的知識或感受，消費它的人越多，它所包含的資源總量就越大。

網路作為一種交互式媒體，其極強的外部性表現在：聯網的用戶越多，網路的價值越大，聯網的需求也越大。

網路的另一個特點是其具有邊際成本遞減性，使用網路的用戶越多，成本越低，甚至趨近於零。網路的外部性及邊際成本遞減性的交互作用使得網路企業理論上可以服務於數量無限的客戶，因而網路具有普惠性。餘額寶的創意者周曉明曾指出：餘額寶的成功，是因為服務了傳統體系中得不到很好服務的普通人，傳統金融並非不願服務這些客戶，但成本不划算。如果銀行的營業據點每天接待幾千個客戶，每人存取幾十塊錢，成本根本無法支撐。但是，餘額寶卻能按一塊錢的最低門檻服務那些小客戶。

同時，網路的外部性及邊際成本遞減性的交互作用使得企業採用「免費的商業模式」成為可能，通過免費的方式可以讓更多的用戶使用網路產品，而更多用戶的參與將會使網路具有更大的價值，同時降低網路產品的使用成本。

在對網路的兩大基本特徵做了分析後，我們可以對本章的分析框架進行說明：本章以「虛擬空間」概念為基礎、核心以及邏輯起點，依據虛擬空間的兩種基本屬性（即「資訊流整合」和「平台」），同時考慮網路的外部性及邊際成本遞減性的交互作用機制，分析了網路商業模式的生成機理，概括出了網路商業模式的主要類型。與此同時，本章從縱向分析了這些類型的起源和發展順序，並揭示了網路商業模式超越和顛覆傳統商業模式的原因所在（見圖一）。

中國網路商業模式的演變

從縱向、動態的角度說明中國網路商業模式的發展演變過程以及驅動網路商業模式演變的主要因素，可以更清楚地瞭解網路商業模式的源頭和流向，把握其整體脈絡。

中國網路商業模式的演變過程

描繪中國網路商業模式的演變過程是困難的。一方面，因為網路商業模式極為豐富，而且它們並聯式產生和發展，很難理清脈絡；另一方面，因為中國網路商業模式具有較強的模仿性，國外已開發國家一旦出現新的網路商業模式，中國國內企業就會一哄而起地複製。因此，網路商業模式的演變具有一定的突發性、不確定性和從屬性。網路商業模式像一條連續流動的河，中間無法切斷；儘

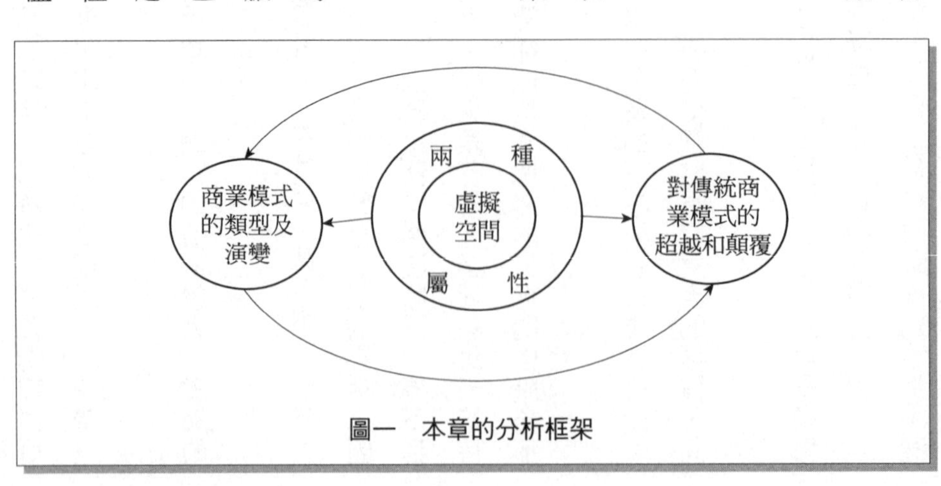

圖一　本章的分析框架

管如此，我們還是將「河段」做出類似於「上游」、「中游」和「下游」的劃分。

朦朧初探階段（二十世紀末至二〇〇三年）

二十世紀九〇年代末，在國際網路的熱潮中，中國一批網路企業應運而生（一九九七年，網易；一九九八年，搜狐、新浪、騰訊；一九九九年，當當、卓越、攜程、盛大、百度、阿里巴巴）——在它們之前，已經有了一些網路先行者（如瀛海威等）。其時，美國網路的熱潮和納斯達克對網路的狂熱也惠及中國，中國的網路企業獲得了大量的天使投資和風險投資。在隨後的幾年內，網路企業在不同領域進行著商業模式的嘗試。一些通信產品和服務（如免費郵箱、QQ即時通信等），雖然吸引了大量用戶和流量，但一直在等待變現的契機和途徑；而一些新聞門戶類、專業資訊服務類網站在與傳統媒體的競爭中已顯現生命力，其廣告收入模式得以確立。在這一階段，恰逢美國網路泡沫破裂，大批網路企業陷入低谷。但到了二〇〇〇年以後，遊戲市場開始加溫，為網易、騰訊等企業提供了流量變現的重要途徑。直至今日，遊戲收入仍是這些網路企業的主要收入來源之一。

多樣化發展階段（二〇〇三至二〇〇八年）

雖然網路泡沫的破裂在短期內影響了網路與商業的融合，但網路的發展趨勢是不可阻擋的。二〇〇三年，阿里巴巴推出了淘寶網和支付寶，具有一定信用、便捷支付的B2B、B2C、C2C電子商務模式開始出現並迅速發展。由此帶動並開始改變大眾消費模式。與此同時，其他類型的網路商業模式也逐漸興起。資訊服務類的電子圖書，博客及微博，音頻、視頻，搜索等產品和服務在這一階段開始起步並迅速發展。社群類的人人網等也在這一階段開始創立。百度基於中國國情的「競價排名」，創新了搜索產品的廣告收入模式，極大地激發了收入增長。基於微信、會員吧、論壇等載體和形式的網路社群蔚然成風，面向網路社群的商業模式也進一步完善（廣告模式、加值服務模式等）。雖然有些網站（如視頻等）尚未盈利，但已顯示出清晰的盈利前景。

超越傳統商業模式階段（二〇〇八至二〇一三年）

經歷前面兩個階段後，中國網路產業進入加速發展的新階段：網路企業成倍增長、滲透範圍越來越廣，網路商業模式在許多領域儼然已成為超越傳統商業模式的主流，其標誌性事件是電子商務的爆發性增長。京東等起步較早的電子商務網站不斷擴展經營範圍，淘寶、天貓等平台型電子商務網站的集聚效應急劇擴大，一大批專注於細分、利基市場的垂直網站如雨後春筍般快速成長，一些傳統商業的巨頭（如蘇寧等）也義無反顧地開拓了線上銷售業務。與此同時，京東、蘇寧等自建龐大的與電子商務配套的物流體系，一批與電子商務配套的物流公司也在整合中壯大；全社會電子商務產業鏈逐步健全。電子商務的發展，對傳統服裝（包括鞋類）、圖書、零售等行業已構成重大衝擊。

在此期間，隨著3G網路的開通、智慧型手機的普及，行動終端的功能越來越豐富——從前幾年的音樂下載到近年的網路介面行動化（原先在電腦上操作的服務項目可以在行動終端上操作）；相應地，與行動互聯相關的商業模式不斷湧現。微信在兩年時間內吸收了數億註冊用戶，以此為基礎的衍生、疊加型的商業模式，其豐富性、可能性和發展前途不言而喻。與此同時，隨著電子商務的發展，支付平台的功能日漸強大，積聚的資金、資源日益增多，其金融屬性已浮現出來，包括支付平台在內的互聯網金融成為迄今為止網路商業模式的最高層次。此外，面對網路商業模式的挑戰，傳統領域的企業開始重視、利用網路，與網路相融合，因此將「線上」和「線下」結合起來的O2O模式方興未艾。需要特別指出的是，由於網路商業模式天然具有「馬太效應」，近年來網路各個應用領域的「寡頭」已出現或正在出現。這也是行業發展趨於成熟的標誌。

中國互聯商業模式的發展邏輯

我們可以把網路商業模式中所有的樣式歸結為三類：第一類是資訊交流類（以下簡稱「資訊類」），具有資訊交換功能或者產品及服務的形態為資訊；第二類是電子商務類（以下簡稱「商務類」），透過網路進行有形商品的銷售；第三類是融合類，即將前面兩種類別融合起來。以此為基礎，我們可以描繪網路商業模式的發展邏輯（**圖二**中方塊裡表示的是相關網站、產品和工具，也代表了它們背後的商業模式）。

在**圖二**中，商務類中的「綜合網站」是指經營範圍較寬、品類多樣的網路商場，如京東、當當等；垂直網站是指專門銷售某一種類商品的網站，如凡客誠品等；「平台型」是指為買賣雙方提供交易服務的平台型電子商務網站，如淘寶、天貓等。融合類的「支付工具」，是指為網路交易提供支付服務的金融工具，如支付寶等；「旅遊網站」是指提供

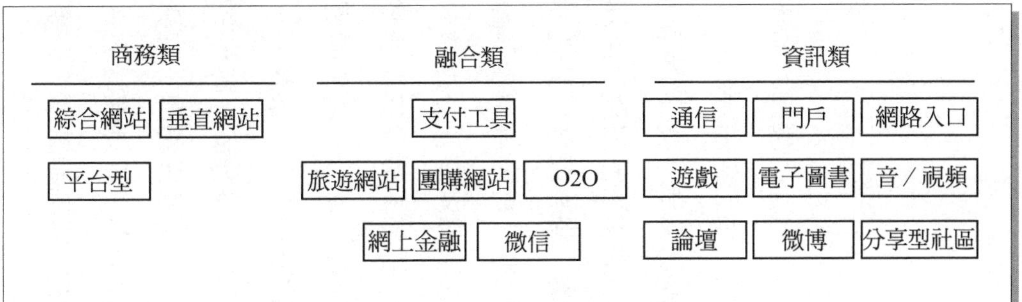

商務類	融合類	資訊類
綜合網站、垂直網站	支付工具	通信、門戶、網路入口
平台型	旅遊網站、團購網站、O2O	遊戲、電子圖書、音／視頻
	網上金融、微信	論壇、微博、分享型社區

圖二　網路商業模式的分類和發展

旅遊資訊服務和進行旅遊產品線上交易的網站，如攜程、藝龍等；「團購網站」是指通過網路集合顧客、組織團體購買的網站，如美團網等；「O2O」是指線上、線下交互運作的營運模式，採用這一模式的企業眾多；「網上金融」是通過網路開展和運作的各項金融業務；「微信」是騰訊開發、提供的一種網路交流工具和平台；在資訊類中，「通信」是指網上通信產品服務和工具，如郵箱、QQ等；「門戶」是指提供資訊服務的用戶介面及網站，如新浪網、東方財富網等；「網路入口」是指幫助用戶進入網路資訊空間的工具和通道，包括搜索、瀏覽器、流量分發平台、網路導航平台等，如搜狗、UC、91助手、Hao123等；「遊戲」是指網遊、頁遊及手遊等各種電子遊戲產品以及營運網站，如盛大、九城等；「電子圖書」是指供讀者網上閱讀的電子形態的圖書報刊、各類知識庫以及營運網站，如榕樹下、起點中文網等；「音／視頻」是指網上的音頻（音樂）和視頻產品及營運網站，如一聽、優酷等；「論壇」是指網上開放型或會員型表達觀點、討論問題的平台以及網站，如凱迪網、機鋒網等。「微博」是指一種字數有限的短博客，是用戶發表觀點、討論問題以及社群交流的工具和平台，如新浪微博、騰訊微博等；「分享型社區」是指以封閉的方式（如會員、好友圈等）形成的網路社區，社區成員在社區內互動並分享資訊、知識等，如人人網、微信朋友圈等。需要指出的是，新的網路產品、服務及網路不斷出現，**圖二**不可能囊括；有些網站同時運作若干產品和服務，我們的例子可能只涉及其中的一部份。

驅動、影響網路商業模式演變的因素

網路及電腦技術的發展

網路及電腦技術的發展是影響網路商業模式演變、發展的最重要因素。新的網路及電腦技術的出現，往往會催生網路新的功能和應用，進而也會引發與之相關的新商業模式。例如，基於網路、物聯網的「雲計算」技術、「大數據」技術，必將創造出許多今天我們想像不到的商業機會和模式。同時，網路及電腦技術的發展、普及，為網路商業模式提供了有力的支撐和保證。試想一下，如果沒有「流媒體」技術的發展，視頻網站的用戶體驗要求能夠得到滿足嗎？它們能夠按「長尾」模式運作嗎？此外，作為網路基礎構造的「資訊高速公路」，其技術進步為網路的應用和用戶價值的創新、提升創造了條件，開拓了空間。以無線為例，中國即將進入4G時代，行動互聯的速度將會躍升，行動終端的功能將會延伸和升級；在此基礎上，與行動互聯有關的商業模式亦將沿著滿足用戶需求、創造用戶需求的方向演進。

物流體系的完善

首先，隨著中國高速公路、高速鐵路、航空及水路主幹交通網路以及「村村通」公路（「毛細血管」）、物流園區等基礎設施的發展和完善，全社會物流運輸的效率有了很大提高，這就為電子商務的發展創造了條件。其次，近年來物流配送企業的數量增加，營運品質也有所提升，出現了「順豐速運」這樣的行業標竿企業，也出現了注重與電子商務配套的物流企業，如「四通一達」（申通、圓通、中通、匯通及韻達）。儘管總體上物流企業還存在規模小、營運效率低、服務品質不盡如人意等問題，但其逐漸跟上了網路電子商務的發展節奏，並對網路電子商務產生了強烈的刺激和有力的支撐作用。最後，一些網路企業也開始涉足物流業，如京東等行業巨頭成立了自己的物流公司來完善產業鏈、降低營運成本。這會有效地激發第三方物流企業競爭力的提升。

支付方式的多樣化

當前，網路交易的支付方式主要有網路銀行支付、第三方支付平台支付、手機支付以及快遞代收款四種方式。應該說，支付方式的逐漸豐富對網路商業（包括電子商務在內的各類交易的整合）的快速發展功不可沒。

在網路商業發展初期，主要的支付方式是網路銀行支付以及第三方平台支付。但是，當時網路銀行支付的步驟煩瑣並且成功率低，各個銀行之間存在著明顯的壁壘，不能進行跨行支付，並且用戶對網路銀行支付的安全性也普遍持質疑態度。而第三方支付受制於銀行網關的開放情況，支付很不方便；同樣，用戶對其安全性也有疑慮。隨著中國銀聯的整合，網路銀行的界限被逐步消除，同時網路安全監護措施逐步到位，支付也就更加方便、安全。在第三方支付方面，支付平台大量產生，而支付寶以及財付通逐漸佔據了絕大部份市場份額。它們大多採取免費提供支付服務的經營方式，使得用戶數量迅速增加。同時，絕大部份支付平台都提供交易雙方的第三方擔保服務。二〇一〇年六月，中國人民銀行正式公佈了《非金融機構支付服務管理辦法》，對從事支付業務的非金融機構提出了資質要求，加強了消費者的安全保障。此外，近幾年手機支付逐步興起，但由於行業標準不統一以及金融、通信行業各自壁壘的存在，通過手機終端的支付遲遲沒有規模性突破。我們相信，這種僵滯狀況不久將會改變。

全球化背景下商業模式的模仿

全球化是中國網路商業模式生成、演變的背景，而模仿則是直接的推動因素。二十世紀九〇年代中國出國留學的理工科學生，不少進入了剛剛興起的資訊、網路技術領域，他們（代表人物有張朝陽、李彥宏等）學成歸國後創業的領域與國際接軌，將國外網路商業模式移植進入中國。目前，中國許多網路商業模式均來自於國外。最初的百度是Google的中國版，搜狐、網易、新浪則以雅虎為模板；淘寶網身上有eBay的影子，京東商城像是Amazon的同胞兄弟，二〇一一年備受關注的微博也是Twitter的中國翻版。近年來，只要國外出現了新的網路商業模式，中國國內必有跟風模仿者，視頻、社群、團購等領域莫不如此。當然，在模仿的基礎上，中國網路企業也在不斷創新，在某些方面「青出於藍而勝於藍」。總的來說，中國的網路企業還是「學生」，絕大多數尚未走上國際舞台，很少為世界貢獻新的網路創意、工具、產品、服務以及相應的商業模式。

資本市場的催化作用

國外資本市場尤其像納斯達克那樣以高科技、高成長上市企業為主的股票市場，一向重視網路企業；對創新性網路商業模式更為青睞，往往給予較高的估值。也就是說，獨特的商業模式可以使企業的市場價值增值。中國的許多網路企業從成立之初，在股權安排、治理結構、團隊構成、運作方式等方面就是立足於海外上市的。從實際情況看，最優秀的商業模式、最具競爭優勢的網路企業大多在海外上市了。由於中國國內股票市場的審批標準以及有關法律法規因素的制約，網路企業在中國國內上市的很少。近年來，隨著創業板的開辦，已有少數網路企業在中國國內資本市場亮相。資本市場為網路企業的發展提供了資金支持、構建了有效的外部監督機制，為冒險投資網路企業的各類資本提供了退出通道。與此同時，資本市場也對網路企業的商業模式創新起了積極的促進作用，尤其是國外資本市場接納商業模式獨特但目前尚無盈利的網路企業。此外，網路企業上市後巨大的財富效應也激勵著更多的個人和企業投身於網路領域的創業和商業模式創新之中。

社會結構的變化

中國社會結構的變化是網路商業模式演變的重要推動因素。目前，中國網路用戶大多在三十五歲以下，他們基本屬於八〇後和九〇後。這些新興人群是伴隨著網路的誕生、發展而成長的，他們自然接受、接納網路（六〇後以上人群大多對網路有陌生感），並且在工作生活中已離不開網路，虛擬空間已成為他們主要的生存環境。隨著八〇後、九〇後成為社會中堅並走向社會前台，網路的應用會進一步延展，致使網路商業模式有了更廣泛的適用範圍。需要特別指出的是，社會消費的主力軍（七〇後、八〇後、九〇後）因房地產高價的壓力，普遍成為價格敏感度高的消費者，他們對網上商品的廉價極為重視，這是電子商務迅猛發展的重要原因。此外，新興人群在寬鬆的環境下成長，個性相對獨立，喜歡表達個人意見，熱中社群網路中的互動和分享，這是微信等社交工具和平台擴張的社會背景。在一定程度上，行動互聯的生活已成為他們的一種習慣和文化。

網路商業模式對傳統商業模式的顛覆和超越

網路商業模式之所以取得了長足進展，是因為它相對於傳統商業模式具有明顯的優勢和客觀價值。從全社會角度看，網路商業模式可以創新、改善、提升顧客價值，提高企業價值鏈的運作效率和社會資源的利用效率。本章從商業模式的要素角度出發，對網路商業模式如何超越和顛覆傳統商業模式進行了分析說明。

網路商業模式對企業價值主張的顛覆和超越

如前所述，商業模式的核心要素——價值主張是公司通過其產品和服務所能向顧客提供的價值，這裡包括了顧客的定位、公司提供的產品和服務的問題。在網路環境下，企業所面對的顧客發生了變化；與顧客溝通的方式也和傳統方式迥然有別；同時，公司為顧客提供的產品和服務也更為豐富和專業；網路商業模式也提升了顧客的價值。

企業所面對的顧客無邊界

傳統企業因為受到資訊傳播的限制，所面對的顧客具有一定的地域範圍，網路打破了地域的藩籬，使得顧客可以來自於網路可以觸及的天涯海角，只要資訊可以送達、溝通、交流，就可能產生顧客。

在基於網路的平台上，每個企業面對的都是打破了地域限制的龐大的市場，面對的是每年三百六十五天、每天二十四小時都可能在線的客戶。這對於中國這樣一個網民數量世界第一的國度顯得更為重要。到二〇一三年底，估計網路使用人群將達到六億，位居全球第一。這樣龐大的消費群，只有網路才能容納。二〇一三年十一月十一日「光棍節」，這一天的第一分鐘，淘寶和天貓就湧進了一千三百萬人（相當於北京的戶籍人口），支付寶全天交易額達三百五十億元❺，相當於中國日均社會零售總額的一半。如此大的流量，如此壯觀的場景，在任何一個實體商場都不可能出現。這是打破顧客空間、時間限制的電子商務奇蹟。

企業可以對顧客精準定位並做市場細分

大數據技術的發展給企業提供了對顧客精準定位的可能。在網路浩瀚的數據中，通過數據挖掘技術，可以找到具有共同需求的細分顧客群。一九九三年，美國著名雜誌《紐約客》（*New Yorker*）上刊登了一幅漫畫，其標題廣為人知：「在網路上沒有人知道你是一條狗。」而如今，人們卻將其改為了：「在網路上誰都知道你是一條狗。」大數據技術可以通過人們在網路上的查詢、購物等行為紀錄和資訊，判斷其性別、職業、年齡、興趣愛好、需求特徵以及購物習慣。可以說，人們已在網路上無處遁身。

從動態角度看，網路企業可以對所服務的顧客進行細分、細分再細分，這樣企業面對的客戶就是一個個小眾客戶。將小眾客戶的需求集合起來，即構成了「範圍經濟」和「長尾」模式（經營品種多、銷量小的產品和服務）。網路上的垂直電子商務（以下簡稱「垂直電商」）就是針對某一特定的客戶群體提供服務的。與傳統商務需要主動尋找目標客戶不同，垂直電商直接吸引有需求的客戶找到自己。垂直電商憑藉著更加細分的品類特性，在行銷層面上以精準性和互動性贏得了消費者的青睞，令消費者有此方面需求時，第一時間想到該網站。例如，買T恤選「凡客」，買包包上「麥包包」，買兒童用品去「紅孩子」，買化妝品選「聚美優品」，3C首選「京東」，圖書認準「當當」，這就是定位的作用。目前，網路上有巨量的小型垂直電商，面向小眾群體經營利基產品。

企業所提供的產品無邊界

傳統企業因為實體店鋪的「空間有限」，一般都會選擇經營熱銷產品，以節省店面的租金、商品存儲費用和保管維護費用以及資金佔用的費用等。在網路環境下，企業以虛擬店鋪的形式經營，採取「訂單式銷售」，可以將產品直接從廠家發到顧客手中，從而大大降低實體店鋪的經營費用，甚至降至零。由此，企業既可以經營熱銷產品，也可以經營小眾產品。此外，由於產品的購買半徑可以隨著網路無邊界延伸，所以小眾產品也匯集成大量的需求。因此，企業經營的產品種類將沒有邊界限制。

不僅如此，企業為顧客提供產品或服務的時空亦無邊界。傳統企業為顧客提供服務的時間受到限制，而網路則打破了服務時間的限制。以商業銀行為例，網路打破了因空間因素造成的時間邊界，將為顧客提供服務的八小時拓展到二十四小時，顧客不必到銀行櫃檯，通過網路就可以時時享受銀行提供的即時轉賬、支付結算、交納費用、買賣證券等金融服務，從而使顧客的需求得到即時滿足。

企業改變了與顧客的溝通方式及資訊傳播方式

如前所述，網路是資訊流的集合。從資訊流轉、傳播的角度看，它有以下特點：一、網路中的資

❺《「雙十一」支付寶單日交易額達三百五十億一千九百萬元》，載《鳳凰財經》，2013-11-12。

訊可以進行多方向無限鏈接。二、網路的資訊結構是網狀、扁平、橫向的結構；網路中的每個個體可以平等地參與資訊傳播（即擁有資訊傳播的平等權利）；在扁平化的資訊鏈中，不再有絕對的資訊傳播控制者。三、網路中的個體既是資訊的接受者、消費者，也是資訊的選擇者、生產者和傳播者；他們都是資訊流轉的節點。四、網路上的資訊傳播天然具有即時性、共享性和互動性。

基於以上特點，網路商業模式的顧客溝通及資訊傳播方式與傳統的大眾傳播迥然不同：一、「自媒體」是網路資訊傳播的主要機制。網路空間中的每個個體都可以就自己感興趣的話題進行討論，都可以自主地轉發和傳播。這使得網上傳播具有極高的效率，同時又有溝通深度。二、網路上的傳播可以面向特定的個體和群體，實現精準的廣告投放和顧客溝通。三、利用網路可以進行互動式的交流和溝通，可以在網路上構建資訊反饋機制。四、網路上的內容載體豐富多樣，如文字、圖片、音樂、視頻等，其中的許多形態是受眾喜聞樂見的。五、網路具有社交功能，在網路社群裡，人們用一種特殊的「面對面」方式進行溝通交流，常有「海內存知己，天涯若比鄰」的感覺。與此同時，社交群體往往根據共同的價值觀、興趣、生活方式來分類，相聚在一起的人們惺惺相惜、同氣相求。這種良好的體驗使得人們津津有味地流連於各種溝通平台，從而增加了溝通的「黏性」。

在網路世界裡，真正的遊戲規則是顧客導向。在這裡，顧客進行自主選擇並反饋資訊，牽引供給者的行為。藉助於網路，企業可以同顧客直接建立聯繫。一方面，全球各地的顧客可以隨時瞭解一個企業的產品或業務，獲得基於資訊的服務，提出反饋意見，還可以發出訂單，甚至可以參與產品的設計等等；另一方面，企業亦能即時、直接傾聽顧客對產品、企業的意見和建議，瞭解相關顧客的地點分佈、偏好等有價值的資訊，從而提高了企業把握市場的能力。

網路商業模式提升了顧客價值

顧客價值是顧客效用和顧客成本之比，是顧客對其認知到的效用、利益與其付出成本（產品及服務的價格和價格以外的交易成本）進行權衡後的總體評價。網路商業模式改變了顧客價值，也是從顧客價值的分子（顧客效用）和分母（顧客成本）兩個角度切入的。網路商業模式為顧客創造了傳統商業模式無法提供的顧客價值和體驗。

首先，看看互聯網金融模式。我們分析一下支付寶的價值創新。在電子商務中，支付一直是制約其發展的瓶頸。中國的信用體系尚不完善，在網路交易環境下的信用問題更為凸顯：當發生電子商務交易時，賣家不願意先發貨，擔心無法收回貨款；買家也不願意先付款，擔心付款後拿不到商品或商品品質無法保證。而支付寶創新性地使用了「第三方擔保交易模式」，為買賣雙方都提供了信用擔保，滿足了客戶資產安全的需要。同時，其簡單、便捷的特性使客戶在使用中獲得了良好的體驗。

下面，以支付寶平台上的餘額寶為例，其本質就是以簡單、便捷的方式滿足了客戶支付的需要、流動性的需要以及財富增值的需要，實現了對客戶的一站式服務：淘寶的客戶可以方便地將銀行卡（金融卡）上的錢轉入餘額寶，然後申購貨幣基金；需要交費、轉賬、提現、支付時又可以安全快捷地從餘額寶轉出，發起貨幣基金贖回。餘額寶同樣支持支付寶幾十萬外部合作商戶，幫助客戶進行了貨幣基金份額直接用於支付的功能。餘額寶不僅滿足了客戶對功能的需要，而且更強調產品的簡單和便利性，從產品推廣之時起，就力求讓客戶很快看明白產品的功能。在產品的設計上體現極簡的原則，使客戶使用時非常方便，並能看到真實的收益。

其次，看看網路的資訊（內容）服務模式。與傳統媒體相比，網路上的資訊和內容表現為文字、圖片、影像、音頻等多種形式，最大限度地反映、還原、模擬現實世界的各種情景，同時作用於人們的多種感官（包括觸覺）。在大多數情況下，這些資訊以立體的形式環繞受眾。基於網路的資訊傳播極大地跨越了時間和地域的限制，豐富多樣的網路內容載體有效地提升、豐富了用戶體驗。以遊戲為例，網路遊戲產品滿足了不同顧客的娛樂需要，同時提供了足不出戶就可以多人一起遊戲的可能，給顧客帶來了被認同感、團隊感、領袖感等良好的體驗。在接受網站的資訊服務時，相對於傳統載體，用戶可以更加方便、迅速、彈性地處理資訊，包括編輯、儲存、鏈接、下載、發送等。

再次，看看網路社區模式。打破時空限制、無遠弗屆的網路，使我們社會交往的範圍擴大，也使我們的社交頻度、溫度、深度增加。在現實生活中相隔遙遠、見面不易的人們，在網上則有近在咫尺、天涯比鄰的感覺。在虛擬空間內形成了無數的「群落」，其成員共享資訊、互動討論。這也使得全社會知識傳播、資訊交流的速度加快，結構扁平化。

最後，看看電子商務模式。網上商場的一個重要優勢在於品種的無限多樣。在現實的有形商業形態中，總有許多消費人群和需求量較小的商品得不到展示的機會，因而小眾人群的個性化需求得不到滿足。而網路能容納海量資訊，能展示並交易幾乎無窮多的產品，從而能解決這一問題。從經濟學角度看，網路擴大了市場範圍、深化了社會分工，是一種自組織程度較高的市場機制，為供需雙方創造了福利。

網路商業模式降低了顧客成本

第一，網路的一個重要特點是邊際成本遞減，用戶越多，成本越低，甚至趨近零。由此，在網路平台上，消費者可以獲得很多免費的產品或服務，無論是資訊查詢還是地圖導航，或者微信通信等，顧客幾乎可零成本地獲取價值。

第二，顧客的交易成本較低。在網路上，顧客通過其他顧客的評價來獲得更多的商品知識和消費體驗資訊，還可以與商家直接交流以獲得產品的細節，由此可以降低產品的搜尋成本；顧客想得到資訊產品，只需藉助網路的終端就可以獲得；對於實體產品，顧客不需要去商場，只需在網路終端上就可以購物，而且還可以享受送貨到家的服務。這減少了顧客的時間成本和精力成本。

第三，網上銷售的產品，其價格通常低於有形的商業形態。由於線上交易比線下交易的流通成本低（節約了商場租金、人員費用，也節約了推廣促銷支出，更可減少庫存損失等），因此同類產品的銷售價格往往要低得多。在普通消費者心目中，對網上交易的產品會有「便宜」的定位。「小米」手機網路銷售的成功，證明了電子商務在降低顧客代價方面的巨大優勢。

網路商業模式對企業價值創造系統的顛覆和超越

價值創造是商業模式的要素之一，它是通過對資源和能力的配置，為了超越競爭對手、向顧客提供更大的價值而構建的系統。在網路環境下，企業的邊界是開放的，因而企業可以在整個社會的價值網路中配置資源，專注於培育自身的核心能力，構建自己獨特的價值鏈（流），提高自身價值鏈

（流）的運作速度和效率，從而超越競爭對手，滿足顧客的價值。

在網路商業模式下，企業價值創造系統是開放的

從經濟學角度看，社會經濟系統配置資源的方式有兩種：一種是市場方式，另一種是組織方式。前者通過分工和交換實現，後者通過組織內的指揮和協同實現，兩種方式之間存在替代關係。那麼，兩者的邊界在哪裡？羅納德．科斯（Ronald H.Coase）的交易成本理論❻認為：這兩種機制都是有成本的，市場機制中存在著資訊成本、尋找成本、談判成本等交易成本，而組織機制中則存在管理協調成本；組織和市場的邊界處於兩種交易成本均等處。當市場交易成本大於企業組織成本時，資源配置就會以企業組織方式進行，將交易內部化，以一個長期契約替代外部的一系列短期契約，以減少契約數量、簡化契約調整過程、節約交易費用。反之，當企業組織成本高於市場交易成本時，企業的組織邊界將會收縮，企業規模將會縮小，市場機制將會擴張。也就是說，如果市場交易成本不斷下降，企業就沒有必要將眾多的業務活動都留在企業內部。市場交易費用在很大程度上是由資訊的分散性、資訊的不對稱性以及由此所導致的不信任所產生的。隨著網路的發展以及物流體系的不斷完善，企業溝通的範圍大大地擴展了，企業獲取市場資訊、談判和簽約所需支付的費用不斷降低。企業通過網路可以進行二十四小時的全球運作，網上的業務可以開展到傳統銷售和廣告促銷達不到的市場範圍。通過網路完成訂單，可以提高行銷效率和降低促銷費用。企業可以藉助網路在全球市場尋求最優惠價格的供應商，並以招標、投標的方式進行原材料的採購，以降低採購成本。網路可以改變傳統的流通模式，減少了中間環節，使得生產者和消費者的直接交易成為可能；通過與供應商直接進行交流，可以減少

中間環節由於資訊不準確帶來的損失等等。

很顯然，市場交易成本的降低，使得市場機制的作用範圍擴大了，促使企業更多地用外部契約的方式解決資源配置問題，從而讓企業開放了自身的邊界，使企業組織和市場的界限變得模糊。這樣一來，資源配置的方式既是市場的，又是企業內部的（資源整合在企業統一的價值鏈、價值流中，或整合在企業平台上）——姑且稱之為「融合型」。

隨著企業邊界的打開，企業自身的價值流程可以擴展為一個由企業自身、顧客、供應商、合作夥伴、同盟者甚至競爭對手等組成的價值網路。在這個價值網路中，企業可以針對顧客特定的需求對自身的價值流程進行再造和重組，將有限的資源集中於企業的戰略價值流，將自己並不具備核心能力的虛擬價值流交給其他更擅長的企業或個人去做，從而有效利用其他組織所擁有的資源，對來自不同企業的核心能力進行動態組合，即通過共享核心能力，使得企業在整個價值流程上都具有競爭優勢，從而達到單個企業達不到的效果。開放的企業價值流程也意味著外部相關利益者共同參與價值創造，由此形成的企業價值流是真實價值流和「虛擬價值流」（詹姆斯·邁天（一九九七））的組合。所謂虛擬是指事物看起來好像存在，使用時也像真實存在一樣，但實際上並不存在。

以小米手機為例，為了給顧客提供高性價比的手機產品，小米手機利用網路對自身的價值流程進行了組合和配置。小米手機的設計價值流是由小米的設計團隊和發燒友共同參與的，生產價值流選擇了代工製造商英華達和富士康，銷售環節則是通過網路來進行的。從一定意義上講，小米的戰略價值

❻參見羅納德·科斯等，《企業的性質》，上海，上海三聯書店，1995。

流是設計和銷售價值流，虛擬價值流則是生產價值流。

企業邊界一旦開放，它必然成為一個價值創造的平台，外部資源會以嵌入方式融入企業價值流程之中。二〇一二年底海爾集團宣佈全面進入網路化戰略新階段，實施全面網路化轉型，探索在網路時代整合全球資源、實施跨界創新的道路，謀求從線下到線上的全面升級。海爾認為傳統的調研—設計—生產—銷售—售後模式已經落後，於是創造了一個旨在滿足客戶個性化需求的產品創新平台—結合群眾募資、用戶交互、C2B定制和孵化器等模式於一體的產品創新平台「海立方」。在這個平台上，海爾內部創業團隊或者第三方均可提交創意項目，用戶對感興趣的產品進行預訂、互動參與以及售後反饋，海爾則提供生產供應鏈資源、專業資源（專家支持）、通路資源以及五十億元至一百億元的創新基金，通過已有資源來培育更有競爭力的產品線。[7]這樣，企業可以源源不斷地獲取稀缺的創意資源，與內部資源互補後，真正成為智慧組織。

企業邊界以及價值流程、價值生成機制開放之後，它必然會動態優化和調整。無邊界的組織與環境的交互無時無刻不在發生，與環境的關係無時無刻不在進行調適，減少系統「熵值」、保持組織生命力的行為始終都在發生。與此同時，企業變成開放平台後，可以對參加價值創造的外部相關利益者進行優化調整。由於是市場化契約，這種調整比內部調整要容易得多、代價小得多，而且可選擇的範圍更大。

在網路商業模式下，企業價值流程的運作速度更快、效率更高

在網路技術的支撐下，企業價值流程中研發、供應、製造、銷售各環節的銜接將變得更為緊密和平滑，摩擦和斷裂將大大減少，它們可以在基於網路的資訊系統平台上實現一體化。這是企業價值流程高速運作的前提和基礎。近年來，在令人矚目的「快時尚」領域，ZARA等時裝品牌每年推出的時裝新款達數萬種，沒有資訊平台的支撐是不可想像的。同時，只有藉助於網路資訊系統，多品種、小批量、彈性化、定制式的營運模式才能實現，也使多品種和低成本之間的矛盾得以緩解。在定制式的情形下，客戶訂單以及非標準化的產品品種較多，供應鏈和生產組織異常複雜，只有通過網路資訊系統，才能解決龐雜的配套物料、部件在時間和空間上的組織與銜接，才能高效率地解決多品種的切換問題，才能有效地控制複雜生產系統的波動成本。此外，企業價值流可以分解為人流、物流、商流、資訊流等子流。網路商業模式以資訊流為龍頭，牽引其他子流的協同、配合及優化。電子商務本質上是一種分散化、扁平化的資訊結構，其中的商流、物流結構是由資訊流決定的。在O2O模式中，所有的商流、物流也都是在資訊流的引導、驅動下進行的。

隨著網路的發展，消費者群體的力量將越來越強大。未來的網路商業模式將會從以B2C為主導變為以C2B為主導。在此前提下，許多企業——尤其是傳統企業——將會藉助網路優化價值鏈和價值流的結構，改變價值鏈（流）的營運模式，提升價值，優化顧客價值的生成機制。可以預見，隨著基於規模經濟的商業模式的式微，多品種、小批量、顧客定制、快速反應、平台化協作的商業模式將成為主流。

❼參見尚文捷，《海爾，換一種思維活著》，載《中國品牌》，2013(12)。

網路對企業價值實現方式的顛覆和超越

企業價值實現的方式作為商業模式的要素之一，回答了企業作為經濟實體如何實現盈利這一核心問題。可以說，任何商業模式都是以顧客價值創造為起點，以企業價值實現為終點，因此任何商業模式最後都必須要歸結到「企業如何盈利」這個最原始的問題上。企業在為顧客創造價值的同時，通過一定的途徑和方式獲取收入。傳統的商業模式通常提供的是物理世界的產品和服務，通過出售產品和服務的方式獲得收入，只有收入大於成本才可能盈利，在可預見的時間內不能盈利的企業很難生存。網路對企業盈利模式的影響來源於兩個方面：一是收入方式的影響；二是對成本的影響。在成本一定的情況下，如何獲取收入就成為研究的核心。在網路環境下，企業的收入方式發生了重大的變化，我們可以用三個關鍵詞來概括。

免費

與網路商業模式相關的一個有趣現象就是免費。免費模式的核心思想就是網路企業通過提供免費產品或服務匯集顧客資源，然後在此基礎上，通過價值服務的延伸獲得收入。網路提供的產品和服務都是虛擬的，隨著使用人數的無限增加，分攤到每個用戶的成本可以忽略不計，這就使免費成為可能。當用戶在此產品中獲得良好的體驗時，就會通過網路的傳播帶來更多的用戶，這就是免費模式的自動增強和集聚效應。

此類網路商業模式包括以百度、谷歌等為代表的搜索引擎，以盛大、網易、金山為代表的網路遊戲，以新浪、搜狐為代表的門戶網站，與通信相關的企業，如騰訊等。上述網路產品都有適用人群廣泛、需求強度大、使用「黏性」高的特點。以奇虎360為例，奇虎360以為客戶提供免費的安全服務而為網民所熟知，繼而奇虎360通過網路瀏覽器這個產品逐步為用戶所接受。截至二〇一三年十一月底，奇虎360在電腦搜索的市場份額一舉突破百分之二十，成為中國國內排名第二的搜索引擎。這個令人鼓舞的突破也讓奇虎360的股票市值比年初漲了兩倍並首次突破一百億美元，成為僅次於BAT（百度、阿里巴巴、騰訊）的中國第四大網路公司。❽它通過瀏覽器提供的廣告以及遊戲的加值服務而獲得收入。奇虎360總裁周鴻禕曾經指出，今天在網路上任何一項加值服務都是百分之幾的付費率，只有一個巨額的用戶群作為基礎，你才有可能在上面構造一個塔尖收費的金字塔。❾

平台

如前所述，網路天然是個平台，網路商業模式的一個重要類型是平台型，即在網路搭建一個為用戶服務的虛擬平台，吸納多種服務主體前來為用戶服務；平台搭建及管理者通過為「多邊市場」服務獲取收入（收入的來源可能來自於「多邊」，也可能來自於「單邊」）。所謂多邊市場是指包括直接用戶在內的多類顧客。以蘋果的「App Store」平台為例，軟體用戶是一類顧客，軟體提供者是一類顧客，終端提供者是一類顧客，而營運商也是一類顧客。目前，網路上的平台大體上有三類：一是電子商務平台，如淘寶、天貓、去哪兒網等，吸引、召集無數商家，在網路平台上向用戶提供商品，其

❽參見《周鴻禕：用一生去戰鬥—遭遇五大公司聯合圍剿》，載《中國企業家》，2013-12-10。

❾參見《周鴻禕：我是互聯網最大「失敗者」》，載《中國企業家》，2013-10-21。

收入主要來自於為買賣雙方提供加值服務。這是人們耳熟能詳的案例。二是以個人電腦及行動終端為載體和介面的軟體商場。它是一種特殊的電子商務，通過向用戶提供用之不竭、不斷更新的軟體，以與軟體提供者以及營運商分享的方式獲取使用費和流量費。軟體商場中的軟體主要來源於外部，其開發、提供者眾多。三是PC及行動終端上的「平台」型產品和服務。這些產品和服務之所以被稱作「平台」，是因為它能為其他與平台相關的主體提供與用戶接觸、為用戶服務的機會——儘管這種機會未必是全開放而是選擇性的。終端上的「平台」產品、服務種類很多，可以分成若干個層次，如基礎性的「操作系統」，應用型的「瀏覽器」、「流量分發」、「即時通信」等。目前，這些平台產品、服務的收入模式以吸引用戶或流量後的廣告模式為主，但有延伸的可能性（尤其是「即時通信」中的微信等）。

「平台」模式和「免費」模式之間有較大的相關性。現實中，網路商業模式的邏輯往往是通過「平台」型產品、服務的免費使用，以吸引顧客資源，然後在此基礎上再設立多邊服務平台。這樣一來，「免費」成了「平台」模式中的一個組成要素。這裡之所以將「免費」作為一個獨立的模式提出來，是因為用戶免費使用的產品、服務未必是「平台」型的，而「平台」型的產品、服務也未必全部都免費。

分享

既然網路商業模式往往是開放的，網路企業沒有邊界，網路價值鏈是「虛擬」、「實體」相互結合，內外部相關利益者相互融合，內外部要素和流程相互嵌入的動態開放結構，那麼其利益結構往往是分享型的——與價值鏈（網）上的相關利益者（供應商、通路、用戶等）共享價值創造的成果。在某些情形下，只有利益共享，這種「開放」才有可能成為現實；否則，誰會來參與和融入呢？中國部份電信營運商、廣電營運商的應用服務項目長期以來種類少、吸引力弱，是與其開放、分享程度不高相關的。而前面提到的蘋果「App Store」，由於設置了與軟體提供者分享的利益機制，才有可能吸引全世界創意及軟體人才共同參與，使軟體產品始終處於源頭活水的狀態。

蘋果「App Store」的案例告訴我們，「分享」模式和「平台」模式也是相關的。有些「平台」（不是全部）需要「分享」才能成立（提高吸引力），而有些「分享」也需要「平台」作為基礎和前提（通過「平台」才能吸納和確定分享對象）。總的來說，只要是「分享」模式，就在不同程度上具有「平台」屬性；而在「平台」模式下，則未必全部採取「分享」模式。例如，互聯網金融中的「P2P」平台，有的只收取服務費，有的則構建了與客戶風險共擔、利益分享的機制。

參考文獻

Allan Muah, Christopher L. Tucci, "*Internet Business Models and Strategies: Text and Cases*", McGraw-Hill, 2005.

Linder J. and S. "*Cantrell, Changing Business Models: Surveying the Landscape*", Accenture Institute for Strategic Change, 2000.

Peterovic, O., Kittl, C., Teksten, "*Developing Business Models for E-Business*", Paper Presented at the International Conference on Electronic Commerce,2001, Vienna.

Osterwalder, A.and Pigneur, Y.,"*An E-Business Model Ontology for Modeling E-Business, Proceedings of the 15th Bled Electronic Commerce Conference*", Bled, Slovenia: 2002-1-12.

James E. Richardson, "*The Business Model: An Integrative Framework for Strategy Execution*", SSRN, 2005.

Chesbrough H. Rosenbaum RS, "*The Role of the Business Model in Capturing Value from Innovation* ", Working Paper, Boston: Harvard Business School, 2000.

Hamel G., Leading the Revolution, Boston (MA): Harvard Business School Press, 2001.

Applegate, L. M., "*E-Business Models: Making Sense of the Internet Business Landscape*", in Dickson, G. Gary, W. and de Sanctis, G. (Eds.), Information Technology and the Future Enterprise: New Models for Managers, New York: Prentice Hall, 2001, 136-157.

Joan Magretta, "*Why Business Models Matte*r", Harvard Business Review, 2002, Vol. 80, Iss.5: 86-92.

Michael Porter,"*Strategy and the Interne*t", Harvard Business Review, 2001, 79(3): 62-78

黃衛偉，〈生意模式與實現方式〉，《中國人民大學學報》，2003(4)。

鄒振華，董江山〈電子商務網站盈利能力的理性分析〉，《湖北社會科學》，2003(1)。

黃純純，〈網絡產業組織理論的歷史、發展和局限〉，《經濟研究》，2011(4)。

維克托·邁爾·舍恩伯格，肯尼斯·庫克耶，《大數據時代》，杭州：浙江人民出版社，2013。

詹姆斯·邁天，《生存之路：計算機技術引發的全新經營革命》，北京：清華大學出版社，1997。

中國人民大學經濟學院，中國人民大學商學院，中國社會科學院工業經濟研究所課題組，《中關村國家自主創新示範區電子商務產業研究報告》，2010。

魏煒，朱武祥，林桂平，《基於利益相關者交易結構的商業模式理論》，《管理世界》，2012(12)。

CHAPTER 3
互聯網金融：理論結構

互聯網金融：理論結構

本章主要研究互聯網金融的理論和邏輯，涉及五個主要的理論觀點，即資訊經濟學、基於網路的產業組織理論、金融功能理論、互聯網金融中介理論和金融深化理論。隨後，在此基礎上提煉出網路對普惠金融的促進作用。

資訊經濟學和基於網路的產業組織理論分析網路的基本功能和組織形式，主要論點是網路的存在降低了資訊的不對稱性，降低了交易成本和進入壁壘，因而會帶來競爭和集中。金融功能理論從金融功能的角度分析金融機構的作用。互聯網金融在很大程度上提升了金融市場的支付、資源分配和風險分散等功能，是傳統銀行和資本市場的有益補充。互聯網金融中介理論主要分析：網路作為一種新的中介形式與傳統金融中介的區別和相同之處。藉助網路，人們可以不通過銀行等中介而完成金融服務，實現了金融脫媒。因為這種脫媒是繼資本市場對銀行業的脫媒之後的又一次脫媒，又因為其對銀行業脫媒速度之快，我們稱之為「二次脫媒」。以阿里巴巴、騰訊等為代表的網路平台公司將依靠自身優勢成為新的金融中介，因而金融脫媒之後，必然帶來再中介化。消除中國的金融壓抑是金融深化理論要解決的主要任務。一個健全的金融體系需要有一個競爭的、資本能夠自由流動的、生產力能夠充份發展的金融市場。網路的特點就是自由。網路企業依照網路產業的商業模式和市場思維完成資金支付和資源配置。這種網上資源配置的金融深化可以看作對金融健全化程度、金融多樣化程度、價格市場化程度、經濟金融化程度的同時提高，因而互聯網金融加速了金融的深化。由於互聯網金融有效地降低了交易成本，從而降低了准入門檻，這使基於網路的諸多金融產品為低收入人群提供金融服務成為可能，因而互聯網金融提升了金融的普惠性。

網路技術對資訊傳遞的影響

網路最早應用於美國的軍事領域，當它用於民用領域後，受到了熱烈歡迎，它比任何一種現存的科學技術都更加深刻地影響著現代人們的生活。網路使得個人電腦開始普及，人們處理資訊和諮詢的能力更加強大。除新興的行業外，網路還令傳統行業得到了再次的繁榮，如電子商務就令傳統的零售業務從線下轉到線上，人們可以方便地查閱商品的資訊，從而更好地匹配需求與供給；網路還改變了現代社會形態，資訊的傳遞轉移到了網上，現實中人與人之間的距離因為網路縮短了。因此，網路不僅引發了資訊科技的革命，而且引起了社會生活習慣的變革。

網路的發展經過了幾個重要階段，它從最簡單的搜集製作資訊轉變成合併處理資訊，從最直接的披露資訊升級為經營管理資訊；資訊接收者也正在完成從接收資訊到對資訊進行互動、從單一管道獲取資訊到全方位掌握資訊的轉變。在資訊的傳播者和資訊的接受者之間不再存在顯著的界限，他們的角色可以互相進行切換。網路使得每個人都成為資訊傳播的節點，正是由於資訊傳播節點的大幅增加，促成了今天資訊的爆發式增長，推進了網路資訊更大範圍、更加便利的共享，導致大數據時代應運而生。

網路技術給人類社會帶來了極大的衝擊，其中最重要的變化在於它改變了人類社會傳播資訊的過程。它與傳統的資訊傳播方式很好地結合，又在傳統的基礎上進行了創新，融入了現代生活的點點滴滴，人類社會的生活習慣因此產生了重大變化。網路使得資訊傳遞不再囿於簡單的文字形式，視頻、聲音都可以成為資訊傳遞的形式。

網路改變了傳統的資訊接受方式，它突破了傳統的人對著電話進行交流的單調模式，轉變成了人與人之間的互動交流，這極大地提高了用戶的體驗感。網路還促進了資訊處理技術的發展。一個完善的網路需要強大的電腦處理能力和成熟的資訊科技，反之，流暢的網速也為網路的快速發展提供了良好的條件。

網路正在將資訊傳遞到網路之外更廣闊的社群領域，並對社會生活的各個方面產生了深刻的影響與改變。在網路世界中，不僅個人與個人之間、個人與群體之間、群體與群體之間甚至文化與文化之間都在進行廣泛的資訊交流與融合，海量的資訊使得人們接受新知識的成本大大降低，並使社會創新的速度加快。網路通過推動資訊傳播的深度和廣度，推動著人類文明向前發展。

如今，網路已成為社會交流不可或缺的必要媒介，資訊數據庫為科學研究、商業決策提供了強大的支撐；資訊接受者和使用者同時加入了資訊的傳播與創造，並且實現了低成本的即時交流；資訊生產的總量與日俱增，資訊使用的效率日益提高；每個人的價值因為資訊科技的發展而得到極大地提高，即使是普通人也可以通過網路發出自己的聲音，建立在網路基礎上的資訊文明應運而生。

互聯網金融對資訊不對稱的影響

資訊不對稱理論旨在說明在自由市場中，由於買賣雙方資訊不同，賣方總是掌握更精確的商品資訊，這就導致了買方在市場中處於劣勢。因此，有效的市場資訊能更好地匹配買賣雙方，也就是具有市場價值。資訊不對稱的難題可以被正確的市場訊息顯示加以修正，因此資訊傳遞對解決資訊不對稱難題非常重要。阿克洛夫（George Arthur Akerlof）在研究了加州的汽車市場後發現，由於賣方擁有關於汽車更多的資訊，而買方擁有的資訊相對較少，因而當買方願意出一定價格時，市場中只有差車的車主願意賣，而車況優良的車主不願意賣，但由於買方沒有資訊，因此買方最終買到的車是相對狀況不佳的車，因而市場中出現了「差車驅逐良車」的現象。這樣就產生了「逆向選擇」的問題。逆向選擇發生在交易雙方之間資訊不對等的情況下，是指掌握資訊少的買方無法區別優質品和劣質品，因而只願意對劣質品支付低價格，從而導致優質品無法銷售。顯然，買賣雙方對資訊的不對稱性使得加州的車市很難發揮應有的功能。

在金融自然配置中，資訊不對稱使得市場容易出現逆向選擇。舉例來講，如果銀行計劃以某一固定的利率貸款給不同客戶，那麼申請貸款者往往是還款能力較弱的企業，能力強的企業將不願意以相對其品質較高的利率貸款，因而銀行貸款的不良率將上升。最好的方式是甄別不同公司的還款能力，然後針對不同企業的還款能力設定不同的貸款利息。然而，資訊不對稱阻止了傳統銀行這樣做的可能。

網路的核心精神就是傳播資訊，用最短的時間將資訊傳遞給全世界。網路的存在大大降低了資訊獲取的成本，因而降低了不同個體之間的資訊不對稱性。在網路出現之前，人們獲取資訊受制於身份和區域的限制，許多資訊都沒有辦法即時獲得，等到獲得這些資訊時，資訊的時效性已經大打折扣。在網路出現之前，無論是飛鴿傳書還是烽火通信，其資訊傳播的成本是比較大的；在網路出現後，資訊實現了近乎零成本的傳播。人們在網路上能夠獲得最即時的資訊，並且這樣的資訊是來自多方的，因此資訊不容易被單一的聲音所掩蓋。

互聯網金融給買賣雙方提供了一個具有完全資訊且公開透明的市場體制。資訊不對稱的降低會對市場產生三方面的直接影響：一是社會交易成本將由此大大降低，交易成本主要來自於資訊搜集成本和資訊錯配成本，資訊不對稱的降低使得這兩個成本都大大降低。二是資訊不對稱的降低促進了市場更加充份、公平的競爭。在資訊不對稱的情形下，市場更加崇尚政府和權威，這也導致了政府主導的壟斷，而隨著資訊不對稱程度的降低，更多的競爭主體獲得了相等的競爭地位，其結果是整個社會效益的帕累托改進。三是資訊不對稱的降低減少了逆向選擇和道德風險發生的可能性，這源於對交易對手的信用狀況有了更多的瞭解，並且能夠進行對資金流向的監控。

從互聯網金融在全世界發展的歷史經驗來看，互聯網金融與傳統金融更有可能是一種互補關係，而非顛覆關係。儘管網路使得資訊傳播更加廣泛、迅速，但並不能完全改變資訊不對稱的現狀。傳統金融的規模效應和專業優勢依然佔據主流，因此傳統金融的地位不會動搖，互聯網金融更有可能是對其的一種補充。因此，我們對互聯網金融應該有一個客觀理性的認識——雖然網路能夠降低資訊不對稱，但並不能完全消除資訊不對稱。從某種意義上說，網路是一個工具，互聯網金融的參與者並非專屬於網路企業，傳統金融機構也可以更多地參與其中。

網路引入第三方信用

信用管理的實質是資訊管理。市場運作的成功與否主要取決於人們能夠獲取資訊的數量和品質。網路是天然的信用資料庫，能夠提供大量關於企業或個人的信用資訊。但是，小微金融個體的資訊分佈分散、即時變化，需要中介機構進行整合。因此，互聯網金融作為中介可以收集各個角度的資料，對於企業和個人信用資料的檢索、收集和保存十分重要。與此同時，網路技術已成為信用分析與評價的重要手段，網路數據庫技術、神經網路技術以及大數據技術已廣泛、有效地應用於客戶信用分析與評價中。

與傳統金融中介不同的是，互聯網金融引入了第三方信用。第三方信用來源於網路媒介中的第三方評價以及互聯網金融中介作為第三方對交易雙方的保護。互聯網金融中介第三方信用的引入有效地降低了客戶的信用風險。一方面，人們可以利用互聯網金融中介提供和保留的資訊，通過查看他人的評價紀錄，瞭解交易對手的信用情況。劉豐和朱金偉（二〇〇四）認為，網路交易雙方的相互評價形成了一種源於第三方評價的「經驗信任」。由於評價會影響未來的交易，因此在網路交易中，商品買賣雙方都十分在意對方對自己的信用評價。在現代網路社會，查詢交易對手的「信用紀錄」已是人之常情。從另一個角度來看，人們可以利用互聯網金融中介的信用降低交易信用風險。基於網路的網路支付已成為重要的支付方式之一。但是，網路資訊也可能出現錯誤，交易雙方之間仍然存在信用風險，而第三方支付中介的出現有助於減輕這一問題的嚴重性。基於網路的第三方支付也為交易雙方提供保證金及信譽保證。第三方支付中介創造了網路交易的信用模式，向交易雙方提供了信用，對交易雙方的行為進行有效監督和約束，在很大程度上消除了交易雙方的信用風險。在網路交易中，當買方選定商品後，並不將貨款打入賣方賬戶，而是打入第三方平台提供的賬戶。第三方平台只有在收到買家的付款後，才會在系統中自動給賣家發站內信通知其發貨；賣家發貨後，買家收到賣家的貨物並表示滿意後，第三方支付平台才會根據買方的指示，將存在第三方平台中的貨款劃撥給賣家。如果貨物有問題，第三方支付平台將不會向賣家付款。部份第三方支付平台還依靠收集和掌握的歷史交易資訊，運用技術優勢和專業經驗，對參與網上交易活動的雙方進行資格審核和評級，以供交易者參考。

互聯網金融的幾種模式——基於資訊經濟學的視角

早在網路產生初期，網路與傳統金融就出現了交叉融合的趨勢，比較有代表性的是網路銀行。未來網路將對傳統金融造成更大的衝擊，金融資源配置的品質和效率將藉助網路平台得到提高。從資訊經濟學的視角，互聯網金融關鍵是將資訊的利用與金融的關鍵節點相嵌合。從目前來看，互聯網金融有以下幾種模式：

第一種模式是傳統金融機構將網路作為一個金融產品展示平台和銷售通路，簡稱「金融網店」模式，比較有代表性的是網路銀行以及基金淘寶店。網路銀行除了銀行基本的存貸、匯兌業務之外，還開通了基金、理財、期貨、貴金屬等多種金融業務的通道，該模式是比較成熟的互聯網金融模式。近期，餘額寶的模式取得了階段性的成功。隨著人們對餘額寶關注度的不斷提升，一些基金公司也紛紛嘗試將一些基金品種在電子商務網站售賣，甚至有些基金公司策劃建立自己的電子商務網站售賣基金。基金淘寶店可以說是對消費者新消費模式的嘗試，但是短期內，由於消費者傳統消費習慣的影響，人們還不習慣在商業銀行之外的網站購買金融產品，對其信任度還不高；從長期來看，應該能夠起到與商業銀行通道模式互相補充的作用。

第二種模式是將網路平台作為資金融通雙方的資訊中介，進行資金融通雙方資金的撮合，資訊中介不參與資金的交易，簡稱「資金撮合」模式，比較有代表性的是人人貸和群眾募資融資。在人人貸平台上，用戶可以搜集到的資訊包括信用評級、借款資訊、貸款資訊等。貸款資金的提款、還款通常需要經過網路借貸平台的賬戶完成。人人貸的資金供給方以個人為主，一般風險識別和防範能力較低，為了分散資金供給方的風險，網路借貸平台通常進行的是「多對一」的借貸交易。群眾募資網站給客戶提供的基本是一個能推銷自行設計產品的平台。這個平台的投資產品涉及現金、股權、債券的投資，投資模式包括募捐、股份和借貸幾種形式。

第三種模式是網路公司或金融機構依托旗下電子商務網站產生的交易和信用紀錄，對網路商戶發放訂單貸款或者信用貸款，對網購消費者發放消費貸款，簡稱B2C（E-Commerce）模式，比較有代表性的是「淘寶貸」以及商業銀行針對旗下電子商務網站商戶和消費者的貸款模式。由於中國的徵信體系極不發達，獲取客戶的信用紀錄以及對客戶進行信用評估比較困難。網路商戶的業務經營全過程都在網路平台上完成，網路平台可以積攢龐大的信用資料庫，主要是網路商戶的交易和付款紀錄。網路公司或金融機構可以根據交易紀錄和誠信情況決定是否向消費者發放貸款。最近，商業銀行正在積極進軍電子商務市場，比如最近剛上線的建設銀行的「善融商務」、工商銀行的電子商務網站。將來，商業銀行也將積極開發針對旗下電子商務網站商戶和消費者的貸款品種。商業銀行在這一領域具備資金優勢和品牌優勢，具有比較大的後發潛力。

第四種模式是網路平台提供金融產品資訊的專業搜索匹配服務，不涉及具體的金融業務，也稱「金融百度」模式。由於在用戶與金融機構之間存在著資訊不匹配的情況，用戶與適合自己的金融產品之間存在著嚴重的匹配問題，因此需要一個專門的搜索引擎幫助用戶針對金融機構提供的金融產品進行橫向比較，並實現客戶與金融機構的對接。目前，這類網站中規模較大的有「融360」和「全球網」。「金融百度」不參與交易，對用戶完全免費，讓用戶與金融機構直接聯繫對接。目前，「金融百度」模式中的資金供給方有銀行和小額貸款公司，具備較強的信用風險評估及管理能力，貸款資金的提款、還款均在借貸雙方之間直接完成，不經過網路平台。

第五種模式被稱作「網路金融資訊挖掘」模式，該模式依據大數據提供諮詢、投資服務。這種模式中比較有代表性的是一些網路化和數據化程度比較高的諮詢公司及評級公司等。比如我們熟知的國際三大評級機構，它們所依靠的資訊來源於一些公開的結構化數據以及一些資訊數據庫、內部訪談的紀錄。再如，第三方評級機構可以通過電子商務資訊和網路交易數據獲取企業的「大數據」資訊進行評級服務。美國的**Fair Issac**公司就是為銀行提供中小企業信用評級的公司，這家公司主要使用企業的交易行為和財務狀況等數據進行評級。

從互聯網金融的模式來看，關鍵是要找到金融和資訊相互促進的結合點，然後在這個基礎上不斷進行創新，無論未來的模式如何變化，其核心沒有變化。未來，隨著創新的不斷深入，不排除會有新的互聯網金融模式出現，但從整體來說，資訊服務金融似乎是互聯網金融的精髓所在。

產業組織理論

(1)互聯網金融在銷售、支付、結算等領域可以替代傳統金融的基本功能。例如，網路券商、保險／基金代銷、第三方支付中的網路支付等。目前，儘管互聯網金融只能代替傳統金融完成一些基本的功能，某些複雜的業務還需要與客戶進行一對一的直接溝通，但互聯網金融仍在不斷的發展與完善中，它的未來有很大的提升空間。

(2)互聯網金融在技術和成本上相比傳統金融更有優勢：當互聯網金融體系藉助完善的技術建成時，增加一個使用者的邊際費用幾乎為零。這使得網路消費的成本和門檻大大降低，從而比傳統金融更有優勢。在貸款方面，P2P平台專注於被傳統大銀行忽視的中小企業融資問題。阿里小貸憑藉其強大的數據庫建立起安全、高效的小額貸款體制。在理財方面，餘額寶的推出對傳統銀行儲值業務造成了衝擊。在銷售方面，離開了實體營業部的互聯網金融在服務邊遠地區客戶方面又形成了成本優勢。

網路的結構和產業組織的特點

網路體系結構

圖一描述了網路體系結構和產業價值鏈的組成以及各類產業在產業價值鏈中的地位。一個健全的網路體系包括基礎服務公司和網路應用服務公司。在網路體系中，基於網路提供的應用與服務可以分為五類：網路基礎服務（如網路接入、網路通信等）、網路資訊服務（如門戶網站、博客網站）、網路休閒服務（如網路遊戲、網路視頻等）、電子商務（如網路購物、電子支付、網路銀行等）和其他網路服務（如社群網站、網路求職、網路教育等）。其中，網路體系中負責基礎設施的公司位於網路產業價值鏈的底端，是發展網路產業的基礎，在此基礎上發展出網上支付和配送服務。建立在網路基礎設施、支付結算體系和配送服務基礎上的是B─C（公司對客戶）、B─B（公司對公司）、C─C（客戶對客戶）等網路平台。消費者、企業和政府可

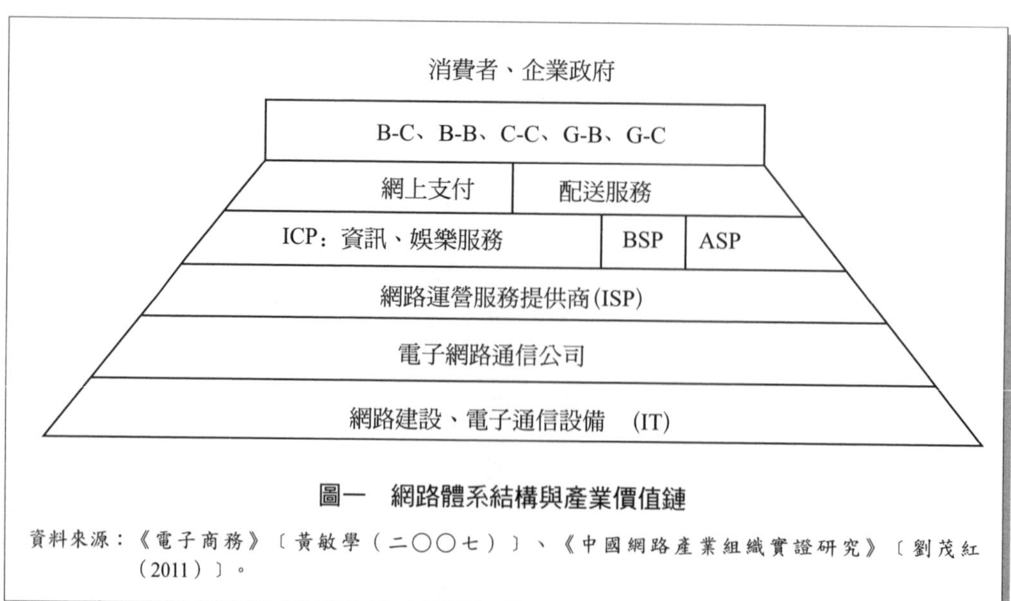

圖一　網路體系結構與產業價值鏈

資料來源：《電子商務》〔黃敏學（二〇〇七）〕、《中國網路產業組織實證研究》〔劉茂紅（2011）〕。

享受網路帶來的一系列服務。

網路產業組織的特點

網路產業組織主要有「低成本」、「低門檻」和「規模效應」這三個特點。網路的低成本體現在網路技術的應用節省了很多成本，包括資金成本和時間成本。例如，網路銀行和網路券商可以代替實體營業部的部份功能，從而減少了大量人工成本和設備成本。網路技術使得人們足不出戶就可以消費、投資、結算、儲蓄，從而節省了大量的時間成本。網路還降低了人們進行投資的門檻。中小投資者不但能利用網路方便地瞭解市場資訊，他們還可以將小額資金投資到「餘額寶」、「現金寶」等網路理財產品中獲取收益。這些服務在傳統金融行業中的門檻較高，而網路降低了它們的最低准入要求。網路的另一個特點體現在它的「規模效應」。規模效應體現在三個方面：一是一個完善的網路體系建成之後，增加一個使用者的邊際成本幾乎為零；二是網路營運商可以利用建成的大數據庫快速瞭解客戶的資訊，從而消除與客戶間的資訊不對稱情形；三是互聯網金融可以有效地分散投資風險，如人人貸平台（P2P）可以讓借款人分散自己的借款，從而規避風險。傳統金融行業囿於成本和技術上的難題，很難做到以上幾點。

提供便利，降低成本

與傳統銀行相比，互聯網金融具有資金成本和時間成本上的優勢

(1)互聯網金融的資金成本低於傳統銀行。以銀行為例，根據Inter-banking網站的統計，美國網路銀行每完成一筆交易的成本為〇．〇一美元，與網路銀行相類似的PC銀行（個人家庭銀行）的成本也只有每筆〇．〇一六美元，見**圖二**。目前，傳統銀行的平均單筆信貸成本為二千元左右，而阿里小貸平均每筆信貸的成本遠遠低於這一數據，僅為每筆一．〇七元。

(2)互聯網金融的時間成本低於傳統銀行。我們以銀行小微貸款為例，傳統銀行辦理線下貸款的週期短則數週、長則數月。即使是小微業務專業化程度很高的民生銀行，其辦理小額貸款業務的時間也有五天。但是，對於線上互聯網金融，從申請到審批，不受工作日的限制，最快幾分鐘就能完成。這對於急需用錢的小微企業來說具有極大的吸引力。阿里小貸的優勢主要源於它手中掌握的數據，包括會員在阿里巴巴平台上的網路活躍度、交易量、網上信用評價等，這些是傳統銀行所不能比擬的，見**表一**。傳統銀行與客戶之間存在著極大的資訊不對稱，因此需要客戶辦理煩瑣的手續，這些時間成本往往是中小企業不能承受的。

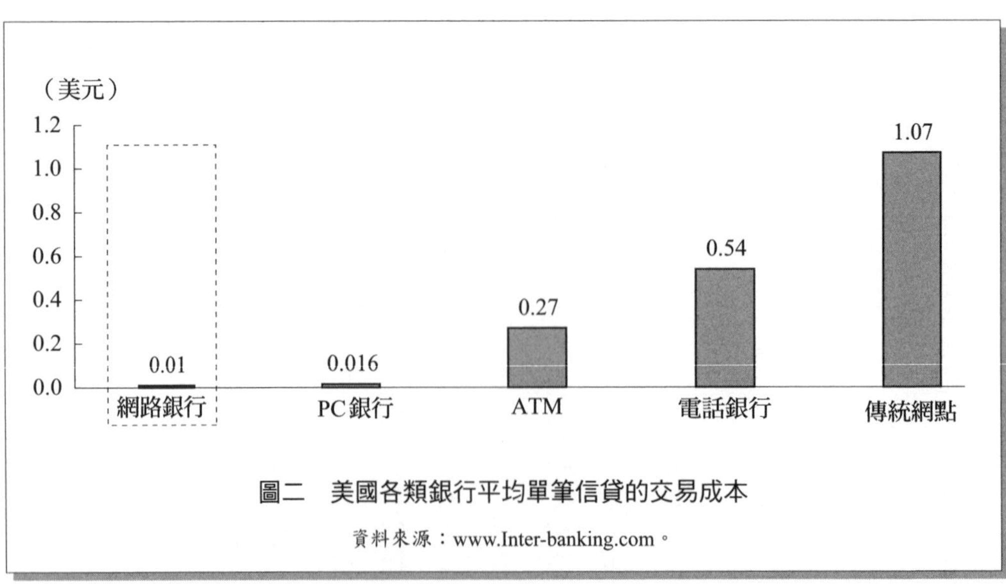

圖二　美國各類銀行平均單筆信貸的交易成本

資料來源：www.Inter-banking.com。

表一　阿里小貸和民生銀行「商貸通」的對比

	阿里小貸	民生銀行小微貸款品牌「商貸通」
申請資料	1.企業資金的銀行往來 2.企業法定代表人經過實名認證的個人支付寶賬戶 3.企業法定代表人的銀行借記卡卡號 4.信用報告授權查詢委託書	1.相關擔保人的身份證、戶口本的原件及其原印件 2.擁有或控制企業的資產證明資料 3.此次借款將用於何處的相關資料 4.可以提供的扣保資料，如房屋產權證明等 5.規定的其他相關資料要求
辦理時間	不受工作日的影響，最快幾分鐘	平均五天

資料來源：民生銀行、阿里巴巴。

網路使信貸機構容易獲取資訊，進而降低資訊獲取成本

互聯網金融具有較低的資訊成本優勢。對比了傳統銀行和以宜信為代表的P2P網貸平台的信用評估方式及評級資訊獲取途徑（見表二），我們發現以網路上的客戶數據為支持的阿里小貸的資訊獲取成本最低。我們認為，如果傳統銀行能像阿里小貸一樣建立起完善的客戶信用數據體系，銀行業很有可能在互聯網金融時代實現又一次飛躍。

網路券商降低了資本市場的交易成本

在互聯網金融的衝擊下，中國國內券商的平均佣金率將進一步下降。目前，儘管中國監管機構在短期內仍不放開網路公司網路經紀業務牌照，但傳統證券公司正在積極利用網路來降低成本，以吸引顧客。二〇〇六至二〇一二年中國國內券商的平均佣金率呈現出不斷下降的趨勢，預期到二〇一六年將達到百分之〇．〇四的水準，見圖三。這反映了市場在互聯網金融背景下的激烈競爭。

基金／保險通過網路銷售降低了買賣雙方的成本

(1)第三方基金銷售有很大的成本下降空間。互聯網金融在代銷基金方面的作用主要呈現在銷售和服務方面。在銷售方面，由於網上銷售不需要通過實體營業部進行，因此極大地削減了銷售成本。在服務方面，

表二　傳統銀行、宜信、阿里小貸獲取資訊途徑對比

	傳統銀行	宜信（P2P網路貸款平台）	阿里小貸
信用評估方式	1.商業銀行內部的個人信用評分 2.信貸員一對一地對客戶進行評估	1.身份的真實性 2.收入狀況 3.職業穩定性 4.居住穩定性 5.社交網路穩定性等	1.會員在阿里巴巴平台上的網路活躍度 2.交易量 3.網上信用評價 4.企業自身經營的財務健康狀況
評級資訊獲取途徑	申請人提供的各種申請材料、各銀行內部保留的客戶信用紀錄、信貸員走訪客戶獲得的資訊	潛在借款人通過網站或電話提交借款申請後，宜信的工作人員將與之面談	阿里巴巴平台上的網路數據、客戶信用紀錄

資料來源：各銀行機構的數據、宜信、阿里小貸。

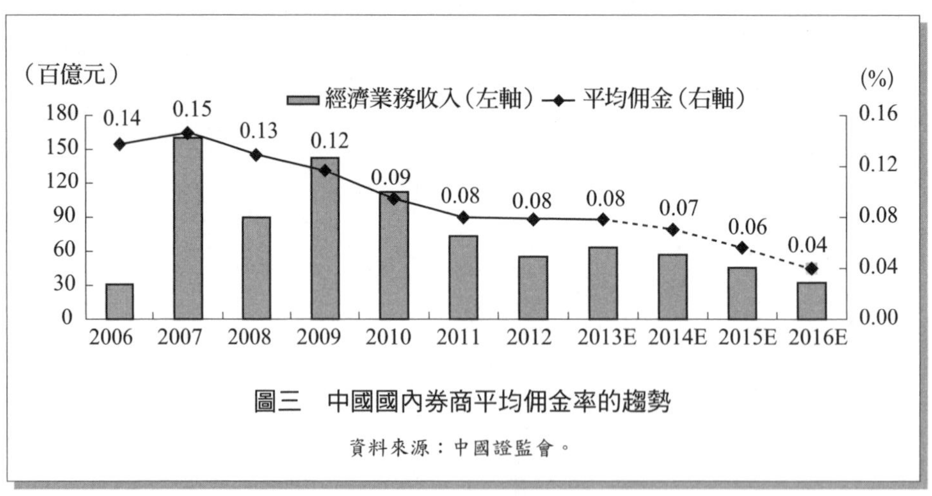

圖三　中國國內券商平均佣金率的趨勢

資料來源：中國證監會。

由於網上辦理業務不受時間和空間的約束，而且網上交易費率更低，因此客戶的成本也會降低。此外，基金公司還可以利用網路快捷地向客戶傳遞大量專業的投資資訊，從而降低了券商與客戶間資訊傳遞的成本。我們相信，互聯網金融將對基金銷售有著很大的作用。

(2)保險銷售成本降低。

二〇一三年七月二十日，阿里巴巴集團的馬雲、騰訊的馬化騰和中國平安的馬明哲聯手設立的眾安在線財產保險公司正式成立。該公司完全在網路上進行銷售和理

賠。根據二〇一二年由保監會發佈的報告，由於保險公司以網上直銷、電話銷售的新興加上傳統方式的興起，中國財險公司的保費同比降低百分之三．九。網路作為新興的模式，在其中大放異彩。

降低門檻

券商利用網上商店降低了中小投資者獲取資訊的門檻

方正證券和齊魯證券在淘寶網上設立了自己的網店來銷售理財資訊，使得中小投資者和機構投資者都可以享受到投資資訊，見**表三**。中小投資者只需付出相對少的價格就可以享受到此類服務。

小額借款者可以通過人人貸等互聯網金融平台尋求貸款

(1)基於互聯網金融的阿里小貸和P2P平台「宜信」的高速發展。近年來，依托於網路的人人貸平台（P2P）發展迅速，截至二〇一三年的總成交額據估計為六百億元，見**圖四**。民生銀行小微貸款的專業化程度在傳統銀行中名列前茅，但其依然採用線下申請、線下處理的方式，主要依賴於背後強大的專業化小微團隊。「宜信」作為中國知名的P2P平台，但其採用的仍是線上申請、線下處理的模式，因此仍需要專業團隊對貸款人的信用和風險進行線下評估。目前，中國的大多數P2P平台都是線下處理貸款申請。

(2)互聯網金融為小額貸款者提供了貸款平台。前文介紹了互聯網金融能夠降低貸款的資金成本和時間成本。除此之外，互聯網金融還能降低貸款者的准入門檻，為中小貸款者提供貸款途徑。「阿里小貸」依賴儲存在網路中的客戶數據完成對線上申請的處理。從客戶基本條件來看，「阿里小貸」

表三　方正證券、齊魯證券網店銷售產品

券商網店店名	商品名	價格	功能
方正證券 「泉友會旗艦店」	專職投顧短信月版	150元	專職投顧短信是由投資顧問根據市場、政策、個股等情況，對市場走勢、個股走勢、投資策略等進行研判，不定時發送至客戶手機，具有即時性、有效性的特點。
	專職投資組合月版	200元	投資組合顧問組合是中國國內首家券商在網站上推出的投資顧客模擬組合，每個組合以兩個及以上的個股構建，個股以市場委託方式進行模擬購買。
齊魯證券 「融易品牌店」	「消息紅綠燈」 （微信季度版） 投資資訊產品	88元	1.《消息紅綠燈》早間版：發掘每日宏觀、行業、公司的多空消息，幫您發掘最有價值的投資標的，規避投資風險。 2.《消息紅綠燈》晚間版：回顧市場漲跌，再現多空雙方對戰詳情，展示市場資金動向，開設系統化的投資講堂。
	穩健組合1號齊魯證券獨家投資策略	198元	為穩健型高端個人客戶提供投資服務規劃和投資策略，示範交易盈利模式。

資料來源：淘寶網。

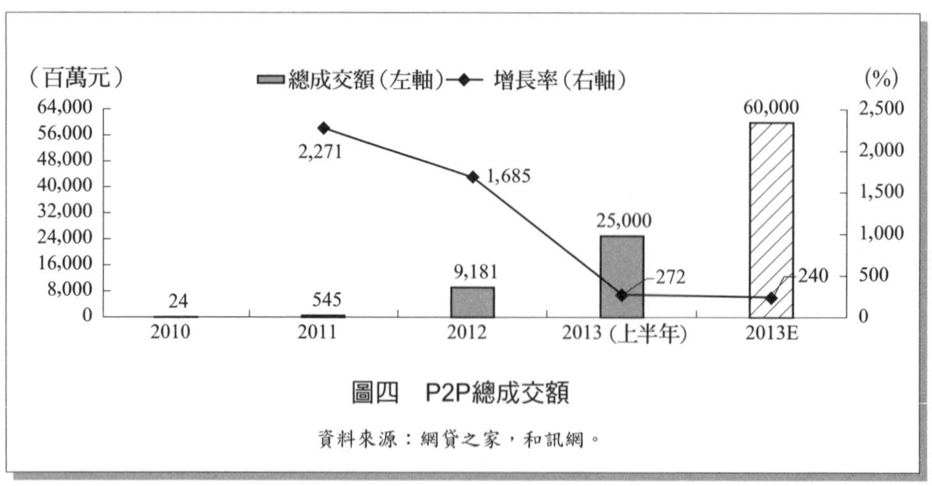

圖四　P2P總成交額

資料來源：網貸之家，和訊網。

和「宜信」的要求最低，而民生銀行對客戶的淨資產做出了不得低於五十萬元的限制。從擔保方式來看，「宜信」和「阿里小貸」都採用了信用貸款方式，無須抵押物。而民生銀行的擔保方式雖然比較靈活，但仍依賴實物抵押。因此，基於互聯網金融的P2P平台「宜信」和「阿里小貸」的准入門檻比傳統銀行更低。此外，「宜信」和「阿里小貸」的貸款利率高於民生銀行的「商貸通」。然而，「阿里小貸」憑藉強大的客戶數據支持，將不良貸款率控制在百分之〇・九左右，低於民生銀行的百分之二・四和宜信的百分之二至百分之三，見**表四**。

互聯網金融使資產管理中的「小額」資金也可參與投資

(1)相對於傳統銀行理財產品，互聯網金融降低了理財產品的准入門檻。傳統銀行理財產品的客戶准入門檻較高，小額資金很難參與。例如，中國工行商銀的「工銀財富」理財產品的准入門檻較高，最低投資金額五萬元，令普通投資者難以接受。隨著網路的發展，准入門檻更低的理財產品應運而生，如中國工銀瑞信推出的「現金寶」，見**表五**。「現金寶」充份利用網路的技術，一元即可申購，使得普通居民的小額資金也可以享受跟銀行中高端客戶一樣的資金收益率。二〇一三年六月，阿里巴巴「餘額寶」的出現將互聯網金融推到了一個新的高度。「餘額寶」對「支付寶」佔用的客戶資金支付利息，使網購者沉澱在「支付寶」中的錢也能享受到與貨幣基金一樣的收益。

(2)互聯網金融還提高了理財產品的流動性。傳統銀行理財產品的存續期一般較長，而且一般不能中途退出。然而，「餘額寶」與「現金寶」大幅提高了流動性，基本做到了隨時贖回和即時到賬，這將成為互聯網金融的一項重要競爭優勢。

表四 民生銀行「商貸通」、P2P平台「宜信」、「阿里小貸」的對比

	民生銀行小微貸款品牌「商貸通」	宜信（P2P網路貸款平台）	阿里小貸
申請模式	線下申請、線下處理	線上申請、線下處理	線上申請、線上處理
額度範圍	原則上不設置最高限制	3萬至50萬元	最高100萬元
貸款利率	年化利率7.2%至8.4%	年化利率18%至24%	最低月利率1.5%，年化利率18%
期限範圍	貸款期限最長10年	1至24個月	12個月
基本條件	1.具備完全民事行為能力，無不良信用紀錄 2.擁有或控制某經營實體 3.家庭實物淨資產不低於五十萬元 4.有固定經營場所且連續經營兩年以上	1.年齡要求：22至60週歲 2.企業經營滿一年	1.阿里巴巴中國站會員或中國供應商會員，具有一定的操作紀錄 2.申請人為企業法定代表人或個體工商戶負責人，年齡在18至55週歲之間，且是中國內地居民 3.工商註冊地在上海市、北京市、天津市、浙江省、山東省、江蘇省、廣東省，註冊時間滿1年
擔保方式	1.住房、商業用房及工業廠房抵押 2.自然人聯合擔保 3.市場開發商（或管理者）保證 4.產業鏈的核心企業法人保證 5.應收賬款質押 6.共同擔保方式 7.商舖承租權質押	宜信不為借款人擔保，如果借款人違約，宜信會追款，同時從「還款風險金」中提取部份額度補償貸款人	阿里小額貸款是指以借款人的信譽發放的貸款，借款人不需要提供擔保
不良率	截至二〇一二年六月末，銀行業小微企業不良貸款率為2.4%	2%至3%	截至二〇一二年二月末，不良貸款率僅為0.9%

資料來源：民生銀行、宜信、阿里小貸。

表五　「餘額寶」、銀行理財產品、銀行直銷基金、貨幣基金的對比

	餘額寶	工銀瑞信「現金寶」	工銀瑞信貨幣基金	「工銀財富」投資型理財產品
主要投資資產	天弘基金「增利寶」貨幣基金	實質上就是工銀瑞信投資基金，投資資產同工銀瑞信貨幣市場基金	1.現金 2.通知存款、銀行定期存款、大額存單 3.債券和債券回購 4.中央銀行票據 5.貨幣市場工具	1.債券存款等高流動性資產 2.債權類資產 3.其他資產或者資產組合
目標客戶	沒有特別要求	沒有特別要求	沒有特別要求	滿足下列條件之一的個人高淨值客戶： 1.單筆認購理財產品不少於100萬人民幣的自然人 2.認購理財產品時，個人或家庭金融淨資產總計超過100萬人民幣 3.個人收入在最近三年每年超過20萬人民幣或者家庭合計收入在最近三年內每年超過30萬人民幣
最低申購金額	單筆最低金額為1元，為正整數即可	1元起購	100元起購，追加認購最低100元	5萬元起購，以一千元的整數倍遞增
手續費	無	無	管理費年費率為0.33%，託管費年費率為0.1%。銷售服務費為4.79%	託管費率為每年0.02%，手續費率為每年0.4%
年化收益率	7日年化收益率為4.83%	二〇一二年年化收益率為4.05%；7日年化收益率為4.79%	二〇一二年年化收益率為4.05%；7日年化收益率為4.79%	扣除手續費、托管費、最高年化收益率可達5%
風險水準	風險同天弘基金「增利寶」貨幣基金，風險較小	工銀「現金寶」（工銀貨幣基金）自二〇〇六年成立以來，未發生過負收益的情況	本基金為貨幣市場基金，是風險相對較低的基金產品	產品不保障本金，但本金和預期收益受風險因素影響較小
產品期限	轉入、轉出到餘額寶和使用餘額寶付款都是即時的，無須等待	隨時贖回，使用工行卡最快一秒到賬	隨時贖回，一般一至兩天到賬	94天，客戶一般不得提前終止本產品

資料來源：餘額寶、工銀瑞信、工商銀行。

規模經濟

網路增加一個使用者的邊際成本幾乎為零，這勢必造成規模效應

根據中國網路協會二〇一三年發佈的報告，佔據前三名的騰訊、阿里巴巴、百度的營業收入就已佔營業收入總額的百分之五十。我們從前一百強的上市網路公司淨利潤方面可以看出，排前五名的騰訊、百度、網易、盛大和搜狐的淨利潤之和佔前一百強上市網路公司淨利潤之和的百分之七十二・五（見**圖五**）。這顯示出中國網路行業的規模效應很明顯。

大的營運商利用大數據瞭解客戶資訊，體現了規模效應

互聯網金融同樣帶來了一個大數據時代。如果營運商都擁有屬於自己的客戶數據庫並互相共享，這將會極大地降低邊際成本。以阿里金融為例，阿里金融通過阿里巴巴、淘寶等一系列平台，能夠搜集到客戶的各種

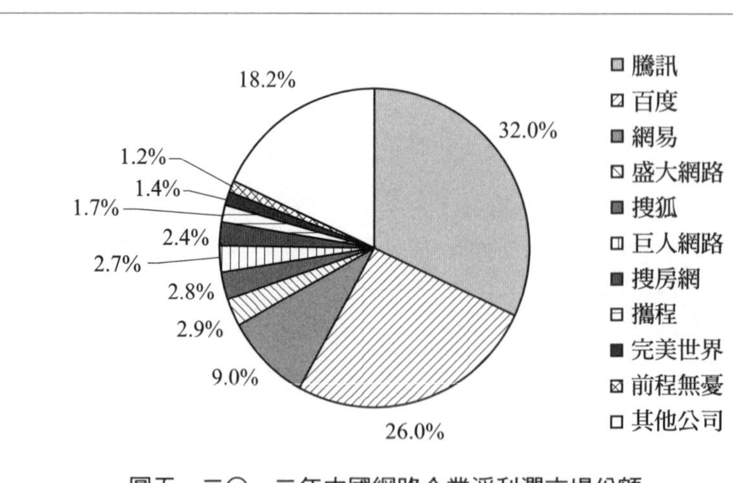

圖五　二〇一二年中國網路企業淨利潤市場份額

說明：圖中數據因四捨五入的原因，略有出入。
資料來源：中國網路協會：《中國網路一百強》，2013。

資訊，如客戶的買賣資訊、水電費繳納紀錄、結婚情況、個人偏好。通過這些資訊，阿里金融就可以建立起屬於自己的客戶數據庫。阿里金融還建立了自己的模型，如能夠測試企業主誠信程度的心理測試系統。阿里金融將客戶的各種性格數據輸入模型中，得出誠信分數，然後根據分數高低來判斷是否發放貸款，見**圖六**。在風險控制方面，阿里金融還推出了由會員評價、經驗值等構成的「誠信通指數」，並且利用支付寶等管道監控貸款發放後的現金流。目前，阿里小貸的不良貸款率僅為百分之〇．九，這個數據低於一般銀行小微貸款的不良貸款率。阿里金融充份利用了大數據體系來進行風險控制和審核，這提高了貸款的效率和品質。

互聯網金融競爭激烈

由於低成本、低門檻，將導致網路參與者的競爭激烈

由於互聯網金融基於網路技術的發展，而一般的網路技術容易被複製，並沒有很強的壁壘，所以競爭非常激烈。以美國為例，美國券商的佣金戰愈演愈烈，一九九〇年的平均

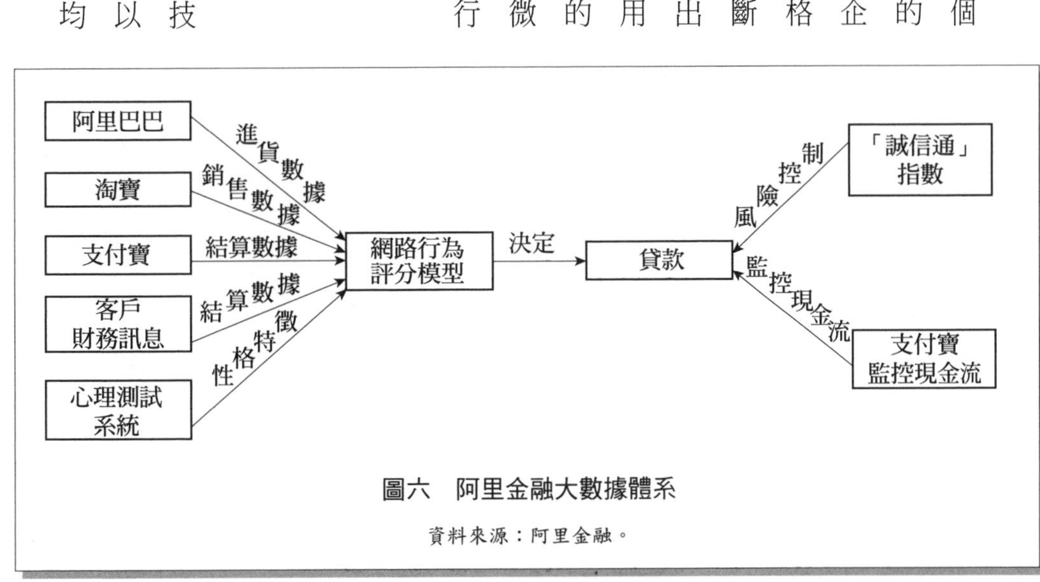

圖六　阿里金融大數據體系

資料來源：阿里金融。

佣金率為百分之〇．一九，二〇一〇年的平均成本降為百分之〇．〇三（見圖七）。網路券商的激烈競爭導致了全體券商平均佣金率的大幅下降，然而券商的總收入並沒有下降。儘管中國的互聯網金融還處於發展階段，但利益的驅使以及較低的成本必將導致行業的過度膨脹，從而帶來激烈的競爭。

由於互聯網金融的規模效應，必然產生壟斷

前文闡述了互聯網金融的規模效應，而規模效應必將使大企業的成本較小企業更低，從而比小企業更具成本上的競爭優勢，佔據更大的市場份額。例如，中國國有五大銀行再加上招商銀行、中信銀行共佔二〇一三年第二季度網路銀行交易規模的百分之九十八（見圖八），其他中小銀行的份額僅有百分之二。但是，銀行業的進入門檻較高，一般具有國有背景，並不能說明全部問題。因此，我們再來看私有化佔主導的第三方網路支付平台的市場份額情況。二〇一三年第二季度光支付寶一家企業就已經佔據了市場份額的百分之四十八．七，其他支付平台只佔很少

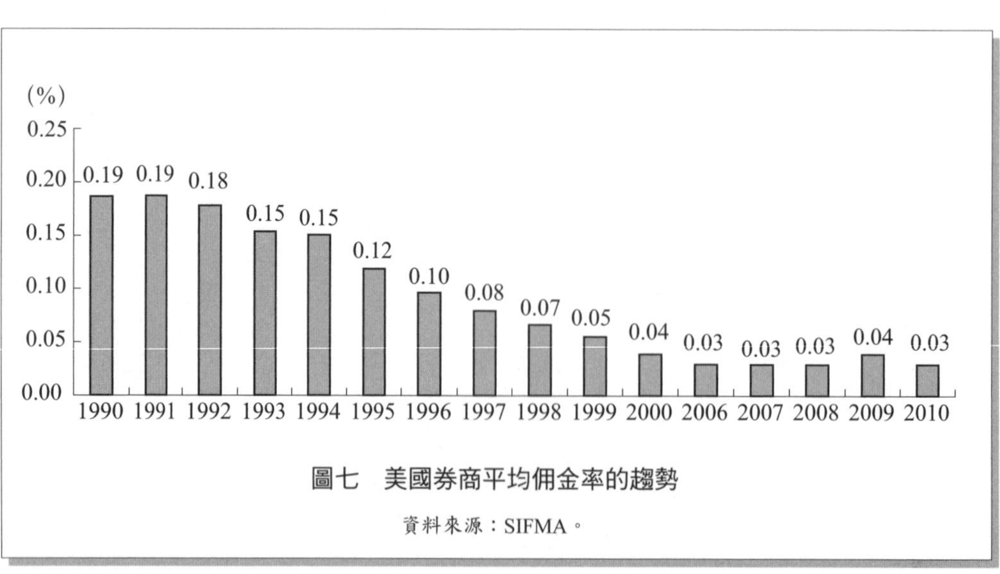

圖七　美國券商平均佣金率的趨勢

資料來源：SIFMA。

的市場份額。這充份說明了網路支付領域已經形成了壟斷，後來者的生存環境惡劣。因此，中國已日趨成熟的第三方網路支付平台的競爭情況預示著在互聯網金融的其他領域中，競爭主體極有可能仍是排名靠前的企業。

小結

從國外的歷史經驗和中國的實際情況來看，互聯網金融具有減少成本、降低門檻和規模經濟的特點，而這些特點必將導致激烈的競爭並且出現壟斷的情形。

金融功能理論

金融功能理論的涵義

金融功能理論可分為傳統金融理論和功能金融理

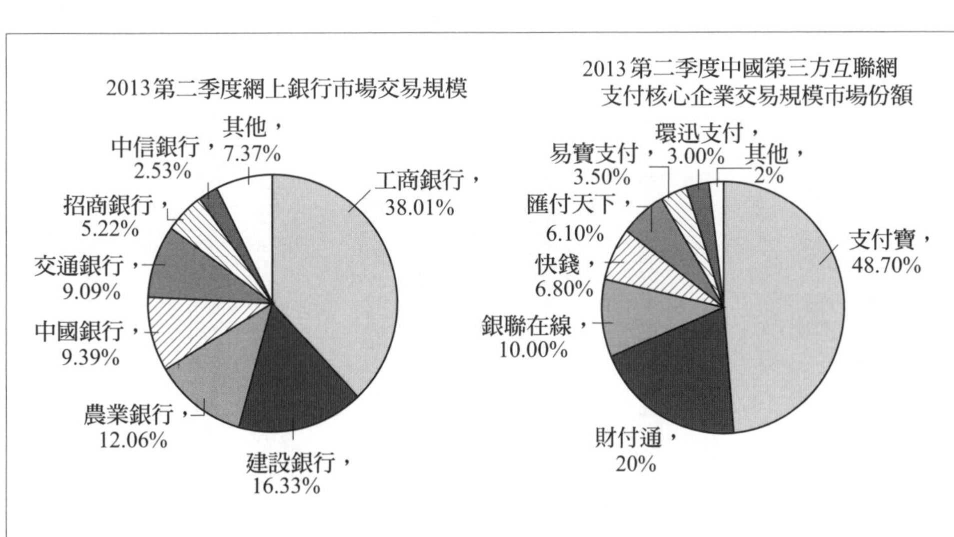

圖八　二〇一三年第二季度中國網路銀行交易額、第三方網路支付機構市場交易額

資料來源：易觀國際，艾瑞諮詢。

論。傳統金融理論認為，目前的金融體系從最初發展到現在，已經非常完備，沒有必要對其進行大量的修改。目前出現的金融問題都可以在現有的金融體系中找到辦法或是通過對金融體系進行修正來解決。為了維護傳統金融體制的穩定性，犧牲效率是被允許的。然而，這種理論存在一個漏洞，當技術進步推動傳統金融機構（如銀行、券商、基金）進行更新時，原有的法律制度就會跟不上改革的速度，必然出現制度和監管的漏洞。一九九三年，默頓（Merton）在此基礎上發表了功能主義金融的理念。

金融功能理論主要有兩個假設：一是金融功能較金融機構更加穩定。金融功能隨時間和地點的變化轉變不大，而金融機構則在不斷發展變革。以銀行為例，銀行已從傳統的保管資金、對保管的資金收取費用轉變為吸收存款、對存款支付利息；從橫向來看，不同國家的銀行在組織結構、習慣上也不盡相同，但功能卻大同小異。二是金融功能更為重要。金融機構的變革都是為了提升和創造金融功能。

根據上述理論，默頓認為：建立一個完善的金融體制的首要問題是確定這個金融體制應該具備的功能，在此基礎上再建立能夠讓這個機制良好運作的金融機構。

金融功能可分成三大部份：一、清算支付。例如，貨幣、銀行卡、第三方支付等。二、資源分配。銀行吸收儲戶的存款，將其投入資本市場，從而保證企業的資金運作。三、分散風險。金融機構本來就是一個經營和管理風險的機構，如銀行就在客戶的貸款中進行期限配置，從而保持流動性。

互聯網金融的功能

便利清算和支付的功能

互聯網金融的支付功能主要由第三方支付功能來體現。儘管第三方支付比銀行支付更加快捷，客戶也不需要繳納手續費。然而，第三方支付的基礎是銀行的支付結算功能，如果第三方支付缺少銀行的支持，仍會寸步難行。銀行一般要求客戶到現場辦理網路銀行。而第三方支付為了保證用戶的客戶體驗，並不要求客戶到現場辦理銀行與第三方支付的連接手續，所有的業務都在網上進行。目前，中國銀監會發佈了旨在規範第三方支付的10號文（即《中國銀監會、中國人民銀行關於加強商業銀行與第三方支付機構合作業務管理的通知》），中國的銀行將以此為依據限制和清理第三方支付業務。目前，第三方支付業務的未來發展趨勢尚未明晰，但第三方支付體系目前的發展速度依然可觀。

首先，中國的網路購物等商業模式的發展極大地推動了以第三方支付為代表的互聯網金融的發展。從二〇一一年起，中國人民銀行已經為兩百五十多家第三方支付機構發放了經營許可書。截至二〇一二年，中國網路購物的交易規模已達到一兆三千零四十億元，比二〇一一年增加百分之六十六以上。過去，第三方支付體現在人們面前的主要是中介功能，但目前第三方支付通過自身創新，已開始取代傳統銀行的地位。

與此同時，在互聯網金融模式下，網路銀行、支付寶等支付工具具有方便快捷、資金配置效率高、交易成本低、產品靈活性高等優點。這些工具的出現減弱了銀行的支付作用。二〇一二年網路銀行對櫃檯的替代率普遍超過百分之五十。據調查，支付寶每日的交易數額超過四十五億元。

除了傳統金融機構與網路進行融合，一些網路公司也按照自己的思維創造了屬於自己的大數據體系，搭建了自己的搜索引擎，構造了自己的互聯網金融戰略體系。

聚集和分配資源的功能

目前，中國資本市場存在中小企業籌集資金困難的問題，而銀行業的貸款門檻高，很難給中小企業貸款，導致金融供需存在斷層的問題。中小企業是中國經濟的發動機，對中國經濟的意義重大。互聯網金融在一定程度上解決了這個問題。

歷史上，融資模式出現過兩次飛躍。在這兩次飛躍之前，由於資訊的束縛以及資訊不對稱，資金充裕者和資金短缺者之間的借貸行為被局限在有限的社交圈以內，全社會的資金流通由一個個小的微循環組成，資金使用效率極低。商業銀行的出現標誌著第一次飛躍的產生，資金充裕者不再為貸款的信用甄別而花費大量的資訊搜集成本，資金短缺者也不再為身邊無錢可借而煩惱，商業銀行成為信用中介，對資訊進行規模化的搜集、甄別並發放貸款。商業銀行產生以後，社會交易成本大幅降低，資金配置效率大幅提高。資本市場的出現是融資模式的第二次飛躍，企業的融資不再局限於商業銀行，而是在資訊充份披露的前提下通過資本市場向社會公開融資，資本市場替代了商業銀行的信用甄別功能，這種融資模式成為商業銀行的有效補充。如今，互聯網金融有可能是融資模式的第三次飛躍，通過網路對資訊不對稱的降低，將資金充裕者和資金短缺者更加緊密地聯合在一起。

互聯網金融建立的大數據體系更有效率，能有效降低客戶的邊際成本。正因為互聯網金融的高效率，讓亟須資金的中小企業能迅速獲取資金，從而避免了資金鏈的斷裂。互聯網金融將成為個人和小微金融貸款的有益補充。例如，阿里小貸就充份利用了阿里集團的大數據。截至二〇一二年上半年，已經有二十餘萬家小微企業接受了阿里小貸的服務，每戶的平均貸款金額約為六萬元，不良貸款率僅為百分之〇．九，遠低於銀行的同期水準。

風險分散的功能

金融體系的風險管理功能要求金融機構能對風險進行定價並處理風險。中國長期的金融管制保證了傳統金融機構的利潤。在中國，除了海南發展銀行被央行勒令關閉外，還沒有出現過商業銀行倒閉的案例，全體商業銀行的信譽其實都由央行保證，中國的銀行其實很缺乏應對風險的能力。互聯網金融更容易實現資源的開放以及資訊的共享，從而降低交易成本。

放貸人可以利用網路的優勢在借貸平台上借入或貸入多筆款項以對沖風險。例如美國**P2P**平台**Prosper**，它由借款人設定一個最高貸款利率進行競標，開出最低利率的出借人勝出，出借人可以把錢貸給多個人以分散違約風險，見**表六**。英國的**P2P**公司**Zopa**網上互助借貸公司分散風險的方式類似**Prosper**。美國著名的**P2P**公司Lending Club在分散貸款、降低風險的基礎上，還搜集社群平台上的資訊，然後根據這些資訊來判斷貸款者的信用水準。根據Lending Club的數據，**P2P**有很強的風險分散功能。如果一個放貸人投資一百筆貸款，那麼他遭受損失的可能性約為百分之一；如果他進一步將貸款分散到四百筆貸款上，不良貸款率將降至百分之〇．二；再進一步分成八百筆貸款投資，其投資出現虧損的可能性幾乎為零，見**圖九**。

表六　國外幾家P2P平台分散風險的機理

	Prosper	Zopa	Lending Club
所屬國家	美國	英國	美國
分散風險	由借款人設定一個最高貸款利率進行線上競標，貸款人利率低者勝出。貸款人可以把錢貸給多個人以分散違約風險。	借款人在線上以貸款利率競標，利率低者勝出。貸款人貸給每個借款人的最低金額為十英鎊，最高不限，但是為了分散風險，一筆五百英鎊的貸款可以覆蓋五十個借款人，每個借款份額為十英鎊。	Lending Club通過朋友間的互相信任對借款人和貸款人進行聚合，這樣貸款人就可以根據借款人在社群網路的個人資料來確定風險並進行借款交易。
貸款規模	3.7億美元	超過3億英鎊	15億美元
壞賬率	1%至2%	低於1%	4%違約

資料來源：Prosper，Zopa，Lending Club；中國金融四十人論壇：《互聯網金融模式研究》。

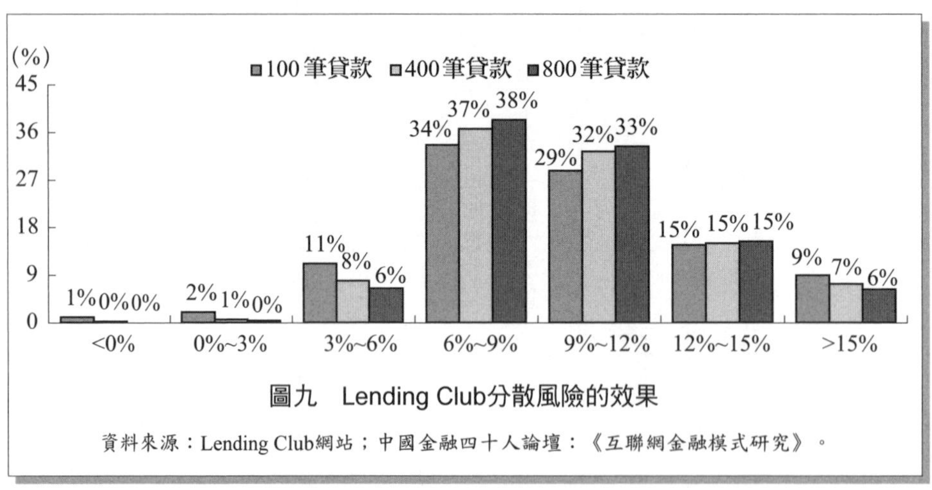

圖九　Lending Club分散風險的效果

資料來源：Lending Club網站；中國金融四十人論壇：《互聯網金融模式研究》。

互聯網金融能有效地搜集和分析小微企業的數據，對其經營情況和信用水準進行即時監控。而銀行等傳統金融機構依據的徵信體系過於煩瑣，成本高、效率低，不能滿足小微企業對資金的需要。阿里小貸憑藉網路技術，充份挖掘客戶的人際關係網絡，逐條甄別資訊的關聯性。此外，阿里小貸還可監控貸款的使用情況，對客戶的使用途徑（如廣告投放、銷售、進貨）進行評估。同時，大量網路電商的存在，也使得通過網路提供貸款的大型公司很容易分散風險，如阿里金融貸款給幾十萬家中小企業，其信用風險可降到很低。

總之，互聯網金融在銷售、支付、結算等領域可以替代傳統金融的基本功能，並在技術和成本上相比傳統金融更有優勢。

互聯網金融中介理論

網路的核心是資訊，與其他產業相比，網路作為新的資訊載體對金融業的影響更加深刻。互聯網金融就是金融與網路相互融合產生的全新金融模式。互聯網金融不僅繼承了金融和資訊科技各自的功能及優勢，金融和網路的融合還產生了協同效應，深刻影響著金融業的發展。

作為金融業的經營載體，金融中介是向金融市場提供資訊並撮合資金供給和需求雙方達成交易的中間商。金融機構能有效地解決資訊不對稱問題。資訊不對稱是指相對於其他投資者來說，被投資的企業具有資訊優勢，其他投資者為獲取資訊要耗費一些成本。金融中介的專業經理人可以獲得專業的資訊，這種資訊對於一般投資者來說是不易獲取的，因而投資者把資產交給金融中介管理，金融中介的回報金額由資訊生產的準確性決定。實證發現，金融中介的管理水準和其獲得的非公有資訊成正比。因此，經濟學家認為，因對成本的節約而產生了解決資訊不對稱問題的金融中介。

互聯網金融的興起創新了金融中介理論。一方面，互聯網金融強化了傳統金融中介解決資訊不對稱和規模經濟的功能；另一方面，網路與金融的協同效應使互聯網金融中介突破了傳統金融中介的功能，產生了新的變化。

以網路為金融中介繼承和創新了傳統金融中介理論

本章認為，網路作為媒介的特徵是網路化、即時性和覆蓋廣。其中，網路化是網路區別於其他資訊傳播中介最重要的特點（陳健和沈獻君（二〇〇七），歐陽勇（二〇〇六），楊海燕（二〇〇六）），也是構成網路另外兩個特徵的基礎。網路的網路化特徵提高了資訊的傳遞速度，擴大資訊傳播範圍。網路網路化、即時性和覆蓋廣的特徵強化了傳統金融中介的金融服務能力。此外，網路對金融中介的影響沒有停留在網路優勢的應用層面，它還使金融中介的發展產生了深刻的變化。互聯網金融中介的出現降低了金融行業的壁壘，促進了金融業競爭，降低了金融商品和服務的價格。在信用經濟背景下，互聯網金融中介作為第三方，向市場提供了信用，活躍了市場交易。在互聯網金融中介上述特點的綜合作用下，它可以提供更優質、更低廉的金融服務產品。

「互聯網金融中介」的網路化特徵增強了資訊源數量

金融中介理論認為，生產、傳遞和處理資訊是金融中介的主要功能。與傳統金融中介提供的資訊源是一個有限集合不同，網路是由節點和連接組成的網狀系統，其資訊傳遞呈現「多點發散」的特點。這意味著網路中的每一個節點都能用來生產資訊、傳遞資訊，從而增加了人們獲取資訊的來源和途徑。網路化使得作為網路節點的每一位網路用戶都可能成為資訊源，從而使得資訊生產源無限擴張。因此，網路的網路化特徵使得網路的使用在資訊生產、傳遞和處理等各個環節都會對金融中介產生影響。互聯網金融中介可以利用每一個客戶作為資訊源，影響其他潛在客戶，能夠讓更多人瞭解並獲得金融資訊資源。

金融中介理論認為，規模經濟是金融中介存在的重要原因。金融中介的規模經濟體現在兩個方面：一是單個籌資者與投資者間的交易需要付出較高的交易成本。金融中介匯集了籌資者需求的同時，還籌集了不同投資者的投資資金，因此通過金融中介交易能夠降低單位貨幣和單個投資者的交易成本。二是投資者的資金供給和籌資者的資金需求在金額和時間上並不能完美匹配。由於金融中介擁有資訊並能匯集大量資金，因而它通過專業化的金融產品設計。解決了資金匹配問題。梅特卡夫規則表明網路的價值等於其節點數量的二次方。互聯網金融帶來了金融中介資訊的網路化，其效益也隨著網路用戶數量的增加呈指數化增長。這一特徵對傳統金融中介的規模經濟特徵產生了強化作用。楊海燕（二〇〇六）認為，在網路結構和資訊數量的相互作用下，互聯網金融具有比傳統金融業更高的規模經濟效率。網路的節點數量越多，效率越高，產生的規模經濟效益越高。

「互聯網金融中介」加快了金融資訊的傳播

互聯網金融是一種連續金融。網路銀行等互聯網金融中介突破了營業時間對傳統金融機構的經營約束，為客戶提供二十四小時的即時服務，使金融中介在經營方式上發生了根本變革。

傳統資訊媒介的傳播方式是逐級擴散的，故資訊擴展需要較長時間，從而影響了投資者決策的效率，有可能付出更高的機會成本。網路的網路化特徵改變了資訊傳播的傳統方式，使資訊傳輸速度飛速提高，能夠實現資訊在最短時間的傳播，從而提高了資訊傳播效率。在網路普及的背景下，人們使用網路獲取資訊的成本非常低廉。方東興等（二〇一一）認為，網路不僅包含了廣泛的資訊，人們還可以通過網路即時互動，立即解決自己遇到的問題並對資訊進行轉發。網路資訊生產、發佈、轉載和反饋的時間間隔十分短暫。利用網路的即時性特徵，可使互聯網金融資訊的傳播和產品的推廣變得更加快捷與高效。通過客戶的互動反饋，互聯網金融中介能夠很快瞭解客戶需求，然後根據客戶需要設計相關產品，再推向市場。

資訊網路化和傳播速度的提高，增強了金融中介的業務處理能力。金融中介能夠迅速完成資金集聚和轉移，降低了交易成本，極大地提高了金融中介服務的效率。傳統銀行體系的支付系統的資訊傳遞通過銀行間電匯完成，這種方式的傳遞效率低、速度慢；網路支付系統的運用使得支付資訊以電磁信號方式在網路傳遞，幾乎可以同時完成資金的支付與到賬。同時，由於資訊傳播速度提高，金融中介能夠更迅速地完成籌資者和投資者資產期限與規模的匹配以及資產轉換。

互聯網金融中介擴大了金融中介資訊和服務的覆蓋範圍

網路「縮小」了我們生活的世界，網路最小化了空間因素的制約。只要能夠接入網路的地方都可能成為金融業務拓展的新市場。因此，互聯網金融中介突破了傳統依靠做大規模獲得市場的經營模式，擺脫了通過構建地理網點和縮短與客戶間物理距離為客戶提供服務的模式。由於網路資訊覆蓋範圍廣的特點，營業規模和營業據點數量不再是影響互聯網金融中介競爭力的主要因素。依靠網路本身，互聯網金融中介就能夠開展業務、拓展銷售通路，網路延伸到的任何地方都可以成為互聯網金融中介的服務範圍。例如，網路銀行的廣泛應用在一定程度上削弱了商業銀行營業據點的作用。

此外，互聯網金融服務範圍的擴大使人們能夠跨越地理障礙，方便地完成很多傳統金融業務。網路覆蓋範圍大的特性給人們使用金融服務帶來了便利，人們越來越接受使用網路處理金融業務。

互聯網金融與「二次金融脫媒」

金融脫媒的定義

金融脫媒是指供給方繞過傳統商業銀行，直接尋找資金需求方和融資方進行資金輸送。因此，金融脫媒主要作用於資金供給方和資金需求方：一是資金供給方，即存款在利率管制下不再存入銀行，而是流向更高收益的投資產品；二是資金需求方不通過銀行，轉而採取直接融資。所以，金融脫媒對於金融媒介——銀行來說就是存款供給的流失和貸款需求的減少。

本章將證券業稱為「第一業態」，代表了直接融資；將銀行業稱為「第二業態」，代表了間接融資；將網路稱為「第三業態」，代表了其他融資方式。

本章認為，中國的金融脫媒可以分為兩個發展浪潮：第一個發展浪潮從二十世紀九〇年代開始，到現在仍在進行，由「第一業態」證券業引領，見**圖十**。它在存款端表現為家庭金融資產從儲蓄存款開始轉向證券投資，在貸款端表現為融資方從通過銀行間接融資轉向通過證券等直接融資，見**圖十一**。本章將這個階段稱為「一次脫媒」。第二個發展浪潮從互聯網金融元年二〇一三年開始至今，主要由「第三業態」互聯網金融帶動，體現為存款方通過網路理財產品轉向貨幣基金，資金需求方不經過銀行而是通過基於網路的**P2P**平台獲取資金。本章將這個階段稱為銀行的「二次脫媒」。

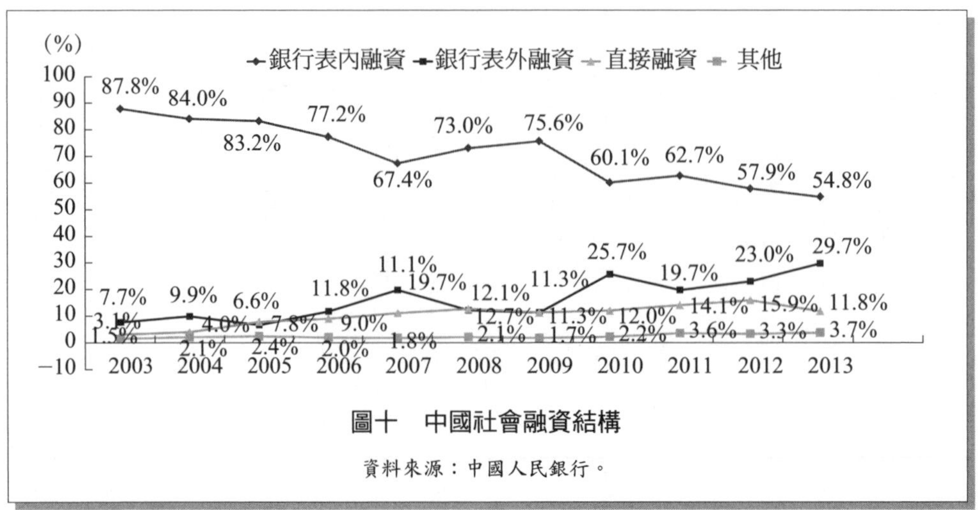

圖十　中國社會融資結構

資料來源：中國人民銀行。

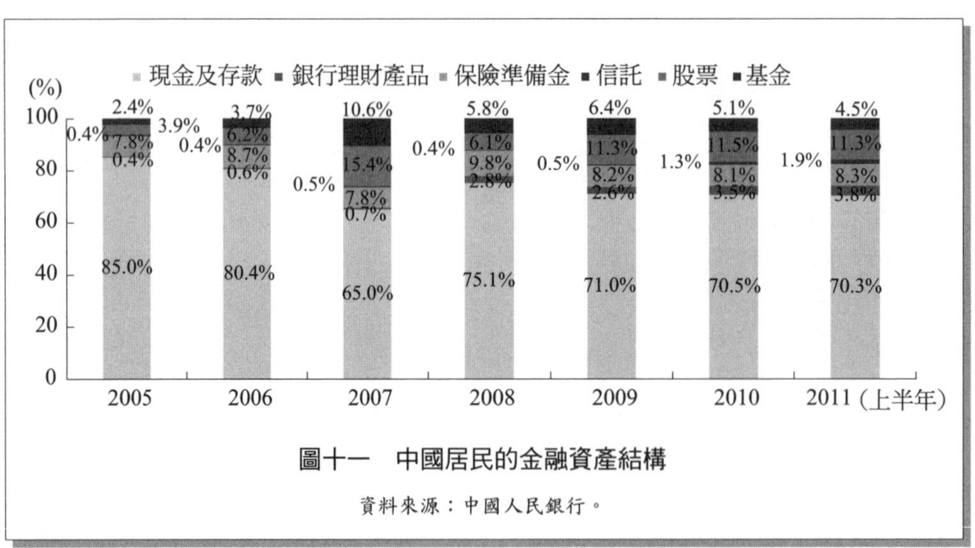

圖十一　中國居民的金融資產結構

資料來源：中國人民銀行。

「一次金融脫媒」對銀行業影響有限

從二十世紀九〇年代至今，儘管「第一業態」證券業有了長足的發展，但從總體上說，它所起到的「金融脫媒」作用有限。

先從貸款端來看，直接融資由非金融企業股票和企業債券構成，它佔社會融資總量的比率從二〇〇三年的百分之三．一提高到了二〇一三年的百分之十一．八，而銀行表內融資則從二〇〇三年佔社會融資總量的百分之八十七．八下降到二〇一三年的百分之五十四．八。因此，證券業在「一次金融脫媒」中發展迅速。

但是，我們也要注意到銀行表外融資佔社會融資比率的提升最明顯。銀行表外融資的主要構成可近似看作信託、委託貸款和銀行承兑匯票的總和，它佔社會融資數額的份額在二〇〇三年達到百分之七．七，二〇一三年上升到百分之二十九．七。事實上，銀行表內、表外融資佔社會融資比率之和從二〇〇三年的百分之九十五．五下降到二〇一三年的百分之八十四．五，近十年來不過下降了百分之十左右。傳統商業銀行依然在融資市場上佔有絕對主導地位。

再看存款端，居民金融資產中現金及存款的佔比從二〇〇五年的百分之八十五下降到二〇一一年中的百分之七十．三，而居民持有的股票資產佔比從百分之三．九上升到百分之十一．三。儘管「一次金融脫媒」減少了銀行存款，但銀行存款仍佔居民金融資產的絕大部份。

「一次金融脫媒」對銀行影響有限的原因在於，證券業未能真正地繞過銀行，由於歷史的原因，「一次金融脫媒」的主要管道依然被銀行把握。例如，目前商業銀行在企業債券承銷中佔有了百分之六十以上的市場；商業銀行在理財產品銷售通路中也佔據了巨大的份額，因此從總體上說，「一次金融脫媒」起到的金融脫媒作用有限。

「二次金融脫媒」對銀行業具有革命性的衝擊

「第三業態」互聯網金融引導的「二次金融脫媒」主要以存款端的網路理財產品、貸款端的P2P加上第三方支付平台為代表。未來，「二次金融脫媒」將會有很大的發展，它將以新穎的思維影響傳統金融業。

(1)「二次金融脫媒」正以「二次方」的速度發展。互聯網金融剛剛起步，它的規模與傳統金融業的規模仍然相去甚遠。最大的網路概念貨幣基金餘額寶，截至二〇一四年四月的餘額已超過五千四百億元，這個金額大致相當於居民儲蓄存款四十五兆元的百分之一。但是，「二次金融脫媒」的未來發展潛力巨大，餘額寶在不到一年的時間便發展到四千億元的規模（見**圖十二**），二〇一四年更有望破兆元。這種速度不僅超過了普通投資者的預期，也大大超過阿里和天弘基金的預期。「二次金融脫媒」正以「二次方」的速度發展。這與梅特卡夫規則（網路的價值等於其擁有的網路節點數目的二次方）相吻合。

(2)技術創新是「二次金融脫媒」的主要推動力。「二次金融脫媒」的背後推動力是電腦技術和網路的高速發展，傳統銀行業在這些領域並不佔據優勢。就以P2P貸款來說，它的核心競爭力是基於大數據體系快速、低成本地甄別個人貸款者和小企業信用的能力，而傳統銀行往往由於高成本、低收益而將小額貸款者和小企業拒之門外。如果不是基於大數據體系的技術創新，P2P貸款平台很難在中國

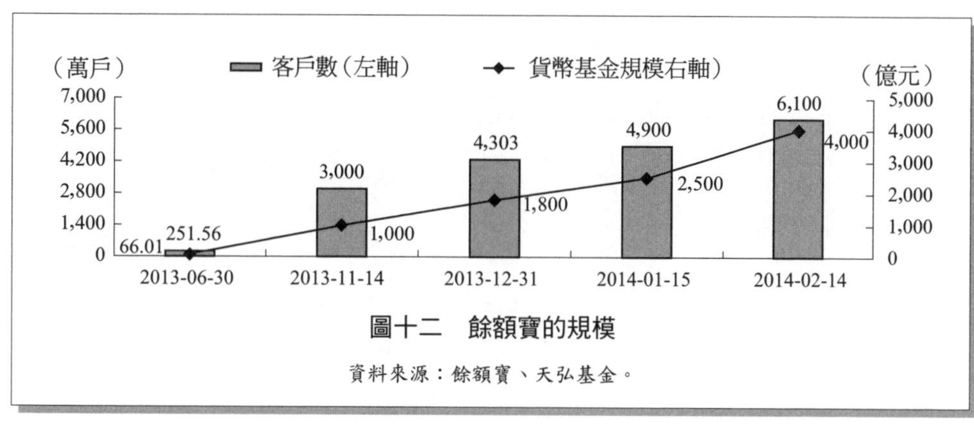

圖十二　餘額寶的規模

資料來源：餘額寶、天弘基金。

業已初步完善的信貸市場佔據一席之地。網路的技術創新還降低了金融的准入門檻，如餘額寶和理財通的最低投資額遠低於銀行的理財產品。網路理財產品的低門檻吸引儲戶從銀行把儲蓄存款轉向貨幣基金市場，從而促進了金融脫媒。再看支付寶和微信支付，如果沒有安全的轉賬支付系統的支持，它們很難與銀行的支付系統相競爭。因此，互聯網金融的技術創新是「二次金融脫媒」的重要推動力。

(3)「以客戶為中心」是「二次金融脫媒」的核心思維。網路公司一般都很重視對客戶的服務，將客戶體驗放在首位，而銀行業在客戶關係上長期處於強勢地位，所以在客戶服務方面難有本質性的提升。P2P平台以申請手續簡便、效率高、放款速度快的特點吸引了很多的個人貸款者和小企業；餘額寶等網路理財產品具有比銀行理財產品更高的收益率、更強的流動性以及幾乎為零的門檻，因此適合一般投資者投資。例如，支付寶的設計就充份考慮了其轉賬支付功能的便捷性，客戶足不出戶就可以完成購買、支付等操作。然而，銀行受制於風險控制的要求，強制要求用戶到現場辦理網路銀行業務。建設銀行研究部內部報告將餘額寶的成功因素歸因於「以客戶為中心」的創新意識，建議商業銀行強化「以客戶為中心」的理念。這也從側面反映了中國商業銀行長期以來居高臨下、輕視客戶關係的現象。

(4)「二次金融脫媒」更加獨立於銀行體系。截至目前，「二次金融脫媒」的影響依然遠小於「一次金融脫媒」，但從目前來看，「二次金融脫媒」比「一次金融脫媒」更徹底地獨立於銀行系統。「一次金融脫媒」中湧現出來的證券、信託、基金，基本上都與銀行關係密切，商業銀行在企業債券承銷中的市場份額超過百分之六十，商業銀行除了銷售銀行理財產品之外，還銷售了超過市場份額百分之五十的基金、信託以及保險產品，因此「一次金融脫媒」的部份影響被銀行的混業經營抵消了。「二次金融脫媒」更加獨立於銀行體系，如P2P平台貸款，它實際上做長期被銀行業忽視的個人貸款和中小企業信用貸款業務。除P2P平台的支付轉賬需要通過銀行外，其他方面受銀行的干預較少，銀行很難從中分享收益。如果未來中國P2P平台真正發展壯大，將會從銀行手中分去極大的一塊蛋糕。這種「脫媒」方式對銀行來說顯然是顛覆性的，除非銀行對個人貸款和小微企業貸款加以重視，否則單純依靠類似「一次金融脫媒」時期的混業經營方式難以保住這塊業務的市場份額。

雖然網路理財產品在本質上仍是銀行的協議存款，然而正是銀行自己的需求決定了它們的利息。與銀行代銷基金不同，通過網路銷售貨幣基金的行為完全繞過了銀行，銀行不能再從中獲取收益，還必須付出比儲蓄存款高得多的成本。這將提高銀行獲取存款的成本。目前，銀行業的儲蓄存款約四十五兆元，每年稅後利潤一兆兩千億元，活期儲蓄存款利率為每年百分之〇．三五，同業存款利率保持在百分之四至百分之六。倘若將儲蓄存款都轉換成與同業存款收益差不多的網路理財產品，那麼銀行業每年的利差收益將為零或為負，因而對銀行的經營將造成一定的影響。

「二次金融脫媒」的主要表現形式

網路引領的「二次金融脫媒」的主要形式是貸款端的P2P平台、存款端的網路理財產品。

(1)P2P平台貸款。P2P平台能起到金融脫媒作用的關鍵是低徵信成本、高處理效率以及風險控制能力。只有將這些都做好，它才能具有與銀行競爭的能力，才能吸引中小企業和個人貸款者找其融資與投資。其中，低徵信成本和高處理效率源於網路技術下的大數據體系。傳統銀行因為高徵信成本而長期忽視小企業，而中小企業也因為傳統銀行效率低、門檻高而對其望而卻步。大數據是減少徵信成本的有效途徑，客戶的海量數據為P2P平台快速判斷客戶信用提供了依據。P2P平台的放款效率很高，從貸款被批准到發放貸款最快只需一至兩天，這符合中小企業的需求。

然而，P2P平台能否在金融脫媒中起到重要作用還要看其風險控制能力。二〇一二年年末發生的很多起P2P平台倒閉事件，很多都是因為風險控制沒有做好。一個註冊資本金只有五百萬元的P2P平台公司，就敢放到幾千萬元甚至上億元的貸款，這麼高的槓桿率超過了其所能承受的範圍。因此，一筆一百萬元的逾期貸款或違約就能讓它倒閉。

當然，證券市場在成立初期也存在很多的不規範現象，不能因為P2P平台目前遇到的一些挫折就對其加以否定。P2P平台若能處理好自身的風險控制問題，將會對解決資本市場的資訊不對稱問題大有裨益，進而成為銀行業的良好補充。

(2)網路理財產品。網路理財產品以比銀行存款更高的收益、更高的流動性、與銀行存款差不多的安全性和更低的門檻吸引了很多的普通投資者，在短時間內就達到了一定的規模，從而在「二次金融脫媒」中大放異彩。網路理財產品將儲戶的儲蓄存款轉變為貨幣基金，貨幣基金再將其轉變為協議存款。雖然存款最終仍然回到銀行，但在一定程度上提高了銀行的成本。更重要的是，網路理財產品為中國的普通投資者提供了一種新的投資方式，投資者不再需要將資產限制在銀行存款中。銀行為了留住儲戶，勢必為儲戶提供高利率，這對於推進利率市場化有積極意義。

目前，中國國內最出名的網路概念貨幣基金是二〇一三年中期出現的「餘額寶」。截至二〇一四年四月，「餘額寶」的餘額已達到五千四百億元，遠遠超過其他的貨幣基金。其他的理財產品還有騰訊的微信「理財通」、百度推出的「百發」等一系列產品。此外，P2P平台也推出了自己的理財產品，相應的收益率都高於銀行同期存款利率，投資期限為兩三個月到數年不等，門檻範圍調整為一百元到幾萬元甚至幾十萬元之間。例如，平安路金所推出的「穩盈——安e貸」，投資週期為三十六個月，起始資金最低為一萬元，參考年收益率為百分之八．四。

網路平台與「再中介化」

互聯網金融也具有傳統金融所具有的成本優勢、規模效應及消除資訊不對稱等特點，因此也會造成「再中介化」，對傳統金融產生影響。

如前所述，網路的特點是新增一個用戶所增加的成本基本為零，因而網路有很強的規模效應。互聯網金融的成本低，具有範圍經濟，再加上大數據的支持可以有效地降低風險，在中介方面比傳統金融行業在理論上更有優勢，因此互聯網金融不可避免地造成「再中介化」。這些新的中介是提供網路服務的廠商和大的貸款公司，如阿里巴巴、騰訊等。這些廠商依靠已建立的良好的客戶群體和良好的分散風險能力而充當「新」的平台中介職責。

二〇一三年第二季度，支付寶佔到行動支付市場的四分之三以上，遠遠超過銀聯的百分之五．四，見**圖十三**。互聯網金融的平台中介作用使得傳統銀行業的結算功能在網路支付體系中黯然失色，支付寶等新中介也將成為金融中介中的新領軍企業。

金融深化理論

傳統的金融深化理論

金融深化理論的核心

政府減輕對利率管制的程度是金融深化的核心，金融深化的核心在於讓市場決定資本的價值，即實現利率市場化、資本自由移動。

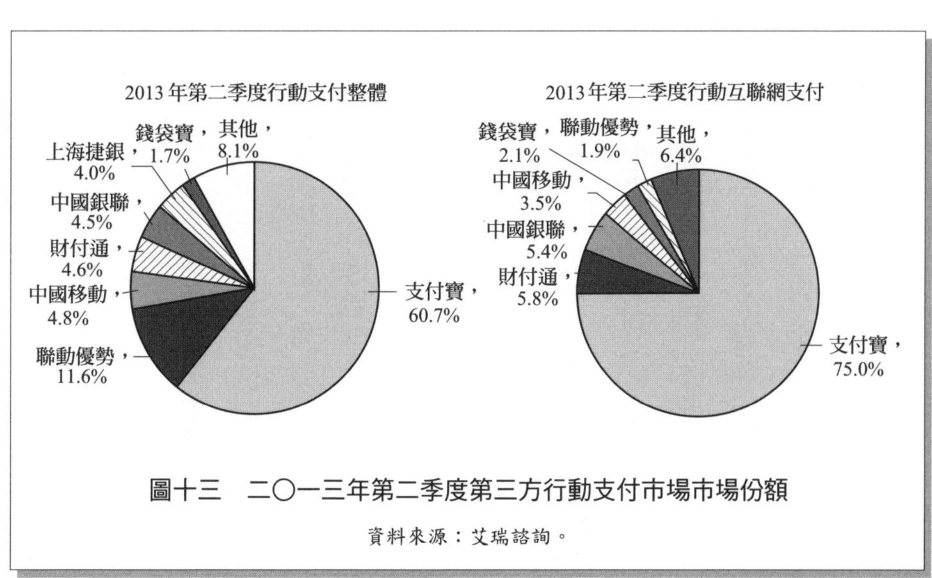

圖十三　二〇一三年第二季度第三方行動支付市場市場份額

資料來源：艾瑞諮詢。

金融深化是指如下情形：假如政府實現利率自由化，那麼市場化的資本價格利率就能很好地反映出資本這種商品的稀缺程度。資本在市場的調配下就能更好地被分配，一個國家的金融體系就能更好地服務實體經濟。

麥金農為了說明這種由金融深化引起的良性金融循環對經濟增長的貢獻，他修正了哈羅德．多馬模型（Harrod-Domar model）。原模型認為實際產出的增長率與產出資本之比及儲蓄傾向有正相關的聯繫，而麥金農認為儲蓄傾向是一個由經濟發展和金融深化程度組成的兩個變量的增函數。因此，一方面，消除金融管制會提高儲蓄比率，增加實際產出；另一方面，實際產出的增加也會提高儲蓄的基數，因此形成經濟增長與儲蓄互相促進的良性循環。

金融深化是一個動態的、多層面的概念。在金融深化理論發展的不同時期，金融深化的內涵是不盡相同的。國際金融市場的發展和經濟一體化使得金融深化得到了長足的發展。

對於金融深化的涵義，不少學者認為金融深化與金融自由化的定義等同。然而，金融深化與金融自由化的不同點在於，金融深化並不是完全的自由，而是尋求建立一種更為理性的制度。正如世界銀行和國際貨幣基金組織的專家認為的那樣，金融深化代表著將國有金融部門民營化，降低乃至消除銀行的准入門檻，實施利率市場化，讓市場去決定資本的價格。在這個過程中，中央銀行仍然肩負著監督的責任，在促進金融民主深化的同時負責維護金融系統的穩定。因為經濟全球化是當代的主流，所以金融深化還涉及國際資本的自由流通及外匯交易市場化。

金融深化的最優路徑

麥金農提出了金融深化過程中金融控制的理論，即金融民主化中各項改革要配套並存在順序。麥金農還對金融深化改革的實施過程進行了排序：

(1)控制通貨膨脹——實現並保持宏觀經濟穩定，特別是應使通貨膨脹穩定可控。高而不穩定的通貨膨脹既破壞了價格體系，也妨礙了正常的投資活動。在金融市場放開後，高通貨膨脹還會引起貨幣替代。因此，在宏觀經濟穩定後，通過降低通貨膨脹率以提高實際利率的做法，比直接提高名義利率的做法更有效。

(2)平衡財政收支——控制財政赤字，保持財政平衡。在財政不能平衡的情況下貿然推動金融深化改革，很可能會導致惡性通貨膨脹。政府的收入與國民生產總值的比例應該保持在一定的警戒線之下。同樣重要的是，對成功改革的政府來說，在金融深化過程中必須迅速建立一種有效管理的稅收制度來保證政府的收入，避免通貨膨脹。

(3)放開利率管制——使借款者和投資人都能享受到市場決定的公平利率。不過，只有在物價水準穩定的前提下，企業和居民之間不受約束的借貸才能順利進行。此外，只有在緊縮的財政控制到位，存款機構才能擺脫嚴格的準備要求，市場利率的決策過程才能不受政府的過多干涉。

(4)開放經常賬戶——匯率自由化的改革在中國國內金融自由化實施之後。經常項目的自由化程度與國際資本的流入保持一致並同時放開本國和外國的商品服務價格。但是，在進出口的中央控制被取消之前，經常項目所有交易上的匯率應先期進行，以便每一個進口商和出口商都能以相同的有效匯價進行交易。

(5)開放資本賬戶——資本項目的自由兌換應該建立在經常項目能夠自由兌換的基礎上。否則，難免出現政策變動或突發事件而造成外國投資者信心下降，熱錢流出，最後造成大量外債的情況。

金融深化程度的度量

我們對金融深化的衡量應該是綜合和全面的，不能局限於一個或幾個指標來考量。隨著金融深化理論的發展，金融深化程度的度量也不斷被完善。目前，常見的度量有以下五類：

(1)經濟貨幣化程度。麥金農最早使用貨幣化指標來比較歐美國家和亞、非、拉丁美洲等開發中國家金融深化程度的差異。一九八九年，國際貨幣基金組織在其發展報告《金融與發展》（*Finance & Development*）中，直接採用貨幣化指標作為金融深度指標，並以此評價各國金融體系。此後，在世界銀行和國際貨幣基金組織的年報和分析報告中，貨幣化指標就成為評價經濟貨幣化程度的關鍵指標。

歷史經驗說明，經濟貨幣化進程是由國家干預型經濟向市場主導型經濟轉軌過程中不可逾越的一個階段，經濟貨幣化是一國金融深化的首要表現。

(2)經濟金融化程度。我們通常使用金融相關比率來比較國家間經濟金融化過程的指標。目前通行的金融相關比率是簡化後的，即金融資產總額與國內生產總值的比例。在這裡，金融資產總量包括貨幣和非貨幣金融資產，貨幣金融資產一般用廣義貨幣表示，是作為交易媒介的金融資產。非貨幣金融資產是不能充當交易媒介的金融資產，包括各種債券、股票、基金等。

金融深化與人們的儲蓄傾向是息息相關的。在經濟發展的不同階段，人們儲蓄傾向的轉變也是推動金融深化的重要前提。在實物經濟時期，人們只是需求實物形式的儲蓄，隨著以貨幣為媒介的商品流通在經濟生活中主導地位的確立，人們的儲蓄觀念發生了重大變化，開始轉向貨幣形式的儲蓄，這種儲蓄觀念的轉變推動了經濟的貨幣化進程。隨著金融創新活動的廣泛開展和各類金融工具的大量出現，人們進而尋找各種資產形式的儲蓄，經濟金融化是一國金融深化程度的風向標。

(3)價格市場化程度。價格市場化程度是金融壓制程度的顯示器，也可以反映金融深化程度。這裡的價格主要包括利率和匯率。利率是調節資金配置的槓桿，也是最靈敏的經濟訊息。利率市場化被認為是金融深化的重要一環，利率市場化改革是整個金融業（特別是銀行業）借貸市場化的關鍵。考察一國的利率市場化情況，主要通過兩個指標：一是實際利率水準，實際利率為負，表明金融深化程度較低；二是銀行存貸利差，利差越大，則金融機構的利潤水準就越高。匯率與利率一樣，它的確定以及名義匯率與實際匯率之間的差異也是金融深化的顯示器。但是，由於真實匯率的計量難度非常大，因此在實踐中，對金融深化程度進行衡量時，通常採用官方名義匯率與非官方市場匯率的差異和資本流動管制強弱兩項指標。

(4)金融多樣化程度。金融深化不僅意味著金融體系規模的擴大，也意味著金融多樣化。金融深化過程至少會涉及兩個方面的變化：一是金融工具的多樣化；二是金融機構的多元化，兩者構成的金融結構也會表現為多層次性。金融機構本身既不是存款者也不是貸款者，但其多樣性的發展會使金融結構趨於高級化；金融工具作為融通資金的途徑，其越具多樣性，越能滿足不同的需求偏好，進而吸引更多的金融主體參與金融交易，因而也就越能發揮金融的功能。

(5)金融健全化程度。當代金融市場是商品經濟和信用發展的產物。從形態上講，金融市場主要包括資本市場、貨幣市場、外匯市場、期貨期權市場等。金融健全化程度與商品經濟的發展程度、信用制度的發展程度、金融機構體系的發展程度息息相關。因此，一個健全和完善的金融市場不僅有助於改進經濟福利、促進經濟的健康發展，而且對於衡量金融深化的程度也有至關重要的意義。

網路的金融深化邏輯

第三方支付

網路最早介入的金融深化過程是在提供第三方支付上。這種金融深化可以看作金融健全化程度的提高。在電子商務剛剛興起的年代，電子交易完成後的貨款同步交換問題一時間無法解決。這個問題在C2C模式下尤為突出。儘管國際貿易領域所採用的信用狀（letter of credit）和提單（bill of loading）技術不僅可以完全解決貨款同步交換問題，也存在良好的法律基礎和營運體系。但是，以下三個重要因素使得國際貿易的技術沒有被移植到電子商務中。首先，國際貿易的信用狀和提單模式是基於紙質單據的體系，必須電子化後才能真正在電子商務中有所作為。其次，由於C2C模式電子商務的參與者多為個人，銀行不願意為個人開出信用狀。最後，信用狀和提單技術的每筆交易成本過高，不適宜電子商務所發展的C2C零售業務，因此解決貨款同步交換問題主要依賴於第三方支付機構。

第三方支付的出現有效地解決了民間買賣雙方的信用問題。「第三方支付機構」作為資金的保管人，解決了買賣雙方對於貨物和資金安全的顧慮，雖然沒有完全地解決資訊不對稱問題，但是極大地規範了網購。

然而，目前第三方支付的發展受到了限制。基於風險性的考量，也可能源於利益集團的介入，中國銀監會和中國人民銀行下發了《加強商業銀行與第三方支付機構合作業務管理的通知》（銀監會[2014]10號）。這給了商業銀行政策上的理由和極大的自由操作空間來擠壓第三方支付機構的生存空間。

網上資源配置

網路進一步參與的金融深化過程體現為互聯網金融的形成。互聯網金融的最大特點就是網路企業依照網路產業的商業模式和市場思維間接甚至直接提供金融服務。這種網上資源配置的金融深化，可以看作對金融健全化程度、金融多樣化程度、價格市場化程度、經濟金融化程度的同時提高。

互聯網金融的產生有可能撼動一些陳舊老套的傳統金融企業在金融業的地位，是金融業的一次革命和大洗牌。從金融深化的角度看，互聯網金融擴展了金融服務的市場，豐富了金融服務的種類，使得金融價格的形成機制更為市場化，在金融健全化程度、金融多樣化程度、價格市場化程度、經濟金融化程度方面都做了改進。

貨幣自由化

網路的金融深化也許有著貨幣自由化的終極理想。貨幣自由化的理想是要建立一套不受制於任何貨幣當局的、具有貴金屬貨幣優秀品質的、完全電子化和分佈式的、可靠安全的電子貨幣體系。如果貨幣自由化成功，將是金融深化過程的一次量變到質變的飛躍。目前，這種貨幣體系的原型——比特幣系統已經得到了世界的關注。

比特幣是一種依需要用戶自主發掘的、設計精巧、全球通用的電子貨幣。比特幣的創造只能由用戶根據一定的算法、花費標準化的時間才能創造出來，因此它並不存在通貨膨脹的現象。但是，這也存在一定的問題，假如比特幣成了世界貨幣，中央銀行將無法對其進行調控，一旦市場上比特幣的供應量減少，勢必造成全球性的貨幣危機。比特幣不存在通貨膨脹的性質還導致了它不能很好地調控經濟。我們知道，輕微的通貨膨脹有利於經濟發展。在黏性工資下，輕微的通貨膨脹降低了工人的實際工資，從而減少了企業的成本，保證了市場上的就業率，而統一使用比特幣則沒有這方面的好處。目前，比特幣在貨幣市場上仍然處於從屬地位，需要美元等其他貨幣來對其進行定價。

目前，大多數國家僅僅是開始關注比特幣的成長，還沒有許多法律規定出爐。歐洲央行二〇一二年十二月六日發表的《虛擬貨幣架構》（Virtual Currency Schemes）報告將比特幣認為是一種與實體經濟雙向互動的虛擬貨幣，該報告指出：「由於虛擬貨幣體系的規模小，因此風險不會影響到除比特幣體系之外的其他人。」

小結

網路的本質之一就是自由，任何人都可以幾乎無限制地在網路上收集和發佈資訊。網路參與金融服務提供，也帶著這種自由化的氣息，從而加速了金融自由化的過程，進而實現了金融深化。

所謂的互聯網金融，從理論上看，只是網路參與金融深化過程的一個重要的中間環節。與傳統金融深化由經濟貨幣化程度的提高逐步發展到金融健全化程度的提高的順序相反，網路參與金融深化過程是從錦上添花的金融健全化程度提高入手，逐步深入金融的本質，並且以經濟貨幣化的質變，即貨幣自由化為終極理想。這形成了網路鮮明的特色，使其與經典的金融深化理論在許多層面不謀而合。這便是互聯網金融最深刻的理論基礎和邏輯背景。

網路與普惠金融

普惠金融是指金融服務（如支付、理財等）的廣泛性，也就是讓更廣泛的人群特別是弱勢群體享受到金融服務。普惠金融是要建立一種包容性的金融秩序，這個秩序使得不同個體都有享受金融服務的權利，不會因為種族、性別、年齡、財產的因素而把某些人群排斥在金融活動之外。在傳統上，金融服務往往針對有錢人進行服務，比如華爾街的大財團是金融投資與服務的主要受益者，與之相反，社會中下層人群並沒有足夠的條件享受金融服務。然而，家庭的財富積累不僅靠勤勞努力，更需要理財投資。普惠金融對於中國這樣一個「二元社會」而言顯得尤為重要。由於中國目前的城鎮和鄉村、西部和東部發展的不均衡，特別是中國還有將近一億三千萬的貧困人口，如何使得中國的弱勢群體享受到合理的金融服務，以達到家庭財富的保值增值，這是普惠金融研究的重點。

普惠金融的具體表現

本部份從金融功能的角度出發，闡述在金融的若干功能中普惠金融的體現。此前的金融功能理論告訴我們，金融的基本功能有支付功能、降低（分散）風險、資源配置等。

支付

支付是金融的最基本功能，也是在中國亟待提升的功能。人口眾多是中國的基本國情，而中國的醫療、商店、機場等資源相對有限，這就造成了結賬「排長隊」的現象。因此，支付功能的改進將給群眾帶來生活上極大的便捷。特別是在中國的一些偏遠農村，由於金融機構嚴重不足，村民們無法完成最基本的支付。同時，如何為中國九百萬家電商提供便捷、便宜、可信的支付服務成為支付的重中之重。支付成本的高低直接影響支付能否成功進行，特別是對於中低收入家庭而言。因此，降低支付成本、簡化支付流程、方便低收入家庭成為支付功能在普惠金融框架下的基礎。創新性的支付方式是提升目前支付手段的方向。

降低（分散）風險

(1)降低意外風險。美國的經驗告訴我們，貧富分化的存在往往與人民身體的健康程度息息相關，突如其來的疾病往往使窮人變成赤貧。美國耶魯大學的席勒（Robert J. Shiller）教授在他的金融學公開課上講到造成貧富分化很重要的原因是健康損害和失業。因此，使窮人能夠買得起保險是社會福利的重要體現。保險制度是將眾多單位和個人結合起來，用集體的力量代替個人去應對風險。而在保險制度建立之前，貧窮人群缺乏應對風險的手段，因此在偶然性和突發性事件面前，窮人只能無奈地承受損失，導致他們與富人間的貧富差距越拉越大。

人的一生中不可能一帆風順，必然會出現很多偶然性的事件，這些事件往往造成貧富差距的加大。對那些富人來說，他們可以通過各種方式來減少風險發生的可能性，如為防範人身安全問題，他們可以花錢請保鏢，或者吃更安全健康的食品來保證身體健康和安全。因此，富裕家庭總是比貧窮家庭的生活品質更好，出現意外的機會也更小。而對於一般人來說，他們所從事的工作是很可能給人身造成危險的職業，一旦意外受傷致殘，他們不但缺乏資金進行治療，更有可能失去了收入來源，最終導致貧窮。同時，一旦由於某種原因失業，一般家庭就會承受貧窮帶來的巨大壓力。突發和意外使得人與人之間不但在當代之間，更在代與代之間拉大差距，產生貧富分化。但是，保險的出現使得貧窮的人可以比以前更有效地防範風險，他們可以對自己最有可能暴露的風險進行投保，從而在出現意外情況後能夠最大可能地彌補自己的損失。因突發事件導致財產損失的人可以得到補償，發生人身意外傷害的人們也可以拿到撫恤金，失業的人們可以足額地領到失業保險。這就給予了窮人一種有效應對風險的能力，使窮人在風險面前不再是手足無措的，從而可以防止貧富差距的擴大。

另外，有些風險（如地震險）對於個體來說幾乎無法分散，但對於保險公司來說，若投保人的數量足夠大，保險公司可以有效地分散風險，因而保險公司有條件以相對較便宜的價格把保險賣給投保者。也就是說，購買保險本身使得投保者得到實惠。因此，開發出便宜、靈活的保險產品是提升普惠金融的重要組成部份。

(2)降低家庭財富風險。美國二〇〇八年的次貸危機告訴我們，降低家庭財富風險對於美國家庭來說至關重要。房地產投資是大多數家庭最大的一筆投資。正如席勒教授所言，美國一般民眾由於家庭資產限制，只能購買房產而無法進一步分散資產（特別是還要在大量貸款的情況下），然而富人可以自由地選擇投資組合。地產價格的崩盤對於美國一般民眾來說是致命的，很多家庭面臨破產。然而，很多富人（如銀行家）由於較好地分散了風險，因而可以從美國的金融危機中很快走出。在《不平等的代價》（*The Price of Inequality*）一書中，美國哥倫比亞大學的史迪格里茲（Joseph Eugene Stiglitz）教授指出，美國的下層民眾有進一步走向下層的趨勢，而上層民眾有進一步積累財富的趨勢。金融服務上的不平等是造成這方面的原因之一。

對於中國民眾而言，中國資本市場還不發達，分散家庭財富以降低風險更為不易。因此，加快資本市場新產品的設計以及對普通民眾普及金融知識和教育對於中國家庭財富風險的分散十分重要。在產品設計上，一定要側重簡單、易於操作的特性，以符合「草根」投資者的使用。一個反面的例子是，美國在次貸危機前後創造出來了很多極為複雜的金融產品，這些金融產品是一般民眾所無法瞭解的，更是無法購買的。總之，如何創造出合適的金融工具，使得一般民眾可以分散投資進而降低家庭資產的風險是普惠金融面臨的重大問題。

資源配置

(1)企業層面。普惠金融的精神要求中小企業也享受較好的金融服務。然而，長期以來大企業或是國有控股企業在與銀行的貸款議價過程中常常處於強勢地位。相比那些財務報表不透明、不規範、品質低的民營小企業，銀行更願意將資金貸給大企業以減少壞賬率。這直接導致急需資金支持的小企業借不到錢，而銀行求著不那麼急切需要資金的大企業接受貸款。有人將不公平歸咎於市場經濟下銀行為了實現利潤最大化的必然結果，但本書認為，這是在國家金融管制下銀行缺乏金融創新的呈現。在利率受國家管制的大背景下，中國銀行的同質化趨勢日益嚴重，除民生（小微）、招行（銀行卡）、中信（互聯網金融）幾家銀行的經營在各自領域較有特色外，其他銀行並沒有自己突出的核心競爭力，因此在面對中小企業貸款定價問題時銀行無法進行差異化定價，所以大多採用傳統的定價方式，自己放棄了這塊市場。反觀已經實現利率市場化的美國，社區銀行的大量出現在很大程度上解決了當地家庭、中小企業和農戶的貸款問題。所以，中國中小企業難獲得貸款的問題並非是市場化競爭的必然結果。

(2)個人層面。普惠金融的另一個主要表現就是低收入人群在普惠金融的框架下一樣可以享受貸款和投資的服務。例如，股票市場的成立使得一般投資者不需要很大的本金也能享受到經濟繁榮帶來的福利；基金市場的成立讓投資者不需要專業的理財技能並投入時間，也有很大可能獲得不菲的收益。

目前，中國的弱勢群體相對較難享受到貸款服務，這裡主要有三個原因：一、中國目前沒有成熟的徵信體系，收入較低的群體也往往沒有較長的信用歷史。二、弱勢群體在貸款時往往沒有抵押品。家庭的牲畜、房屋等可以做抵押品的財物往往比較難以量化。因此，即便是扶持性、救助性貸款的利率往往也比較高。三、很多勞動者沒有固定的工作單位和固定的收入，因而其還款能力很難判斷。

在個人投資層面上，對中低收入家庭提供合理的投資工具是普惠金融的精髓。目前，中國還沒有實現利率的市場化，儲蓄利率被壓制在一個很低的水準上。現在，銀行的活期存款利率為百分之〇・三五，低於通貨膨脹率，顯然中低收入家庭依靠活期存款而實現資產保值並不現實。銀行為應對利率管制、防止客戶流失，推出了基本達到同業市場收益水準的理財產品。此前，理財產品由於其高門檻、低流動性而令普通儲戶望而卻步。例如，工商銀行理財產品「工銀財富」的最低理財門檻也要五萬元，因而限制了小儲戶的投資機會。

實現普惠金融的途徑

實現普惠金融的核心是降低金融服務的成本，低成本會使更多弱勢群體享受金融服務，進而使得金融機構擴充服務對象。金融服務的門檻有多種，除去成本外還有制度等約束。進入門檻的剔除和金融教育的擴大會使金融服務的參與者增加。從目前來看，降低服務成本和門檻的必由之路是金融創新。

降低金融服務的成本

從傳統的金融服務業來看，單位服務成本和資本量成反比。具體說來，對於資本量大的客戶，其單位資本的服務成本比較小、享受的服務更多、可選擇的投資品種也更多，因而大客戶的收益率更高。與此相反，對於資本量較小的客戶，其單位資本的成本相對較大，因而這些客戶所能享受到的服務相對較為單一，收益率相對較低。舉個簡單的例子，二〇一三年底中國的銀行大額協議存款活期利息可以達到百分之七以上，且有提前支取不罰息的優惠。然而，以工薪階層為主的小投資者因存款量太小而不會享受這樣的待遇，只能以百分之〇．三五的活期存款利息存入銀行。

對於富人來說，金融服務成本相對於財富而言幾乎可以忽略，而對於資產量較小的窮人而言，服務成本的大小是決定其是否參與金融活動的主要原因。因此，如果可以普遍地降低金融機構的營運成本（包括資本、人力等），那麼相同的服務可以向小客戶延伸，使得收入較低的人群享受到同等的金融服務。

降低金融服務的准入門檻

普惠金融的意義在於讓最廣大的人群都能享受金融服務，參與到金融活動中。然而，很多人因為沒有充足的資本，或者不具備投資某種市場的資質（如缺乏抵押品），或者不具備金融學的基本知識，最終被擋在了金融市場之外。舉例來說，股票和債券發明之前，普通投資者難以參與大公司的經營，企業的經營往往被財團壟斷。由於股票的發明，一個企業可以分成成百上千份資產，因而一張股票的金額可以變得很小，老百姓可以很容易購買，從而對其進行投資。股票和債券的價格就是普通投資者對一家公司、一國政府信譽的評價，也可獲得投資收益。在期貨、外匯市場中很流行的「小合約」（mini contract）的推出也是基於類似的考慮。

擴大金融教育的範圍

這裡所說的金融教育並不是傳統課堂上講的「高、精、尖」的研究性教育，而是普及化的教育，主要是針對中小投資的知識教育。大量中小投資者沒有參與金融服務的原因是他們並沒有金融的知識，特別是對於金融的風險和收益的辯證關係不瞭解，更不要說選擇適合自己年齡、職業的產品。金融機構的專業理財經理只給大客戶提供服務，因而中小投資者在購買金融產品後往往不瞭解產品背後的風險，因不懂金融知識而誤買理財產品或信託產品的案例比比皆是。

另外，對不同年齡的人群而言，老年人領悟新事物的能力相對較低，因而老年人相對不易改變最原始的投資方式。而年輕人思想活躍，樂於接受新的金融產品。舉例來講，阿里巴巴和天弘基金推出的餘額寶的平均購買年齡為二十八歲，而二十三歲的購買群體最為龐大。

與此同時，在金融教育中，案例性的教育往往比抽象的理論對人的震撼力要大得多，也更易於接受，因而開發適合不同年齡、階層的教育資料和平台對於普惠金融有著重要的作用。

金融創新

從歷史經驗來看，普惠金融的實現與金融創新有很大的關係，這種創新包括制度創新、技術創新和產品創新。金融創新是有效降低金融服務准入門檻和服務成本的工具。

制度創新是指設計金融規則，引入一種制度安排來開創一片新的金融領域，使普通人能夠更好地參與金融市場的運作，享受其帶來的福利。例如，股份公司制度的建立，讓購買股票的投資者無須具備管理經營公司的能力也能享受到高利潤公司不斷發展帶來的價值。股票交易所的建立使投資者能夠買賣股票，從而有效地進行投資與贖回。

技術創新是指通過引入新的技術改變金融市場的運作規則，如電腦技術使得股票交易所從人工喊價報價直接變為全程電腦系統的自動撮合。這不但節約了人工成本，也消除了金融市場歧視現象。在電腦系統報價下，一些中間商偏向大額交易者、歧視小額交易者的現象大大減輕，每一位參與者享受到了更平等的地位。

產品創新是指設計出一些金融產品來降低投資門檻，如貨幣基金的創造就是一個很好的例子。在一九七〇年，班特首創世界上最早的貨幣基金。他所發明的貨幣基金既具有與大企業相似的收益率，又有和銀行活期儲蓄存款差不多的流動性。同時，在產品創新時應本著服務中小投資者和弱勢群體的理念，因而應盡量開發簡單、易於操作的金融工具。實踐證明，簡單、易學、好用的金融產品往往被中小投資者所接受。

當然，技術創新、制度創新、產品創新並不是割裂的，它們是互相作用的。一方面，技術創新為制度創新的實現提供了技術支持；另一方面，制度創新也催生了技術創新，帶來了產品創新。它們共同作用即可實現普惠金融。

席勒在 *Finance and Good Society* 一書中指出，從歷史上看，由於資訊傳遞的緩慢，金融創新的步伐比較緩慢，一個新的思想會在很長時間後才能讓大多數人接受。比如，公共基金（**mutual fund**）這個思想在十九世紀二〇年代左右就出現了，但它直到二十世紀才變成主流的投資工具。然而，在當今社會，網路使得資訊的傳播速度大大加快，創新性的思想會很快被民眾接觸，特別是社群平台的建立加速了這一過程。比如，餘額寶在九個月的時間裡就獲得了超過五千萬的投資人群。因此，網路與金融創新的結合會大大加速金融創新在社會內的傳播速度和認知程度。

網路為普惠金融提供了條件

席勒在 *The Subprime Solution* 一書中指出，資訊科技是這個時代的關鍵，它與金融的融合可以更好地實現普惠金融。作為資訊科技的核心，網路有它獨特的優勢。網路可以大大降低金融服務的成本，其原因有三：(1)進入成本低。本章前面內容涉及網路一旦建成後，再增加一個用戶的成本幾乎為零，因而網路天然具有成本優勢。(2)服務成本低。網路公司可以通過大數據技術為客戶提供優質的服務，這些產品根據不同網民的特點提供差異化的服務，而且不需要人工介入，因而服務成本很低。(3)規模效應。也就是說，把客戶分散的資金通過網路聚攏起來，進而形成較大量的資金進行金融投資等活動。如前所述，資金量越大，享受金融服務的成本越低，而低成本帶來低門檻。互聯網金融產品的門檻往往極低，比如餘額寶的轉入金額可以設置為從一元起。

由於手機與網路的成功嫁接，用戶可以隨時隨地上網，網路已與個體緊密結合，網民的數量也因而大大增加。互聯網金融產品往往操作簡單、不需要教程、實用性強，這些特點對於服務「草根」民眾非常有幫助，因而互聯網金融產品的購買者往往人數眾多。眾多的參加人數可以「天然」地分散風險，特別是分散流動性風險。比如，餘額寶的購買者目前已超過八千萬人，投資者會根據自己的資金需求選擇是否贖回資金，而這些投資者的所在地域及從事的行業均不相同，因而很難發生大規模的同時贖回，即發生流動性擠兌的可能較小，這就為互聯網金融提供連續性（即高流動性，如「T＋0」）的產品創造了條件。

同時，網路有很強的數據優勢，如阿里巴巴的淘寶網可以完整地記錄電子商務交易的行為和客戶的評價，因而網路公司有條件通過交易行為和客戶評價等數據對電商和購買者進行信用評級。這種信用評級應該說是對中國人民銀行徵信系統的有力補充，同時它更具體、翔實也更科學。因此，互聯網金融有能力為中國老百姓提供一套「網上」徵信系統，以解決貸款難的問題。

總之，網路有條件為普惠金融提供支持和原動力。下面，我們從幾個方面具體談網路對普惠金融的促進作用。

降低支付費用

中國在二〇一三年火爆起來的支付寶和財富通佔據了第三方支付市場的主要份額，致使銀聯的影響力下降。支付寶、財付通以近乎為零的手續費來吸引用戶，徹底打破了銀聯通過支付環節收取手續費的盈利模式。在支付管道之戰中，銀聯的壟斷地位正在逐漸喪失。

首先，民營的第三方平台的建立將本來由銀聯和銀行分享的壟斷利潤返還給了普通的消費者，這是資源配置優化、提高資本效率的一種體現。其次，它使得手機支付登上舞台，支付不再受現金和銀行卡的束縛，特別是在銀行休息的節假日依然可以自如的轉賬。行動支付端的便利程度相較傳統支付顯而易見，通過行動支付，人們能更自由地選擇自己喜歡的支付方式，而不必受到銀行卡不同而帶來手續費高低的限制。同時，行動支付可以使沒有金融機構的偏遠山區的居民通過手機進行支付，進而在開設銀行之前使貧困山區的居民享受到金融服務。世界多個扶貧組織已開始在印度、孟加拉等貧困地區推廣「手機銀行」等服務。

值得強調的是，支付成本的降低對於富裕家庭來說應該是無足輕重的，然而對於貧窮家庭來說，降低的支付成本就可以用到其他的生活費用上，從而提升其生活水準。

增加理財機會

由於管道限制，在互聯網金融出現之前，低收入人群沒有享受到金融的實惠。由於中國實施的利率管制，使活期存款利率長期被壓制在一個很低的水準，導致同業市場中的利率是存放在銀行中的活期儲蓄存款利率的十幾倍。長期以來，同業市場中的利率由擁有大額資金的機構投資者獨享。餘額寶、理財通和百發這樣的網路理財產品不僅收益率達到同業存款水準，而且幾乎無門檻、流動性也高，因而適合中低收入人群進行投資。餘額寶的本質是利用網路的銷售通路把小投資者的錢集合起來組成大的財團（即「團購」的思維），進而降低單位投資的成本，同時提升議價能力。餘額寶使普通投資者享受到銀行同業的市場利率，市場利率不再是少數機構投資者獨享，實現了普惠金融。

降低了創業門檻

淘寶網、拍拍網等電子商務平台不但使消費者能夠充份享受到網購的樂趣，還給很多人提供了創業的機會。很多沒有本金和時間去經營實體店的人在網路電子商務平台上找到了他們的一席之地。與此相配套，阿里巴巴推出的支付寶從制度上保證了在電子商務平台上進行買賣的可實現性。支付寶作為資金的保管人，解決了買賣雙方對於貨物和資金安全的顧慮，同時規範了網購。

便宜的價格、基於大數據的搜索引擎使得網購相對於實體店也具有一定的優勢，甚至很多上班族都將在淘寶上開設商鋪作為自己的副業以增加收入。這些電商在向消費者提供更低廉價格的同時，也創造了很多潛在的就業機會。

促進小微企業獲得資金

傳統金融機構往往因為小微企業徵信成本高而將其拒之門外，但是P2P憑藉著大數據體系的低成本將小微企業作為其主要客戶。

小微企業從銀行貸款難的原因主要有三個方面：一、傳統銀行業的徵信體系不發達，還在沿用舊體系。小微企業缺乏標準化的財務報表，也缺少正規的事務所對其進行審計，故銀行由於小微企業的高徵信成本、低收益而將其拒之門外。二、小企業的資金鏈更緊張，急需貸款。一般銀行的放貸週期往往要幾個星期，根本不能滿足小微企業的需求。三、小微企業一般沒有抵押品。對於沒有抵押品的企業，銀行很難對其進行貸款。

而依托於網路建立起來的P2P平台為很多因自身條件從銀行貸不到款或是不方便貸款的企業打開了方便之門。首先，P2P平台的徵信成本較低。P2P平台的大部份徵信工作都通過電腦自動完成，避免像銀行那樣對每一筆業務的徵信都要投入大量的人力。P2P平台也沒有商業銀行那麼複雜的審批手續，因此也提高了行政效率。其次，P2P平台的放貸速度快於傳統商業銀行，最快當天申請、當天到賬，而貸款到賬速度對於小企業來說至關重要，保證了小企業的資金鏈不會斷裂。「長尾理論」是P2P平台的理論基礎，它要求投資者與借款人自由競爭，從而實現風險定價和優化資源配置。這種優勢是囿於傳統方法體系的商業銀行所無法比擬的。

P2P平台憑藉著它自身的大數據體系以及強大的線上申請、評審和線下審核相結合的方式，成為了傳統銀行的有力補充。與銀行和國家層面的徵信系統相對應，**P2P**平台實際在幫助建立健全中國的民間徵信系統，它更有可能憑藉著大數據和共享資訊的機制在建立徵信系統方面走在前列。

網路保險服務小企業員工

保險本身是一種降低貧困、實現普惠的方法。長久以來，很多企業在替員工繳納保險的高昂保費時望而卻步，而一款由阿里巴巴和泰康人壽聯合推出的保險產品「樂業寶」，專為互聯網金融平台量身定做。

「樂業寶」的服務內容與傳統的保險行業相同，主要涉及意外、醫療、養老等保障。「樂業寶」主要為淘寶網電商的工作人員提供保險，即使員工離職換了僱主，該保險也會一直伴隨著員工直至到期。「樂業寶」的價格遠低於市場上的同類產品，它是一款為網路電商的工作人員量身定做的產品。「樂業寶」依靠的是阿里集團強大數據體系的支撐。泰康人壽從阿里集團獲取數據，因而能對淘寶賣家的信用程度進行衡量，並為自身的專業保險精算提供實際數據的支持。「樂業寶」的出現是保險與互聯網金融相結合的第一次嘗試，體現了互聯網金融的普惠性。

以網路為基礎開展金融教育

網路的特色就是知識傳播的便捷、廣泛和低成本。依賴網路而進行的金融教育基本上可以不收費，因而不同階層的人可以很容易地接觸到普及性的知識。舉例來講，美國麻省理工學院和耶魯大學的網上金融學公開課程是金融學知識普及的有益嘗試。同時，網路和手機的捆綁使得人們可以用更多的時間進行學習。微信等社群軟體也有效地將金融知識更廣泛地擴散。同時，老百姓平時只能在銀行營業所中進行的諮詢也可以在網路上直接獲得。

網路下的普惠金融潛在的問題

普惠金融是給予更多人參與金融服務的機會，但它也會有潛在的問題。從歷史上看，普惠金融的無序化給市場造成了恐慌和混亂。基於次級貸款的金融衍生品的初衷是為了讓買不起房子的普通民眾能買得起房子，其本意是好的，但缺乏監管導致的金融產品和資本市場的無序化最終變成了金融危機，很多普通民眾因房價下跌而破產。

沒有監管的無序化的普惠金融帶來很多不穩定性，高收益的背後存在著極大的風險。例如，中國二〇一三年七月末就有五家P2P公司涉嫌違規經營，面臨停業整頓甚至破產的危機，其中包括信重慶和滙中公司。進入二〇一三年十月後，P2P平台的違約事件經常發生。P2P平台的投資方式主要有兩種：一種是投資端與債權端一一對應，即一筆個人投資對應一筆個人貸款，這樣不易產生流動性風險，但資金利用效率低；另一種是資金池模式，即貸款和借款通過資金池進行匹配，無須存在一一對應的關係，業內大多採用這種方式，目前採用這種方式的公司佔行業總數的百分之九十五以上。但這種方式的流動性風險很大，容易造成期限錯配，從而導致P2P平台倒閉。

CHAPTER 4
互聯網金融：風險分析

建立在社群網路、搜索引擎以及電子商務平台等基礎上的互聯網金融創新，在蓬勃發展的同時也存在一定的風險和挑戰。本章從金融功能觀的視角探討互聯網金融的發展邏輯，主要分析其存在的資訊不對稱風險、道德風險、操作風險和流動性風險。對資訊的管理、分析和使用不當，會帶來資訊不對稱風險；社會信用體系不完善及平台機制設計的缺陷，會帶來道德風險和流動性風險；人為或者外部疏漏則會帶來操作風險。本章結合互聯網金融模式，具體分析了各個風險類型。分析結果表明，這些風險會加劇金融體系的脆弱性，是對金融穩定和金融監管的挑戰。在此基礎上，本章提出了相應的政策建議。

引言

Bodie and Merton（1995）提出了分析金融體系的功能觀，並基於金融功能比金融機構的變遷更加穩定和金融功能引導金融機構組織形態的前提，提出了金融體系的六大功能。從金融功能觀的角度分析，雖然目前各方對互聯網金融的定義和涵蓋範圍沒有一致見解❶，但可以認為：互聯網金融是以網路為平台構建的具有金融功能鏈且具有基本獨立生存空間的投融資運作結構；而且從基因的匹配性上看，網路平台與金融體系功能的支付清算、提供價格資訊、風險管理和資源配置四大功能，具有更高的耦合性〔吳曉求（二〇一四）〕。

互聯網金融基於網路和行動終端進行資源配置與優化的發展模式，不同於傳統的金融業務形態。它不是傳統金融機構與金融工具藉助網路實現網路化與便捷化，而是以網路海量數據為基礎，植根於網路生態系統下金融工具的開發與一體化金融服務的提供。按照這一範疇界定，目前互聯網金融模式至少應當包括第三方支付及基於第三方支付的財富管理、P2P網路借貸、群眾募資融資、電商小貸（電商金融）以及虛擬貨幣。

第三方支付是指非金融機構在收付款人之間作為中介機構提供包括網路支付、預付卡的發行與受

❶根據謝平等（二〇一二）的研究，在互聯網金融模式下，市場資訊不對稱程度非常低；資金供需雙方在資金期限匹配、風險分擔等方面的成本非常低，可以直接交易；銀行、券商和交易所等金融中介都不起作用，貸款、股票、債券等的發行和交易以及券款支付直接在網上進行。羅明雄等（二〇一三）認為，互聯網金融是利用互聯網技術和行動通信技術等一系列現代訊息科學技術實現資金融通的一種新興金融服務模式。

理、銀行卡收單以及其他支付業務中部份或全部貨幣資金轉移服務的行為❷，從中國第三方支付發展實際看，第三方支付又有依托電子商務平台的第三方支付和獨立第三方支付兩種模式。基於第三方支付的財富管理，則是以支付平台為依托提供的金融理財服務。目前，中國的第三方支付平台與金融機構已經合作開發出貨幣市場基金和保險類理財產品。

P2P網路借貸是指行為主體之間不通過傳統金融中介，而是藉助網路中介平台進行資金匹配和直接借貸的過程。P2P網路借貸在中國的發展過程中也衍生出多種模式，既有純線上模式，也有線上與線下相結合的模式。

群眾募資融資是個人企業家或者企業團體出於文化、社會或者商業等方面的目的，不藉助傳統金融中介，而是將通過網路吸引的個人所投入的相對微薄的資金聚集起來，藉以實現他們創意的行為[Mollick(2014)]。因為政策與法律等原因，目前群眾募資融資在中國的發展還處於起步階段。

電商小貸（電商金融）是指憑藉電子商務的歷史交易資訊和其他外部數據形成大數據，並且利用雲計算等先進技術，在風險可控的條件下，當消費者、供應商資金不足且有融資需求時，由電商平台提供擔保，將資金提供給需求方的業務模式〔黃海龍（二〇一三）〕。按照授信對象的劃分，電商小貸可以分成消費信貸和供應商信貸，而供應商信貸目前又分為獨立的電子商務金融模式及電商平台與商業銀行合作的供應鏈金融模式。❸

根據歐洲中央銀行（European Central Bank）的定義，虛擬貨幣是一種未經監管的數位貨幣。這種數位貨幣的發行和流通一般都由其開發者控制，並且在某一類特定的虛擬社群（virtual community）

中被接受和流通使用。根據虛擬貨幣與實體經濟的關係，虛擬貨幣可以分成三類：第一類虛擬貨幣處於封閉的虛擬貨幣體系，主要用於網路遊戲中（如虛擬道具和裝備的購買）；第二類虛擬貨幣是單向的資金流動，通常對於虛擬貨幣的購買有兌換比率，主要用於虛擬商品與服務的購買；第三類虛擬貨幣有著雙向的資金流動，在這種情況下的虛擬貨幣與主權國家中央銀行發行的貨幣沒有實質區別，可用於真實商品與服務的購買。❹比特幣（**Bitcoin**）是第三類虛擬貨幣的典型代表。

雖然互聯網金融具有基於社群網路、搜索引擎和電子商務平台形成的與眾不同的金融生態環境，但本質上，互聯網金融仍可視為金融再中介化的過程。基於以網路為平台的金融創新與發展，並不意味著金融中介的消失，而是力圖形成更加扁平化和高效透明的中介形態。因此，對於互聯網金融發展的考察，也可以藉助金融功能觀的視角進行分析。從屬性上看，網路與金融發展有著天然融合的基因。金融體系旨在提供支付清算和交易便利、提供企業募集資金和分割股份的途徑、提供資源跨時跨區域配置的手段、提供管理風險的方式、提供價格發現機制以及解決激勵問題；而網路所具有的開放共享、人人參與的理念，以及在網路和行動終端基礎之上實現大數據獲取與分析的先天優勢等，則對於金融功能的實現具有重要意義。尤其是在降低資訊不對稱和交易成本方面，互聯網金融通過技術手段的開發，實現了傳統交易模式下難以達到的機制設計。

---

❷參見中國人民銀行二〇一〇年六月發佈的《非金融機構支付服務管理辦法》。

❸供應鏈金融並不是互聯網金融的產物，這裡特指電商與商業銀行相結合的一種供應鏈金融模式。

❹ See European Central Bank, "*Virtual Currency Schemes*", October-2012.

互聯網金融的繁榮帶來了經濟社會的變革，但也在一定程度上帶來了新的挑戰與風險。這些挑戰和風險既有傳統金融理論框架下的支付清算風險、金融創新對央行貨幣政策的挑戰，也有異於傳統金融模式下的資訊風險和操作風險。因此，只有掌握了互聯網金融的風險類型與特點，才能對其進行有效的識別、界定並建立動態和前瞻性的預警、監測及後期處置機制，從而保證中國金融體系的安全有效運作。基於此，本章將主要從互聯網金融模式對於支付清算、提供價格資訊和風險管理功能的影響出發，通過對互聯網金融模式的資訊風險、道德風險、操作風險和流動性風險的考察，識別出目前互聯網金融模式在中國面臨的挑戰和風險，並提出相應的政策建議。此外，考慮到互聯網金融模式在中國發展的現實狀況，我們的研究將主要立足於第三方支付和基於第三方支付的財富管理，而電商小貸以及P2P網路借貸、群眾募資融資和虛擬貨幣等，由於法律和監管原因，在中國的發展前景還有待觀察。

互聯網金融的資訊不對稱風險

通過虛擬現實資訊科技，虛擬化的金融機構可以實現虛擬分支機構或營業網點的增設，擴展虛擬化的金融服務。與傳統金融服務相比，由於互聯網金融中的一切業務活動，如交易資訊的傳遞、支付結算等都在由電子資訊構成的虛擬世界中進行，因此金融機構的物理結構和服務據點等實物資產的重要性大大降低。得益於互聯網金融服務方式的虛擬性，交易雙方無須直接見面，只需通過網路進行交易。雖然這樣可以克服地理空間的障礙，但同時也使得對交易者身份、交易真實性的驗證難度增大。交易者之間在身份確認、信用評價方面的資訊不對稱程度提高，進而導致資訊風險加劇。

資金流向的資訊掌控風險

資訊流、資金流和物流三者的結合促進了電子商務和網路信貸的迅速發展。出於資金流環節對支付的便捷性要求，第三方支付平台應運而生。一方面，第三方支付平台為買賣雙方整合了眾多銀行卡支付方式，提升了買賣雙方支付的便捷性；另一方面，第三方支付企業為銀行整合了零售電子商務、小額信貸的結算業務，節約了銀行的行銷成本。然而，第三方支付平台的資金運作卻很容易成為監管盲區，形成無法掌控的風險。

首先，從交易過程上看，供求雙方在完成交易前，必須在第三方支付平台上開設賬戶，資金支付只有通過公共的第三方平台才能流轉。在資金的調撥過程中，雖然依舊離不開銀行的底層服務，但從業務性質上看，第三方支付企業事實上已經從事了與銀行結算類似的業務。在第三方支付企業基本承擔起銀行在電子商務裡中小規模的支付結算業務後，作為支付中介的一般存款賬戶實際上成為了銀行無法控制的內部賬戶（范如倩、石玉洲和葉青〔二〇〇八〕）。

其次，在互聯網金融模式下借貸平台的資金轉賬過程中，資金並不是由出借人的賬戶直接轉入借款人賬戶，而是必須通過網路平台才能實現周轉。實際上，大多數的網路信貸平台都是通過第三方支付形式來完成的。由於網路借貸平台具有匿名性和即時性的特點，因此監管部門對於互聯網金融模式下資金流向的追蹤就變得更加困難。從這個意義上講，第三方支付企業利用其在銀行開立的賬戶屏蔽了銀行對資金流向的識別。當第三方支付企業與各銀行系統賬戶軋差清算時，對於局外人（包括銀行）而言，每筆客戶資金的來龍去脈將變得更為複雜。正是由於第三方支付的這種特殊模式，使得在第三方支付企業註冊了虛擬賬戶的任意主體都可以輕鬆地進行不同賬戶間的資金轉移。

放款者決策的資訊風險

與傳統商業銀行的借貸不同，網路借貸是在借款人和放款人之間直接進行的，屬於直接融資而非間接融資。其中，第三方平台只起到撮合交易的作用，並不直接從事借貸活動，因此並不屬於金融機構。這種交易沒有金融機構的直接參與，一般借貸的額度不高，也沒有抵押擔保，實質是一種信用借貸，而信用借貸也就意味著風險主要由借款者承擔。雖然在網路借貸模式下，憑藉平台積累的註冊資訊、營業額現金流和歷史成交紀錄等資訊，能為放款者提供一定的參考借鑒，但無法消除放款者的決策風險。

對於P2P網路信貸而言，一方面，網路信貸企業或個人無法通過第三方來獲取借款人客觀的信用歷史數據。雖然很多網貸公司採取了諸如手機綁定、身份驗證、收入證明、視頻面談等手段，但如果更為關鍵的借款人徵信紀錄、財務狀況、借款用途等資料無法充份獲得的話，僅憑借款人自身提供的一些基本資料，很難構建起客觀全面的信用評級體系。另一方面，在各個網路借貸平台資訊相互隔絕的條件下，一家平台在對借款人進行審核時，無法得知該用戶是否在其他網路借貸平台也申請了貸款。因此，一旦借款人故意隱瞞相關資訊，而審核人卻按正常流程審核並放出貸款，就可能形成不可避免的風險。

對於電商小貸而言，儘管它可以根據自身積累的用戶交易、售後以及客戶評價等資訊對貸款申請者進行更有效的信用評判，但這種模式依然不能完全消除放款者的決策風險。從電商信用體系建立的機制上看，歷史的紀錄並不能充份地模擬和預測未來，而且貸款申請者也完全可以通過構造虛假交易、提高交易頻率以及獲取更多好評來提高其信用評價，在信用體系中偽造出較高的信用評級，進而獲得更好的信貸與交易優勢。

最後，由於互聯網金融業務和服務提供者具有顯著的虛擬性特徵，所以在交易者的身份確認和信用評價等資訊方面往往會產生明顯的不對稱性。在實際業務中，出借人不可能對借款人的資金使用情況進行有效監控，而網路借貸平台又不可能像商業銀行一樣對貸款的使用進行審查，因此借款人很容易通過隱瞞他們的一些資訊，做出不利於互聯網金融服務提供者和放款者的決策，從而使放款人在選擇客戶時處於更加不利的地位。此外，一旦資金出現損失，放款人往往還會陷入無法有效進行追討的困境。因此，在互聯網金融中，放款者決策的風險需要得到重視。

數據爆發式增長帶來的資訊不對稱風險

數據總量的爆發式增長，在帶來數據挖掘與分析便利的同時，也會加劇金融市場的資訊不對稱程度。

首先，資訊收集的成本在提高，包括軟硬體設施在內的前期投入，是資訊收集面臨的第一項成本。雖然資訊科技的發展使得記錄、存儲設備的價格變得不再高不可及，但對於一般企業或個人，這種資訊收集的前期成本仍不可忽略。除了有形成本外，資訊的收集還需要付出時間。一方面，大數據的形成是一個需要一定時間積累的過程；另一方面，在互聯網金融的資訊收集領域，最先進入者有先發的競爭優勢。早在二〇〇三年就成立的阿里巴巴集團，直到二〇一三年才開展互聯網金融業務，其中一個很重要的原因就在於商業數據的時間積累。而阿里金融之所以雖被普遍看好卻難以複製的關鍵，也在於其積累了先發優勢，後來者要重新積累這些消費者的交易與信用數據將是十分困難的。

其次，有效資訊獲取的效率並沒有顯著提高。不可否認，資訊時代的到來使得社會資訊溝通的規模和速率大大增強，然而這並不意味著有用資訊的獲取變得更為迅捷和容易：一是網路資訊資源所具有的無限性、廣泛性、廉價性、共享性、無序性等特點，使用戶在獲得有用資訊的同時，不可避免地也會被大量的虛假資訊、無用資訊所困擾。資訊大爆炸造成的資訊環境污染和「噪音資訊」的蔓延，增加了人們識別、判定和利用有效資訊的困難。二是資訊解讀的技術要求在不斷提高，增加了獲取有效資訊的難度。一般來說，可以通過傳統搜索引擎搜索到的資訊只是網路的表層資訊，層次更加豐富、更加專業的深層資訊，通常儲存在網路檢索介面無法觸及的後端，存儲在Access、Oracle、SQL Server、DB2等資料庫中。這部份數據的讀取必須使用網站的搜索工具進行直接交互式查詢。由於當前搜索引擎的資訊抓取程式還不具備在交互式檢索窗體中填寫或選擇所需字段資訊的能力，無法向資料庫提交檢索關鍵字，因此一些很有價值的資訊資源對用戶（尤其是企業用戶）來說，是無法直接獲取的。

最後，噪音資訊帶來的交易風險在提高。由於資訊在網路中具有傳播速度快、範圍廣的特點，因此金融資產價格也更易受到網上突發資訊的影響。❺

互聯網金融的道德風險

互聯網金融的理念之一，就是實現全民共享的「普惠金融」，即將那些有著融資需求卻因融資額較低或缺少收入證明、抵押擔保而被排斥在商業銀行和資本市場融資體系以外的普通民眾納入互聯網金融體系中。這對於滿足中小企業貸款、微型企業的融資需求具有重要意義。但是，就像在所有資訊不對稱的市場中都存在的問題一樣，逆向選擇和道德風險仍是制約互聯網金融發展的重要因素。

以電商小貸為例，主要有獨立電子商務金融模式以及電商與商業銀行合作的供應鏈金融模式。其中，基於大數據分析的獨立電子商務金融模式更受市場認可，其發展規模也較大。由於電商小貸的資

❺二〇〇〇年八月二十六日，Bloomberg News 報導了「加利福尼亞的光纜製造商 Emulex 大幅下行調整結算報告，該公司執行長引咎辭職」的消息。隨後，Dow Jones News Service，CBS Marketwatch.com，CNBC，TheStreet.com 等各媒體先後發出了同樣的消息。人們立即爭先恐後地拋售該公司的股票，僅僅十五分鐘之內，該公司的股價從一百零三美元急跌到四十五美元。這意味著 Emulex 公司的股價總額，在十五分鐘內損失了二十五億美元。然而，Emulex 聲明公司根本未做該項變動。很快，美國聯邦調查局和證券交易委員會介入此案。據調查，假消息的始作俑者是一名年僅二十三歲的學生雅可。兩個星期前，雅可向他人借了三千股股票，並以七十二至九十二美元的價格悉數拋出做空。但是，一週前 Emulex 公司的股價持續上漲，一直漲到了一百多美元，這意味著雅可將面臨巨額的損失，於是他炮製了那份假新聞，並在 Emulex 公司股價大跌時以低於原價的價格購進與所借數量相同的股票，並從中獲取了五萬美元的利益。

金需求一般以短期、小額的流動貸款為主，通過傳統商業銀行的線下審核與風控管理成本過高；而網路企業依托交易量巨大的電子商務平台，則可以藉助大數據技術的數據收集與分析功能，通過對貸款人物流、資金流等交易資訊的即時監控，有效識別不同貸款人的行為特徵，並據此對貸款人進行自動化、批量化處理，通過模型對風險進行歸類和量化統計分析，從而有效降低交易成本、提高資金的周轉速度。這無疑是有積極意義的，但我們也必須注意到：一方面，如何避免虛假交易和虛假信用仍是技術上需要不斷克服、完善的難題；另一方面，中國目前的公民徵信系統建設尚不夠完善，公民徵信資訊難以實現有效合理的資訊共享，容易造成不同體系、不同平台下的資訊套利，再加上當前中國信用違約的成本很低，其對借款人究竟能否起到激勵和懲罰的作用，仍需做進一步的研究。

目前，學界和業界都對利用大數據技術解決借款人逆向選擇和道德風險問題抱有很高的期望。從目前大數據的實際應用來看，無論是電商小額貸款、第三方支付還是基於第三方支付的金融產品設計與開發，都有成功案例。然而，這是否就能說明基於更多數據的生產與挖掘就能一勞永逸地解決資訊不對稱的問題，乃至化解逆向選擇與道德風險？二〇〇七年爆發的美國次貸危機似乎否定了這一結論。自二十世紀九〇年代起，美國「無論是抵押貸款還是信用卡的申請已經完全自動化，以至於不需要與借款人有私人接觸」[Allen(2002)]。但在後期，由於美聯儲出於就業和經濟增長的考量，一直將利率維持在低位，使得資金借貸成本較低；而貸款公司出於追逐高額利潤的動機，誘騙甚至串通無償債能力的借款人申請次級貸款，導致市場利率上行，最終借款人無法償還，出現道德危機。這也是引發次貸危機的直接誘因。

道德風險問題同樣存在於P2P網路借貸中。在充份的資訊披露、動態完善的風險管理基礎上，P2P平台的整體風險是可控的，因為P2P網貸模式與傳統模式的重要區別之一，就是在這種模式下，網路企業作為連接投資者與融資者的中介，是平台、配套金融服務和金融資訊的提供方，為投資者和融資者提供期限、風險和收益的識別與匹配。金融機構本身並不以自有資本參與籌融資和抵押擔保等第三方行為，因而可以將外部風險與平台自身營運風險有效隔離，並不會存在傳統意義上的道德風險。但在實際發展過程中，很多平台越俎代庖，直接成為了借款人或貸款人的交易對手。由於投資者本身很難具備對項目真實性和潛在風險的專業鑒別能力，主要依靠平台提供的資訊服務做出判斷，因此，一旦平台方為了吸引投資者資金而構造虛假標的，或是隱瞞、修改項目的真實資訊，投資者很難獲得投資保障。更嚴重的是，一些平台以互聯網金融創新為名，行「龐氏騙局」之實，藉助網路玩借新債還舊債的把戲，一旦因資金鏈緊張出現流動性問題，就捲款出逃，造成投資者的慘重損失。從實際情況看，多數平台確實存在隱憂。很多P2P公司強調保證投資的本金安全，還保證百分之十以上（多者甚至超過百分之二十）的年化收益率，並大肆宣傳公司的項目違約率非常低、風險管理穩健云云。然而，必須指出的是，過高的收益率被視為高利貸行為，在中國是不受法律保護的，一旦出現糾紛，投資者的權益將難以得到保障❻；另一個值得注意的問題是，雖然目前P2P平台的違約率相對較低，但畢竟中國已有的P2P網路借貸平台成立的時間較短，多數成立於二〇〇八年金融危機之後，違約率數據

❻中國人民銀行二〇〇二年頒佈的《中國人民銀行關於取締地下錢莊及打擊高利貸行為的通知》規定：民間個人借貸利率由借貸雙方協商確定，但雙方協商的利率不得超過中國人民銀行公佈的金融機構同期、同檔次貸款利率（不含浮動）的四倍。超過上述標準的，則界定為高利借貸行為，不受法律保護。實踐中，各地出台的小額貸款公司管理辦法也基本遵循了央行對此的界定。

普遍積累不足，缺少完整經濟週期下貸款人的數據，因此很有可能會低估實際違約風險。而與實際風險相比，普通投資者的期望收益率過高，他們的預期年化收益率甚至達到百分之十八以上。❼

互聯網金融的操作風險

互聯網金融操作風險的來源

隨著資訊科技的發展，操作風險的頻頻發生及其產生的重大影響，使其受到人們越來越廣泛的關注。《巴塞爾資本協議》的兩次修訂，將操作風險放在了越來越重要的位置。特別地，新《巴塞爾資本協議》對操作風險的資本補償做了明確的規定。由此可見，基於人的行為和程式技術所產生的操作風險，是金融機構面臨的重要威脅之一，也是互聯網金融發展的重要隱憂之一。

根據新《巴塞爾資本協議》，操作風險是指由不完善或有問題的內部程序、人員及系統或外部事件所造成損失的風險。從這個定義上看，所有金融中介和金融市場的內部程序在任何環節出現的問題、相關業務人員有意無意的疏漏，都屬於操作風險的範疇。大數據時代對系統的安全性和穩定性提出了更高的要求，需要企業建立有效的防控體系，以減少因人為操作或者系統缺陷導致的問題，避免因系統延遲、癱瘓造成的資訊遺失和資訊壅堵導致的交易失敗及客戶財產損失。外部事件包括駭客的惡意攻擊導致的系統癱瘓、資料洩壅等一系列危害金融機構安全性和金融穩定性的事件。由於互聯網金融模式植根於網路，隨著網路技術的發展，互聯網金融企業資訊科技部門要隨時應對可能出現的駭客攻擊、資金盜用、資訊竄改和竊取等行為。

有效防範和控制操作風險的前提在於掌握操作風險的來源。操作風險涵蓋的內容非常廣泛，而且在不同的互聯網金融模式下會產生不同形式的操作風險。以第三方支付為例，中國電子商務交易的蓬勃發展，促進了第三方支付業務的興起❽，為商戶和用戶提供了便捷、簡易的支付交易功能；但與此同時，第三方支付業務也暴露出不少風險。二〇〇九年三月，中國銀監會下發的《關於「支付寶」業務的風險提示》，明確提出了五大風險，分別是第三方支付機構信用風險、網路駭客盜用資金風險、信用卡非法套現風險、發生洗錢等犯罪行為風險以及法律風險。在這五大風險中，網路駭客盜用資金風險和信用卡非法套現風險都屬於操作風險的範疇。這些操作風險主要來源於兩個層面：技術安全和資訊的真實性。再以P2P網路借貸為例，一方面，由於P2P網路借貸看似參與門檻低、模式複製成本低（實則不然），因而使得相當數量的P2P企業在內部建設和風險防範上存在諸多漏洞；另一方面，P2P的客戶主要是小微企業和普通個人用戶，客戶個體資質相對較差，信貸審核環節薄弱，因此P2P企業面臨的操作風險要大於傳統的商業銀行。結合新《巴塞爾資本協議》的操作風險指引，對互聯網金融操作風險來源的具體分析如**表一**所示。

❼根據每日經濟新聞和網貸之家發起的《P2P網貸投資者調查結果》顯示，僅有百分之三的投資者的預期年化收益率在百分之十八以下。

❽目前，中國第三方支付業務的開展需要取得中國人民銀行發放的經營牌照。自二〇一一年五月二十六日中國人民銀行首次發放二十七張第三方支付牌照，至二〇一三年年底，央行已經七批次共計發放了兩百五十張牌照。

表一 互聯網金融模式的操作風險來源

事件類型	定義	事件細分	業務舉例	可能發生的模式舉例
內部欺詐	故意騙取、盜用財產或違反監管規章、法律的公司	未經授權的活動和項目	交易不報告（故意） 交易品種未經授權（存在資金損失） 頭寸計價錯誤（故意）	P2P模式、大數據金融模式、基於第三方支付的財富管理
		盜竊和欺詐	欺詐／信貸欺詐／假存款 盜竊／勒索／挪用公款／搶劫 盜用資產 惡意毀損資產 偽造 多戶頭支票欺詐 走私 竊取賬戶資金／假冒開戶人 賄賂／回扣 內幕交易（不用企業賬戶）	所有的互聯網金融模式
外部欺詐	第三方故意騙取、盜用財產或逃避法律導致的損失	盜竊和欺詐	盜竊／搶劫 偽造 多戶頭支票欺詐	P2P模式、大數據金融模式、群眾募資模式
		網路系統安全性	駭客攻擊損失 盜竊資訊（存在資金損失）	所有互聯網金融模式
就業政策和工作場所安全性	違反就業、健康或安全方面的法律或協議，個人工傷賠付或者因性別歧視事件導致的損失	勞資關係	薪酬、福利、僱傭合約終止後的安排、有組織的勞工行動	在中國主要表現為員工的流失，影響最大的是提供專業理財服務的互聯網金融平台，其次是各類融資服務平台
		安全性環境	一般責任（滑倒和墜落）等違反員工健康及安全規定事件公認的勞保開支	
		性別及種族歧視事件	所有涉及歧視的事件	

（續）表一　互聯網金融模式的操作風險來源

事件類型	定義	事件細分	業務舉例	可能發生的模式舉例
客戶、產品及業務操作	因疏忽未對特定客戶履行份內義務（如信託責任和適當性要求）或產品性質或設計缺陷導致的損失	適當性、披露和信託責任	違背信託責任／違反規章制度 適當性／披露問題 洩露私密 冒險銷售 為多收手續費反覆操作客戶賬戶 保密資訊使用不當 貸款人責任	所有互聯網金融模式
		不良的業務或市場行為	反壟斷 不良交易／市場行為 操縱市場 內幕交易（不用企業的賬戶） 未經當局批准的業務活動 洗錢	第三方支付模式，P2P模式等
		產品瑕疵	產品缺陷（未經授權等） 模型誤差	互聯網金融門戶等
		客戶選擇，業務提起和風險暴露	未按規定審查客戶 超過客戶的風險限額	P2P模式、群眾募資模式
		諮詢業務	諮詢業務產生的糾紛	P2P模式
實體資產損壞	實體資產因自然災害或其他事件丟失或毀壞導致的損失	災害和其他事件	自然災害損失 外部原因（恐怖襲擊、故意破壞）造成的人員傷亡	P2P模式、大數據金融、群眾募資模式
業務中斷和系統失敗	業務中斷或系統失敗導致的損失	系統	硬體 軟體 電信 動力輸送損耗／中斷	所有互聯網金融模式

（續）表一　互聯網金融模式的操作風險來源

事件類型	定義	事件細分	業務舉例	可能發生的模式舉例
執行、交割及流程管理	交易處理或流程管理失敗和因交易對手方及外部銷售商關係導致的損失	交易認定，執行和維持	錯誤傳達資訊 數據錄入、維護或登載錯誤 超過最後期限或未履行義務 模型／系統錯誤操作 會計錯誤／交易方認定紀錄錯誤 其他任務履行失誤 交割失敗 擔保品管理失敗 交易相關數據維護	所有互聯網金融模式
		監控和報告	未履行強制報告職責 外部報告失準	P2P模式等
		招攬客戶和文件紀錄	客戶許可／免責聲明缺失 法律文件缺失／不完備	所有互聯網金融模式
		個人／企業客戶賬戶管理	未經批准登錄賬戶 客戶紀錄錯誤（導致損失） 客戶資產因疏忽導致的損失或損壞	
		交易對手方	非客戶對手方的失誤 與非客戶對手方的糾紛	
		外部銷售商和供應商	外包 與外部銷售商的糾紛	第三方支付模式

資料來源：巴塞爾委員會：《巴塞爾資本協議（徵求意見稿）》，2003。

由於互聯網金融發展脫胎於傳統的金融發展模式，因而其沿襲了金融的所有本質特徵。兩者的不同之處在於，互聯網金融模式在藉助網路的力量分散和化解部份風險的同時，也通過傳導效應放大了一部份風險。在互聯網金融模式下，其內部各部份的風險權重相對於傳統模式有所不同，由內部程序和系統所造成的損失風險比傳統模式有所上升，在監管時應引起重視。

互聯網金融的操作風險與金融脆弱性、金融穩定性

操作風險與金融脆弱性

明斯基（Minsky）認為，以商業銀行為代表的信用創造機構和借款人的相關特性，使金融體系具有天然的內在不穩定性。隨著經濟週期的進展，在現實經濟中，謹慎融資、冒險融資和「龐氏融資」這三種融資行為中的後兩者將越來越多。其中，任何打斷信貸資金進入生產部門的事件，都有可能引起一連串的破產，最終如果導致金融機構破產，特別是銀行的倒閉，會引發金融危機的出現。同時，在經濟高漲時期會出現所謂的市場換位，即謹慎融資逐漸換位於冒險融資，冒險融資則換位於「龐氏融資」（向新民（二〇〇五））。基於這一假說，隨著中小企業融資需求越來越大，在傳統商業銀行體系難以滿足中小額貸款需求的制約下，越來越多的民營資本將進入互聯網金融平台，為中小企業提供資金和擔保。如果出現這種換位，由於操作風險所引發的信貸資金的投放、使用不當，有缺陷的融資機制設計導致的資金周轉困難甚至資金鏈斷裂，就會造成金融體系局部的不穩定，並可能使這種效應在金融各部門之間傳導。

Diamond and Dybvig（1983）認為，銀行是金融中介機構，其基本功能是把不具流動性的或流動性差的資產轉化為流動性強的資產。由於銀行的負債和資產在時間、數量上不對稱，因此在面臨信貸風險時，如果各類準備金總和低於同期貸款損失，銀行就會失去清償能力。如果沒有存款保險制度，這種資產品質的總體惡化就可能觸發擠兌風潮。由於資訊不對稱以及「羊群效應」的存在，銀行的擠兌會變成整個銀行業的恐慌，甚至是金融體系的崩潰。

在互聯網金融時代，越來越多的信貸服務類企業正扮演著商業銀行這一中介機構角色。這些互聯網金融中介機構在彌補傳統商業銀行不足的同時，也面臨和承擔著與商業銀行類似的風險，而且它們所面臨的資金需求方和供給方的不穩定因素比傳統商業銀行更多、更難以預測。因此，如果它們由於操作管理上的不善和資訊系統漏洞而導致操作風險，則很可能帶來更大的恐慌，引發擠兌風潮。

隨著互聯網金融模式的發展，可以看到越來越多的金融工具、金融機構和金融市場將不再是簡單的數量加總，而是相互之間有機地結合在一起。因此，一旦某一環節產生風險，如果沒有必要的風險隔離與保險制度設計，風險很容易傳導到其他互聯網金融業務中，甚至放大到整個金融體系中。也就是說，由操作風險所暴露出的金融工具、金融機構和金融市場的脆弱性，可能帶來更大的損失。但是，如果企業和監管部門能有效地防範操作風險，建立起良好的協調運作機制，則有可能藉助互聯網金融平台，更好地分散、吸收風險，將損失減到最小，進而降低整個金融體系的脆弱性。

互聯網金融的操作風險與金融穩定性

保證金融穩定性才能保證金融機構、金融市場的健康發展和金融體系運作的效率，從而保證金融為實體經濟服務，促進實體經濟的健康發展。從互聯網金融與實體經濟的關係上看，互聯網金融帶來的不僅是更加豐富的金融產品：由於網路技術的輻射和普及作用，這種模式可以使普通民眾以更低的成本享受到金融服務帶來的便利，能夠幫助企業部門更有效地籌措和運用募集資金，使得金融與實體經濟的聯繫更加緊密，但其傳導鏈條也更加多元和複雜。❾所以，很多政策不但會產生直接的效果，更有可能產生間接管道的溢出效應。金融風險對於金融和實體經濟穩定性的影響會因此變得更加深遠和複雜。操作風險作為主要金融風險之一，在金融體系中無處不在。隨著網路和資訊科技的日新月異，以及金融產品與金融服務的不斷創新，金融風險，尤其是在很多業務模式下由於模式的設計缺陷而隱含的操作風險，也會逐漸增多。❿在金融與實體經濟聯繫日益緊密的今天，如何減少風險，特別是減少操作風險對金融體系穩定性與實體經濟的衝擊，是需要有關部門加以認真思考的。

❾以電商小貸模式為例，從服務對象上看，電商小貸旨在通過數據挖掘與分析，為中小企業融資提供短期或中期的流動資金。這種模式的定位未來完全可以拓展到基於客戶端和行動終端支付的消費者信用貸款，從資金來源上看，電商小貸的資金渠道也會更加多元，除了傳統的自有資金渠道、發行股票和債券（企業債、中短期票據等）以外，企業完全可以藉助資產證券化、P2P網路借貸以及眾籌融資的方式實現資金需求方與資金供給方的匹配，將目前互聯網金融的全部模式打通。

❿康乃爾大學的兩位計算機學者埃明（Emin）和埃內勒（Eyal）指出：「比特幣礦工合作進行挖礦的時候，他們有可能獲得超出自己勞動所得的比特幣數量，而當這一規模不斷發展變大後，作為一種貨幣體系的比特幣將不再具備資金分化和去中心化的特點。之後，這一坐擁更高比例比特幣數量的團體將可以決定有資格參與挖礦的人員數量和進行的具體交易，甚至可以隨意取消比特幣交易。」

互聯網金融的流動性風險

互聯網金融為借款人與貸款人提供了突破時間和地域限制的匹配機會。從其實現的功能來看，平台類互聯網金融創新類似於證券交易所：兩者都需要制定市場規則和參與方的行為規範，都需要提供完成交易必需的服務並從中收取一定的費用。但是，由於中國相當數量的互聯網金融模式通常會保證投資人本金的安全，使得中國互聯網金融模式的設計看上去又類似於商業銀行和信託等金融機構。但相比於商業銀行的存款準備金、風險資產撥備覆蓋以及正在醞釀中的存款保險等制度保障，互聯網金融模式缺少對短期負債和未預期到的資金外流的應對經驗和應對舉措，因而流動性風險成為必須要引起重視的問題。

從中國互聯網金融模式的投資者（參與者）數量看，還是普通投資者居多，機構投資者並沒有大量進入這一領域。與機構投資者更為理性和分散化的投資思維不同，普通投資者一般都有風險厭惡傾向，更關心的是本金的安全性和收益的高低，很少會對互聯網金融創新的模式與機制設計予以太多關注。此外，普通投資者與平台方存在非常嚴重的資訊不對稱，一旦有任何可能危及投資安全的事件出現，比如某平台被發現是「龐氏騙局」，或者作為第三方的擔保機構出現資金鏈緊張等，普通投資者會迅速將資金抽回。這種類似於銀行擠兌的衝擊不但會輕而易舉地擊垮那些資金鏈緊張的平台，甚至會將那些資產負債表非常健康的平台也拖入泥潭。Diamond and Dybvig（1983）對此有非常經典的描述：從實際情況看，設計越是複雜、風險越是難以評估的金融模式和金融產品，越容易在危機出現時首當其衝。

當然，也有不同的觀點。其例證是，二〇一三年十一月十一日當天，儘管第三方支付平台支付寶實現了三百五十億一千九百萬元成交金額，但與支付寶綁定的貨幣市場基金產品——餘額寶並沒有因突增的贖回壓力而出現流動性問題。但是，這是否足以證明基於第三方支付平台的投資產品（貨幣市場基金、債券型基金、股票型基金以及保險產品等）開發模式沒有流動性風險呢？

首先，像「雙十一」這種可預見的資金贖回，無論是普通投資者還是資產管理方都已經產生較為充份和同質化的預期。對於資產管理方而言，由於發生資金贖回的時間窗口與基於歷史數據的交易量、成交金額分佈都可以進行前期模擬與預判，通過調整資產池的投資組合和預留一定的現金類資產緩衝，基本可以保證不會出現償付問題；對於投資者而言，即便是交易當天出現了支付問題，由於他已經有了交易量巨大可能會造成支付清算系統出現短期故障的預期，所以投資者不會出於對投資產品的流動性擔憂而大量贖回。

其次，目前中國國內基於第三方支付平台的現金管理或財富管理投資標的過於集中，主要是投資於股份制商業銀行的協議存款。協議存款具有較低的信用風險、良好的流動性和相對更高的收益率，能夠滿足貨幣市場基金投資組合高流動性與較短期的要求。然而，如果監管部門考慮到目前第三方支付財富管理的龐大規模，出於金融穩定的考慮而取消協議存款提前支取不罰息的優惠，或者協議存款單位因為資金壓力而推遲支付應計利息，那麼如何避免因為異常事件造成貨幣市場基金大規模贖回的資產變現壓力，進而衝擊其他金融機構的流動性與負債管理，就是非常值得關注的。貨幣市場基金大規模贖回最典型的案例是二〇〇八年九月美國著名的貨幣市場基金Reserve Primary Fund，因為投資雷曼相關債券造成資產淨值（net asset value）跌破一美元而引發的貨幣市場基金恐慌性贖回。在該基金宣佈「破淨」兩天內，投資者便從優質（prime）貨幣市場基金的贖回資金近二千億美元[Cipriani，Holscher，Martin and McCabe (2012)]；在四週之內，優質貨幣市場基金的資產規模下降了四千五百億美元[McCabe(2010)]。與中國貨幣市場基金的投資集中於協議存款和短期國債、政策性金融債不同，美國貨幣市場基金是私營部門短期融資的重要管道，貨幣市場基金大規模贖回造成的流動性枯竭，意味著工商業企業的短期借款不能展期，到期債務無法償還，由此帶來的大規模違約甚至破產，將嚴重衝擊實體經濟。最終，美國財政部通過政府擔保的方式，避免了貨幣市場基金的進一步贖回和流動性危機的蔓延。

流動性風險不僅是基於第三方支付的現金管理或財富管理所面臨的問題，P2P網路借貸、電商小貸也會面臨或多或少的資產負債期限結構不匹配和外部事件衝擊的影響。目前，中國P2P網路借貸不僅限於純線上模式運作，在實際發展中還演化出了擔保本金償付、信貸資產證券化以及仍處於爭議中的債權轉讓等模式。衍生出如此多的P2P借貸模式固然與中國的現實國情和投資者風險厭惡的因素分不開（沒有一定程度的自身或第三方擔保，很難吸引普通投資者，甚至是風險容忍度更高的投資者參與），但由於P2P平台本身並不獨立於資金供求鏈，當經濟面臨下行風險而造成整體違約率提高，或是因為操作風險（比如P2P行業中常見的「拆標」行為，這種長期變短期、大額變小額的方式，很容易受到資金面供求形勢或外部事件的衝擊而造成資金鏈緊張甚至斷裂）而引發投資者對P2P平台風險管控的擔憂，缺少風險緩衝和救助機制的P2P平台如何抵禦流動性衝擊？更重要的是，目前對於互聯網金融模式的監管思路、監管機制以及監管手段都沒有明確，包括流動性問題產生後應當由誰具體處理、通過什麼樣的形式處理、依據什麼樣的法律法規等均懸而未決。因此，我們有必要重視互聯網金融的流動性風險。

結論與政策建議

從目前可以識別出的互聯網金融業務模式看，無論是第三方支付、P2P網路借貸、群眾募資融資、電商小貸還是虛擬貨幣等互聯網金融創新，都在某種程度上加速甚至是重塑了金融業務形態與金融中介格局，並為金融和實體經濟的發展帶來了新的變革。然而，就像任何事物的發展一樣，互聯網金融的繁榮帶來了經濟社會的變革，也在一定程度上帶來了新的挑戰與風險。

具體到互聯網金融模式中，不同的業態規模和發展趨勢也有較大的差異。其中，第三方支付、基於第三方支付平台的財富管理和電商小貸已在中國運作得比較成熟：基於第三方支付的金融業務創新，得到了普通投資者與機構投資者的積極參與；電商小貸也形成了各具特色的業務模式。目前，第三方支付業務的風險主要集中在資訊風險和操作風險；基於第三方支付的現金管理與財富管理，主要應當防範流動性風險；電商小貸的主要風險是違約風險，流動性風險與支付清算風險相對較低。而其他幾種模式中，P2P網路借貸在中國發展迅速，同時也暴露出非常多的問題，既有傳統金融理論框架下的風險，也有新的資訊安全和操作風險；群眾募資融資目前在中國尚處於起步階段，主要還是監管與法律缺位帶來的政策和法律風險；虛擬貨幣的爭議較多，中國人民銀行對比特幣的態度是不承認其地位。⓫互聯網金融不同業務模式在不同發展階段面臨的主要風險在不斷轉化。由於蘊含了網路和金融兩大業態的基因，互聯網金融的創新效率非常高，新的業務模式和金融工具會不斷出現，不同業務模式的發展規模也會不斷變化。因此，對於互聯網金融存在的風險，也需要以動態的眼光加以審視。

總體而言，制約互聯網金融發展的關鍵問題是相關法律、法規滯後於互聯網金融創新的發展。對於監管部門而言，由於互聯網金融的發展模式形態多樣，一些業態在不同的監管部門之間游離，因此很難進行有效的對口監管，也難以即時制定相關法律、法規對其進行界定，從而導致各監管部門責任不清、職責疏漏、矯枉過正等一系列的監管問題。此外，法律、法規的制定還要注意實現兩個平衡：一是保障投資者的合法權益；二是不能阻礙金融創新，但也不能放縱違規違法行為。這同樣是一個挑戰。

對於互聯網金融風險的分析並不意味著對互聯網金融模式的批判。我們既要以積極樂觀的心態認識和看待互聯網金融的發展，也要對其風險與挑戰保持關注；既要確保互聯網金融模式不能簡單成為另一種代客理財機制，也不能成為高息攬儲的工具，更不能演變成非法吸收公眾存款和非法集資的平台。保證投資者的資產安全是最基本的風險邊界。

參考文獻

巴塞爾委員會，《巴塞爾資本協議（徵求意見稿）》，2003。

范如倩，石玉洲，葉青，〈第三方支付業務的洗錢風險分析及監管建議〉，《上海金融》，2008(5): 47-50。

黃海龍，〈基於以電商平台為核心的互聯網金融研究〉，《上海金融》，2013(8): 19-24，117。

羅明雄，唐穎，劉勇，《互聯網金融》，北京：中國財政經濟出版社，2013。

桑榕，〈金融業混業經營風險辨析及防範〉，《經濟導刊》，2004(11): 60-65。

王繼暉，李成，〈網絡借貸模式下洗錢風險分析及應對〉，《金融與經濟》，2011(9): 11-13。

吳念魯，鄖會梅，〈對我國金融穩定性的再認識〉，《金融研究》，2005(2): 156-162。

吳曉求，《中國金融的深度變革與互聯網金融》，轉引自：《中國資本市場發展報告(2014)》，北京：北京大學出版社，2014。

向新民，《金融系統的脆弱性與穩定性研究》，北京：中國經濟出版社，2005。

謝平，鄒傳偉，〈互聯網金融模式研究〉，《金融研究》，2012(12): 15-26。

張玉喜，〈網絡金融的風險管理研究〉，《管理世界》，2002(10): 140-141。

Allen, F., J.McAndrews, and P.Strahan, " *E-finance: An Introduction*", Journal of Financial Services Research, 2002, 22 (12): 5-27.

Cipriani, M., M.Holscher, A. Martin, and P. McCabe, "*Money Market Funds and Systemic Risk*", http: //www.newyorkfed.org.

Diamond, D., and P.Dybvig, "*Bank Runs, Deposit Insurance, and Liquidity*",The Journal of Political Economy, 1983, 401-419.

⓫二〇一三年十二月，《人民銀行等五部委發佈關於防範比特幣風險的通知》指出：「比特幣應當是一種特定的虛擬商品，不具有與貨幣等同的法律地位，不能且不應作為貨幣在市場上流通使用。」

European Central Bank, "*Virtual Currency Schemes*", October 2012.

McCabe,E., *The Cross Section of Money Market Fund Risks and Financial Crises*, Board of Governors of the Federal Reserve System Finance and Economics Discussion Series, 2010.

Merton, R., and Z.Bodie,*The Global Financial System: A Functional Perspective*, Harvard Business School Press, 1995.

Mollick, E., "*The Dynamics of Crowdfunding: An Exploratory Study*",Journal of Business Venturing, 2014, 29(1): 1-16.

CHAPTER 5

互聯網金融：監管與法律規範

互聯網金融正改變著目前的商業模式，其主體大致包括商業銀行、基金和投資公司、資本市場經紀人機構、電子商務機構等，其投資者涵蓋社會各階層，其業務範圍則橫跨銀行業、證券業、保險業等多個部門。這種兼具普惠金融與混業金融的雙重特性，導致其在現有分業經營、分業監管的金融監管體制下極易出現監管真空或監管重複，誘發監管套利。由於缺乏統一的監管機構和明確具體的監管規則，中國互聯網金融的風險日益積聚，也嚴重損害了金融消費者的利益，亟須政府監管的介入和法律的規制。

中國互聯網金融監管和法律規則的構建應將互聯網金融消費者利益的保護置於首位，力求達成金融效率與金融公平兼顧、金融創新與金融安全並舉的目標。就其監管而言，應契合中國金融監管體制的改革和多重資本市場下證券交易制度的變革，實行功能性的統一監管，設立統一的金融消費者保護機構；就其法律規則而言，應建立起以公平原則、資訊充份披露原則、金融交易適合性原則、廣告招攬禁止不當勸誘原則以及金融隱私權和個人資訊權保護原則為核心的統一、獨立的監管規則，並應在作為互聯網金融基礎設施的銀聯領域建立起以金融消費者承擔限額失卡責任、銀行承擔全部失卡責任的新規範體系。

毋庸置疑，互聯網金融是金融創新的產物。作為當前推動中國金融變革的最重要力量，其在中國的迅猛發展可謂「其興也勃焉」，甚至有學者謂之將會帶來「互聯網金融革命」。[1]然而，不謀全局者不足以謀一域，我們在鼓勵互聯網金融創新的同時，更應正視中國互聯網金融監管缺位、風險積聚的嚴峻現實。從互聯網金融的可持續發展和金融消費者利益保護出發，政府監管和法律規制的介入刻不容緩。

然而，在制定互聯網金融監管規則時，究竟如何實現鼓勵創新與加強監管的平衡並非易事。由於互聯網金融具有典型的普惠金融特徵，其面向的投資者（金融消費者）非常廣泛，涵蓋社會各階層，若我們一味鼓勵金融創新、強調效率而忽視金融消費者的利益保護，忽視金融安全，在利益分配時置公平規則於不顧，則其必將成為無源之水、無本之木，釀成系統性風險亦在所難免，嚴重者更可能引發大規模群體事件；反之，若過度監管，強調金融安全，又會阻礙互聯網金融創新。因此，我們認為，創新與監管並重，效率與公平兼顧，是現階段我們設計互聯網金融監管法律規則體系時應秉持的基本價值取向。

❶參見楊再平，《互聯網金融之我見》，http://kuaixun.stcn.com/2013/1016/10818964.shtml。

中國互聯網金融監管存在的問題

據中國央行統計，目前中國互聯網金融已全面涵蓋了第三方支付、網路信貸、群眾募資融資等領域，其業務範圍已從單純的支付業務擴展至轉賬匯款、跨境結算、小額信貸、現金管理、資產管理、供應鏈金融、基金和保險代銷、信用卡還款等傳統銀行業務。❷互聯網金融的參與主體已涵蓋了電子商務機構、基金和投資公司、資本市場經紀人機構和商業銀行等，其業務格局帶有典型的混業經營特徵，在現有分業經營、分業監管的金融監管體制下，勢必會出現監管真空、監管重複，而僅靠目前的行業自律顯然難以定紛止爭、防範風險。此外，就行業自律而言，目前中國僅有中關村互聯網金融行業協會、中國小額信貸聯盟**P2P**行業委員會等數家互聯網金融行業自律組織❸，因而自律乏力、風險頻現。究其原因，主要存在以下兩大問題。

缺乏統一的監管機構

互聯網金融監管是金融監管體制的一部份，必須契合中國金融監管體制的整體變革。現階段，中國仍延續傳統的分業經營、分業監管的金融監管體制，以一行三會為監管主體，以金融機構類型確定監管對象，以機構設立審批、業務合規性審查和從業人員資質審查為具體監管形式。這種機構型分業監管模式本就難以適應銀行業、證券業、保險業間的交叉性業務創新，易造成監管重複、缺位。❹隨著中信、光大、平安三大金融控股公司和各商業銀行全牌照佈局的加速，事實上的混業經營在中國已經確立。❺而互聯網金融的出現，使得銀行業、證券業、保險業間的交叉融合和跨市場金融創新常態化。中國金融業混業經營格局進一步深化，依靠現有體制進行監管無疑捉襟見肘，亟須統一的監管機構對之進行有效監管，加之互聯網金融所具有的小微金融特徵（比如餘額寶，一元錢都能參與），必將對現行的以大機構為主要監管對象的監管體制提出嚴峻挑戰。可以說，互聯網金融的出現，使得中國金融監管從主體監管向行為監管、從分業監管向統合監管的過渡顯得更加迫切！

然而，僅依靠目前的金融監管協調制度無法從根本上解決互聯網金融帶來的監管難題。根據《中華人民共和國中國人民銀行法》第九條、《國務院關於同意建立金融監管協調部際聯繫會議制度的批覆》（國函[2013]91號）等規定，中國國務院建立了由中國人民銀行帶頭，銀監會、證監會、保監會和外匯局等成員單位參加的金融監管協調部際聯繫會議制度。該制度的建立雖有助於促進金融監管政策和法律法規之間的協調，交叉性金融產品與跨市場金融創新的協調，防止目前的碎片化監管產生監管套利❻，避免形成監管「向底部競賽」（race to the bottom）。❼但是，金融監管協調部際聯繫會議

❷參見中國人民銀行貨幣政策分析小組，《二〇一三年第二季度中國貨幣政策執行報告》，2013-08-12。

❸中國小額信貸聯盟P2P行業委員會已於二〇一二年制定了《個人對個人（P2P）小額信貸信息諮詢服務機構行業自律公約》。

❹參見巴曙松、王璟怡，《從微觀審慎到宏觀審慎：危機下的銀行監管啟示》，載《國際金融研究》，2010(5)。

❺目前這三大金融控股公司都在加速全牌照佈局。中信集團還差基金、租賃牌照，平安集團還差租賃牌照，而光大集團擬通過收購甘肅信託補齊信託牌照，成為第一家全牌照的金融控股公司。此外，各商業銀行已開始全牌照佈局。在十六家上市銀行中，工、農、中、建、交五大行綜合化程度較高，證券、保險、基金、租賃牌照已經全面佈局。民生、招商、浦發、興業等銀行也在積極向全牌照努力。由此可知，中國金融業走向混業經營大勢已定。

❻參見胡曉煉，《完善金融監管協調機制—促進金融業穩健發展》，載《金融時報》，2013-09-07。

❼參見劉士余，《美國金融監管改革概論——「多德—弗蘭克華爾街改革與消費者保護法案」導讀》，北京，中國金融出版社，2011。

並非常設機構，其成員都是部級單位，大家平起平坐，一旦發生監管爭議，協調難度自然增大，勢必影響監管效率。[8]此外，由於該制度並不改變現行金融監管體制，不替代、不削弱一行三會現行的職責分工，因此，無論就中國金融監管體制的整體變革還是僅就互聯網金融的監管而言，該制度都是權宜之計，難祛根本之疾！

總之，現行的金融監管體制並沒有明確互聯網金融由誰監管的問題，而互聯網金融的混業性、專業性都亟須一個統一的機構對之進行監管。例如，商業銀行開發的互聯網金融產品，如非交叉性金融產品，自屬銀監會監管，但一旦跨行業、跨市場創新，由誰監管不無疑義；第三方支付、電商小貸等，雖然央行已經頒發了牌照，但究竟由央行還是銀監會管轄，目前尚無定論；P2P借貸平台則處於無法可依狀態，無論央行還是銀監會都無法實施有效監管；而諸如餘額寶此類融合了第三方支付與貨幣基金的交叉性互聯網金融產品，單靠一行三會任何一方監管似乎都難收成效。鑒於現行中國金融監管體制的弊端，為避免出現多頭監管或者無人監管，我們認為應該設立或指定一個統一的監管機構（如設立學界倡議的中國金融監督委員會）對互聯網金融進行監管，而這一機構目前是不存在的。

缺乏具體合理的監管規則

互聯網金融作為一種新興的金融業態，在中國出現的時間並不長。惟其新，法律調整滯後，使得目前的互聯網金融幾乎處於沒有規則約束的狀態。

為了說明此問題，可檢索現有法律規範體系，其中與互聯網金融相關的可大致分為三類：

(1)旨在鼓勵、扶持互聯網金融發展的規範。這類規定零星散見於中國國務院頒佈的行政法規、中國國務院各部委的部門規章、地方政府的規範性文件中。中央層面的文件，如中國國務院發佈的《國務院辦公廳關於金融支持經濟結構調整和轉型升級的指導意見》、《國務院關於促進資訊消費擴大內需的若干意見》、《國務院辦公廳關於金融支持小微企業發展的實施意見》，工業和資訊化部發佈的《資訊化和工業化深度融合專項行動計劃（二〇一三至二〇一八年）》，中國人民銀行發佈的《中國金融業資訊化「十二五」發展規劃》，中國銀監會發佈的《消費金融公司試點管理辦法》等。地方層面的文件，如《北京市石景山區支持互聯網金融產業發展辦法（試行）》、《北京市海淀區人民政府關於促進互聯網金融創新發展的意見》、《上海市黃浦區人民政府關於印發黃浦區建設外灘金融創新試驗區實施意見的通知》、《南京市政府關於進一步強化金融服務小微企業發展的實施意見》、《天津市人民政府辦公廳轉發市金融辦關於金融支持實體經濟和小微企業發展實施意見的通知》等。

(2)與互聯網金融消費者利益保護相關的零星規範。此類條文散見於《中華人民共和國消費者權益保護法》、《中華人民共和國商業銀行法》、《中華人民共和國銀行業監管管理法》、《中華人民共和國中國人民銀行法》、《中華人民共和國證券法》、《中華人民共和國保險法》、《全國人大常委會關於加強網路資訊保護的決定》等法律中。

(3)與互聯網金融基礎設施建設相關的零星規範。例如，《中華人民共和國電子簽名法》、《電

❽參見曹鳳岐，《聯席會議只是金融監管體系改革的第一步》，載《人民政協報》，2013-08-27。

子銀行業務管理辦法》、《非金融機構支付服務管理辦法》及《非金融機構支付服務管理辦法實施細則》、《中國人民銀行關於推進信貸市場信用評級管理方式改革的通知》、《網上證券委託管理暫行辦法》、《證券賬戶非現場開戶實施暫行辦法》等。

前述三類規範皆不直接涉及互聯網金融的具體監管規則，或雖有涉及，但其規則仍不夠明確、不盡合理。總之，中國目前仍缺乏具體、合理的互聯網金融監管規則。下面舉兩例說明：

(1)第三方支付。央行發佈的《非金融機構支付服務管理辦法》及《非金融機構支付服務管理辦法實施細則》對客戶支付的備付金利息歸屬問題均未做出明確規定。第三方支付雖定位於為用戶提供網路代收代付的中介，但其實際運作卻類似於結算業務，在為交易雙方提供第三方擔保的同時，其平台上積聚了大量在途資金，實與銀行吸儲無二，極易觸碰《中華人民共和國刑法》第一百七十六條非法吸收公眾存款罪的紅線。

(2)P2P網路借貸。目前，P2P網貸平台的資金池、居間交易和平台擔保等，法律風險極大，背離了P2P網路借貸平台撮合中介的本質，亟須監管。[9]

首先，P2P網貸平台監管無據。P2P網路借貸究其實質不過是民間借貸的網路翻版，但目前《放貸人條例》尚未出台，民間借貸中介的合法性無法確認，因此無法對P2P網貸平台進行監管。

其次，中國國內的P2P網貸業務模式多遊走於非法吸收公眾存款罪和集資詐騙罪之間，法律風險非常大。具體說來，主要包括以下三類：一、理財—資金池模式導致的非法集資風險。一些P2P網貸平台通過將借款需求設計成理財產品出售給放貸人，或者先歸集資金再尋找借款對象等方式，使放貸人資金進入平台的中間賬戶，產生資金池。在這種模式下，平台涉嫌非法吸收公眾存款。二、不合格借款人導致的非法集資風險。部份P2P網貸平台經營者未盡到借款人身份真實性核查義務，未能即時發現甚至默許借款人在平台上以多個虛假借款人的名義發佈大量虛假借款資訊（又稱借款標），向不特定多數人募集資金，用於投資股票、債券、期貨等市場，有的直接將非法募集的資金高利貸出以賺取利差，此類借款人的行為涉嫌非法吸收公眾存款。三、「龐氏騙局」產生的集資詐騙風險。個別P2P網貸平台經營者發佈虛假的高利借款標募集資金，並採用在前期借新貸還舊貸的「龐氏騙局」模式，在短期內募集大量資金後用於自己生產經營，有的經營者甚至捲款潛逃。此模式涉嫌非法吸收公眾存款和集資詐騙。[10]

最後，變相高利貸的法律風險。根據《最高人民法院關於人民法院審理借貸案件的若干意見》第六條規定，民間借貸的利率不得超過銀行同類貸款利率的四倍，超出部份不予保護。而實踐中P2P網貸的年利率普遍高達百分之二十至百分之三十，網貸平台實際操作時將合同（合約）利率控制在百分之十以內，高出的部份改以諮詢費、審核費、服務費等名義收取。此類風險極大的變相高利貸行為，是否需要承認其合法性，目前尚無規定。

可喜的是，中國已經注意到互聯網金融存在的風險。繼中國銀監會、央行先後就網路信貸行業召

---

[9] 現已有部份地方政府金融辦發文對P2P網路借貸平台的亂象進行整治，如重慶市金融辦於二〇一三年十一月四日發佈的《重慶小額貸款公司「十不准」》，但這些規範的效力層級太低，尚不具普適性。

[10] 參見史進峰，《央行劃界——三類P2P涉嫌非法集資》，載《二十一世紀經濟報道》，2013-11-25。

開專題研討會、開展調查研究後，由一行三會、工信部、公安部、國務院法制辦等多部委組成的互聯網金融發展與監管小組，也根據中國國務院部署，於二〇一三年八月一日起在滬、杭等地開展專題研究。⑪二〇一三年十一月二十五日由中國銀監會帶頭的九部委處置非法集資部際聯繫會議也明確了P2P網路借貸的業務經營紅線。由此看來，中國互聯網金融監管規則的出台為期不遠。

互聯網金融監管的國際借鑒

以美、英等國為代表的已開發國家互聯網金融起步早、成效顯著，其互聯網金融監管是整個金融監管體制的有機組成部份，積累的經驗較多，可資借鑒者主要有三個方面。

應對互聯網金融實行統一監管

綜觀世界各國的金融監管立法，在金融行業和金融商品從縱向規制向橫向規制的轉變過程中，出現了從原有的單一監管者的功能性監管模式向統合金融市場、資本市場相關法律為一部法律的發展趨勢，從而將傳統的銀行業、證券業、信託業、保險業等整合起來。⑫例如，英國《二〇〇〇年金融服務與市場法》（*Financial Services and Markets Act 2000*）中「集合投資計劃」的定義就涵蓋「存款、保險合同、集合投資計劃份額、期權、期貨及預付款合同等」⑬。二〇〇四年歐盟《金融工具市場指令》（*Markets in Financial Instruments Directive*）則引入「金融工具」的概念，將可轉讓證券、短期市場金融工具、集合投資計劃份額和衍生品交易等納入其中。[14]二〇〇六年日本《金融商品交易法》、二〇〇七年韓國《資本市場法》分別在統合各自《證券交易條例》、《期貨交易法》等資本市場相關法律的基礎上，引入了英國法的「集合投資計劃」概念，並以此為基礎全面導入了抽象概括性的金融投資商品和金融商品的定義。[15]這種抽象概括的集合投資計劃或者金融商品定義足以涵蓋各類互聯網金融產品。與這種金融市場統合法相應，對互聯網金融的監管也從對金融機構主體的規制轉為對「經濟實質相同的金融功能」進行「統一規制」的功能性規制。

應設立獨立統一的金融消費者保護機構

由於互聯網金融具有交易標的的無形性、交易內容的複雜性和專業性、交易意思表示的格式化、交易方式的電子化、銷售方式的高度勸誘性等特徵，金融消費者囿於其資金、投資經驗等因素的限制，較之於金融商品提供者往往處於弱勢。若一味強調買者自慎（caveat emptor）原則，不僅金融消

---

[11] 參見張颯，《監管層最大規模調研互聯網金融—聚焦行業風險和監管建議》，載《東方早報》，2013-08-02。

[12] 參見楊東，《論金融服務統合法體系的構建——從投資者保護到金融消費者保護》，載《中國人民大學學報》，2013(3)；楊東，《金融消費者保護統合法論》，北京，法律出版社，2013。

[13] See Financial Services and Markets Act 2000, Sec.235,(1) (3).

[14] See Directive 2004 /39 / EC of The European Parliament and of the Council of 21 April 2004 on markets in financial instruments amending Council Directives 85 /611 / EEC and 93 /6 / EEC and Directive 2000 /12 / EC of the European Parliament and of the Council and repealing Council Directive 93 /22 / EEC,L 145 /1,30.4.2004,Annex I,Section C.

[15] 參見楊東，《市場型間接金融：集合投資計劃統合規制論》，載《中國法學》，2013(2)。

費者的合法權益難以保障，也極易引發系統性風險，故有必要設立金融消費者保護機構。

但是，互聯網金融又屬於混業金融，其業務往往在銀行業、證券業、保險業間交叉，若根據其業務分設銀行業消費者、證券業投資者、保險業投保人保護機構，又會產生角色衝突和監管套利。因此，設立獨立統一的監管機構勢在必行。例如，二〇一〇年美國《多德—弗蘭克華爾街改革與消費者保護法案》（*Dodd-Frank Wall Street Reform and Consumer Protection Act*）就在美聯儲之下創設了相對獨立的消費者金融保護局（Bureau of Consumer Financial Protection, BCFP），集中行使原來由七家不同監管機構行使的金融消費者保護職權。英國《二〇一二年金融服務法》（*Financial Service Act 2012*）也設立了金融行為監管局（Financial Conduct Authority, FCA），取代了過去的金融服務局（FSA），專門實施金融消費者保護之責。

互聯網金融立法應正視小微企業的融資需求

從比較法上看，美、英等國的互聯網金融發軔於小微企業的融資需求，最典型的如P2P網貸、群眾募資融資等，但其立法對這些新生事物並非畏之如虎，必欲除之而後快；相反，立法對此類金融創新持鼓勵、支持態度，從而極大地解決了小微企業的融資需求，促進了小微企業的發展。

以美國為例，由於小微企業通常並不具備符合商業條件的市值，若尋求首次公開發行股票（Initial Public Offerings, IPO）上市融資，則高昂的資訊披露成本、合規性成本、時間成本往往使其不堪重負，而網上經紀、高頻率交易和百分位報價的出台更使得小微企業首次公開發行股票雪上加霜。鑒於此，二〇一〇年的《多德—弗蘭克華爾街改革與消費者保護法案》明確要求政府問責辦公室（Government Accountability Office, GAO）會同聯邦銀行業監督機構、美國證券交易委員會（SEC）、消費者團體、外部專家及P2P貸款行業進行磋商，研究確定P2P貸款最佳的聯邦監管框架⑯，以為小微企業通過P2P貸款融資提供指引。同時，二〇一二年的《初創企業扶持法案》（*Jumpstart Our Business Startups Act*）則通過適度放鬆管制，完善了小微企業與資本市場的對接，進一步滿足了企業的小額融資需求。該法明確承認了群眾募資融資的合法性，定義了一個新的網上小額發行融資交易的中介機構——集資門戶（Funding Portal），並對中介的資格和限制行為做出了明確規定，以規範融資行為、防止不當交易損害投資者利益。⑰隨後，美國證券交易委員會於二〇一三年十月二十三日發佈了關於群眾募資融資的指導規則（proposed rules），就群眾募資企業的年度可融資總額、投資者的年度可投資額、群眾募資企業的資訊披露、群眾募資融資平台的行為規範做出了詳細的規定。⑱立法的即時跟進為小微企業的發展提供了制度保障。

---

⑯ See Dodd-Frank Wall Street Reform and Consumer Protection Act, Sec.989F(2010).

⑰ See Jumpstart Our Business Startups Act,Sec.301-Sec.305(2012)；另參見魯公路、李豐也、邱薇，《美國JOBS法案、資本市場變革與小企業成長》，載《證券市場導報》，2012(8)；袁康，《互聯網時代公眾小額集資的構造與監管——以美國JOBS法案為借鑒》，載《證券市場導報》，2013(6)。

⑱ See SEC, SEC Proposed Rules on Crowd Funding, available at http://www.sec.gov/rules/proposed/2013/33-9470.pdf, last visited 2013-11-06.

互聯網金融監管的公平規則

互聯網金融監管的基本目標

互聯網金融監管須遵循金融監管的一般原則，即確保金融安全、金融效率與金融消費者保護（金融公平）三大目標的達成。但就現階段的情況來說，更應側重以下三點，並將其作為制定監管規則的出發點，以確保互聯網金融法律關係的各方當事人的利益分配趨於公平合理，用以防範風險。

保護互聯網金融消費者的合法利益

首先，現行監管體制容易導致監管目標衝突，使得互聯網金融的消費者權益保護往往落後於審慎監管，戕害市場根基。根據英國經濟學家泰勒的雙峰（twin peaks）理論，金融監管的目標有二：一是審慎監管，防範系統性風險；二是行為監管，保護金融消費者利益。[19]就中國現行金融監管體制而言，一行三會既實施審慎監管，防範系統性風險，同時又各自設立了金融消費者保護機構，承擔消費者保護職責。這種縱向分割的監管體制容易導致監管目標的衝突，原因在於：審慎監管機構的主要目標是金融機構的安全與穩健，但同時將金融消費者保護置於審慎監管機構之下，兩相比較，金融機構的安全、穩健更能吸引監管者的注意。在履行消費者保護職責時，監管者可能更多地考慮維護金融機構的名譽、降低訴訟風險等。監管目標的衝突必然使得審慎監管者將金融機構的短期利益置於金融消費者權益之上。[20]這種短視性的偏好極有可能從根本上扼殺市場。原因很簡單，金融消費者的信心是金融市場存在的基礎，如果金融消費者的利益無法得到保護，導致他們喪失信心，必然會選擇「用腳投票」，市場將不復存在。

其次，互聯網金融消費者與互聯網金融機構間實質上不平等。由於互聯網金融產品的複雜性和專業性，互聯網金融交易的「非面對面」性，互聯網金融消費者救濟管道的不通暢，以及互聯網金融消費者與互聯網金融機構在資訊收集、專業能力、風險偏好方面的巨大差異等諸因素的制約，使得互聯網金融消費者不可能與互聯網金融機構處於平等地位，而現代私法實質正義的理念要求我們必須對互聯網金融消費者進行傾斜保護。

為了達成此目標，我們在構建互聯網金融監管規則體系時，應盡可能降低現有金融監管體制帶來的不利影響，盡可能使互聯網金融監管規則的設計與中國金融監管體制的整體變革相結合，將金融消費者利益保護置於金融監管規則設計的首要位置：

首先，應對中國金融監管體系進行整體改革，並在此基礎上對互聯網金融實行統一的功能性監管，即設立一個統一的金融監管機構，比如學界建議的中國金融監督委員會（以下簡稱「金監會」），以便統一制定金融監管法規、協調監管政策和監管標準、調動監管資源，對中國金融機構和

⑲ See Michael Taylor, Twin Peaks: A Regulatory Structure for the New Century, Center for the Study of Financial Innovation, London, pp.1-18, 1995.

⑳ 參見劉士余，《美國金融監管改革概論——「多德—弗蘭克華爾街改革與消費者保護法案」導讀》，北京，中國金融出版社，2011。

金融市場進行統一監管。[21]中國現有的銀監會、證監會、保監會可調整為金監會的下屬監管部門，分別負責對銀行業、證券業和保險業的監管，而對互聯網金融所涉及的行業交叉部份，可由金監會制定統一的監管規則或帶頭機構，進行統一的功能性監管。

其次，應逐步將現行的一行三會四個政府性金融消費者保護機構整合為獨立、統一的金融消費者保護局，同時在各級消費者協會內部設立專門的金融消費者保護工作協會，並輔以中立、獨立、公正的第三方替代性金融糾紛解決機構（ADR）[22]，切實保護互聯網金融消費者的利益。

制定統一、獨立的監管規則

互聯網金融依靠大數據、雲計算等先進技術挖掘金融消費者的消費偏好，並據此設計出不同類型、不同風險偏好的交易產品。這些產品既帶有行業交叉性，又具有傳統金融產品的專業性、複雜性、風險性。為消除監管套利和監管盲區，從長遠看，我們在規則設計時可以借鑒英、日、韓等國金融法的橫向規制體制，以集合投資計劃統攝各類互聯網金融產品，並在此基礎上構建獨立統一的規則，實行功能性監管。

我們認為，此獨立統一的規則應包括以下基本原則：

(1)公平原則。互聯網金融服務合同本質上是私權關係，理應受到私法上公平原則的強行法約束。《民法通則》第四條規定：「民事活動應當遵循自願、公平、等價有償、誠實信用的原則。」《合同法》第五條規定：「當事人應當遵循公平原則確定各方的權利和義務。」訂立合同時顯然失去公平的合同，根據《合同法》第五十四條的規定，相對方可訴請法院撤銷或變更。同時，鑒於互聯網金融服務合同的格式合同屬性，交易當事人尤其是處於強勢地位一方的互聯網金融機構須依公平原則合理配置各方的權利和義務關係，在利益分配、風險分擔等方面不能只考慮自身利益，而應合理平衡金融消費者的利益。

(2)資訊充份披露原則和金融交易適合性原則。充份披露原則是由善良管理人注意義務中的告知（說明）義務所衍生的，實乃告知義務中風險告知的一部份，它要求互聯網金融機構在銷售金融產品時，應將金融產品的內容及所涉風險，尤其是可能導致金融消費者損失的事項，忠實詳盡地告知消費者。㉓這既是互聯網金融合同的制式合同屬性使然㉔，也是買者自慎原則的適用前提。互聯網金融機構只有盡到了充份的資訊披露和風險揭示義務，則在此基礎上要求投資者就其投資損失自負其責才公平合理。

金融交易適合性原則（即投資者適當性原則）是對資訊披露原則的強化，強調互聯網金融機構應將合適的商品或服務推薦給合適的金融消費者。㉕實踐中，金融機構所踐行的「瞭解客戶」程序

㉑參見曹鳳岐，《聯席會議只是金融監管體系改革的第一步》，載《人民政協報》，2013-08-27。

㉒比如英國、澳大利亞等國的金融申訴專員服務機構（FOS），新加坡的金融業爭議調解中心，香港的金融糾紛調解中心，台灣的金融消費評議中心等。

㉓參見陳國華、李珮瑄等，《金融消費者保護法解析》，新學林出版股份有限公司，2012。我國新修訂的《消費者權益保護法》第二十八條就體現了該原則的意思。

㉔對互聯網金融交易合同，《合同法》第三十九至四十一條，《合同法司法解釋（二）》第六條、第九條、第十條等關於格式合同的規定當然適用。

㉕目前，國內部份金融法律規範中已有此原則的身影。參見《商業銀行個人理財業務管理暫行辦法》第三十七條、《商業銀行金融創新指引》第十六條等規定。

（know your client），即其適例。

我們認為，應賦予這兩項原則可訴性，使之成為金融消費者可以援引的私法規則。若互聯網金融機構違反了這兩項規則，致使金融消費者遭受損失的，原則上應承擔損害賠償責任，除非它能證明損害的發生並非因其未充份瞭解金融消費者的商品適合度或非因其未說明、說明不實、錯誤或未充份披露風險的事項所致。

(3)金融隱私權、個人資訊權保護原則。互聯網金融機構可以通過雲計算、大數據等技術輕易獲取金融消費者的個人資訊，如消費者的資產狀況、信用等級、投資偏好、個人身份資訊等。這些個人資訊，有僅具人格利益者，也有兼具人格利益和財產利益者；有屬於金融消費者的個人隱私者，也有與隱私無涉而反映個體特徵的可識別符號系統。前者涉及隱私權範疇，後者涉及個人資訊權範疇。[26]對兩者的保護，應遵循個人同意原則，即除法定目的外，非經個人同意，不得收集、使用其個人數據。[27]但在大數據時代，個人只要使用網路，其個人資訊就有可能被大數據平台採集，要求互聯網金融平台收集金融消費者個人數據時事先徵得其同意是不現實的，因此對金融消費者的隱私權和個人資訊權保護，應側重於互聯網金融機構的保密義務及未經金融消費者許可不得擅自使用等方面。[28]

(4)廣告、業務招攬禁止不當勸誘原則。該原則意在確保互聯網金融消費者在意志自由的狀態下，依其個人理性自主判斷投資風險，做出投資決策，從而自負其責。它要求互聯網金融機構在從事廣告、招攬業務時，應依誠實信用原則，盡到前述資訊充份披露的義務，禁止不正當勸誘[29]，不得承諾投資回報率或者收益率，不得暗示其與國家機關及其工作人員有關聯。其對金融產品的披露，諸如利率、費用、風險等，應以顯著的方式和中文表達並力求淺顯易懂，不得使用深奧晦澀的語句誤導金融消費者。

契合多重資本市場下證券交易制度的變革

互聯網金融推動了證券業的產品創新和制度創新，新的證券發行、交易方式和券商盈利模式必將出現，其必將對中國資本市場法律規範體系帶來巨大的衝擊，如何監管，實值研究。

首先，互聯網金融的發展，使得群眾募資融資、網路直接公開發行（DPO）、網路證券交易等新的證券發行、交易方式成為可能。群眾募資融資的合法性目前亟待監管層予以認定。在網路直接公開發行模式下，證券發行人無須通過承銷商，可直接藉助網路發佈招股說明書、公開募集股票，無須履行首次公開發行股票的申報註冊程序和嚴格的資訊披露要求，但需要《證券法》予以規範。網路證券交易使得證券交易可繞過經紀商等中介機構，通過網路直接撮合成交，其實質相當於虛擬的證券交易所，也不可避免地對現行法制提出了挑戰。這三項制度雖不符合中國現行法規定，但從技術進步的外

㉖ 關於個人信息權的詳細論述及其與隱私權的區別，參見王利明，《論個人信息權的法律保護——以個人信息權與隱私權的界分為中心》，載《現代法學》，2013(7)。

㉗ 參見王澤鑒，《人格權法》，北京，北京大學出版社，2013；王澤鑒，《人格權的具體化及其保護範圍—隱私權篇（中）》，載《比較法研究》，2009(1)。

㉘ 二〇一二年中國頒行的《全國人大常委會關於加強網絡信息保護的決定》確立了互聯網金融消費者個人訊息和隱私保護的一般規則，但互聯網金融業態下個人訊息、隱私保護有其特殊性，在制定監管規則時仍有必要就其特殊問題做出特別規定。

㉙ 例如，中國證監會認定百度「百發」百分之八年化收益的承諾違規，就在於其廣告招攬違背了《證券投資基金法》公開披露基金訊息不得有預測投資業績、違規承諾收益或者承擔損失等行為的規定。

在推動和市場發展的內在需求上看，基於互聯網金融，追求更高效率、更低成本的場外證券發行和交易方式是必然趨勢。

其次，隨著《證券公司開立客戶賬戶規範》、《證券賬戶非現場開戶實施暫行辦法》等規定的陸續頒行，中國資本市場上的電子券商已經出現，證券銷售的電子商務化亦已初具規模。一方面，通過非現場開戶，券商通過自建網上平台或嵌入電子商務平台，可以迅速切入電子商務。藉助於電子商務的強大平台和龐大的客戶群，券商在服務存量客戶的同時還能開拓新客戶。另一方面，除將經紀業務的相關產品平移到電子商務平台上，券商還可以將櫃檯市場嫁接到網路，其產品線不但從初級的財富管理產品延伸到資管類產品，還將覆蓋直投、併購、對沖等衍生品領域。[30]交易成本的提升、交易效率的提高必將推動現行券商佣金制度（如折扣經紀商的出現）、業務線的深刻變革。

我們認為，前述證券發行、交易乃至券商盈利模式的變化，或僅為發行方式的變革，或僅為交易場所的變更，或為券商盈利模式的突破，並沒有從根本上動搖證券交易制度在多重資本市場中的基礎性地位。從理論上說，在互聯網金融業態下，證券估值是否準確，形成的交易價格是否公平、合理，仍離不開集中競價交易制度和證券商報價制度；仍需為不同類型、不同風險偏好的投資者設立不同的交易制度，滿足其不同的投資需求。總而言之，互聯網金融的發展仍需與特定市場上的證券交易制度相契合。

目前，中國多重資本市場尚未建成，主板市場、二板市場和三板市場均未區分投資者類型而統一適用投資者指令驅動的集中競價交易制度，導致證券商報價制度缺失、機構投資者散戶化、多重市場類主板化、證券經紀簡單代理化。[31]為力克此弊，中國多重資本市場的建設必然要求證券交易制度進行重大變革，引入證券商報價制度，即變單一的集中競價交易制度為多種交易制度並存，從而建立起以集中競價交易制度為主、兼容證券商報價制度的主板市場，以證券商報價制度和強制性做市商為主、以投資者指令驅動為輔的二板市場和實行證券商報價制度配之以非強制性做市商功能的三板市場的多種交易制度。基於前述理由，互聯網金融的發展和監管當然必須契合中國多重資本市場下證券交易制度的變革。

金融機構的公平交易規則

雖然互聯網金融加速了金融脫媒，但正如有些學者所說，互聯網金融是標準化金融，處理的是軟資訊，最終仍離不開傳統金融的支持。在互聯網金融業態下，支付結算體系仍是整個金融體系的基礎設施或「金融市場公用事業」（financial market utilities, FMUs），所有的互聯網金融交易都必須通過支付結算體系方能完成。[32]中國銀聯就屬於此類金融基礎設施。

不可否認，銀聯對商業銀行參與互聯網金融起到了積極的約束作用，但銀聯自身的定位決定了其不可能以超然、公正的態度來合理平衡商業銀行與金融消費者間圍繞銀聯卡產生的諸般利益糾葛，

[30] 參見胡吉祥，《互聯網金融對證券業的影響》，載《中國金融》，2013(16)。

[31] 關於我國多重資本市場建設中存在的諸多問題，詳見董安生、何以等，《多層次資本市場法律問題研究》，北京，北京大學出版社，2013。

[32] See Dodd-Frank Wall Street Reform and Consumer Protection Act, SEC.802(2010).

故有進一步研究其公平交易規則的必要，以協助互聯網金融支付結算規則的制定和完善，確保金融穩定；同時，也為解決目前互聯網金融中存在的「類銀行平台」（比如餘額寶通過匯集消費者支付寶賬戶的餘額投資貨幣市場基金，實則扮演著傳統商業銀行吸儲的角色）事實上履行支付結算功能時與金融消費者之間產生的糾紛提供借鑒。

因此，本章擬根據銀聯卡的兩種類型——借記卡（金融卡）和貸記卡（信用卡），分兩部份探討其公平交易規則。本部份先探討銀聯借記卡的公平交易規則。

銀聯卡合同的法律性質

欲明晰銀聯借記卡的公平交易規則，必先釐清銀聯借記卡存款合同的法律性質。

中國《合同法》並沒有規定存款合同，故該合同係無名合同。根據《合同法》分則第一百二十四條的規定，無名合同適用《合同法》總則的規定，並可以參照《合同法》分則或其他法律最相類似的規定。而大陸法系通常認為存款合同是消費寄托中的金錢寄托，即持卡人為寄托人，銀行為保管人，以銀行保管為目的，由持卡人存金錢於銀行，約定金錢的所有權移轉於銀行，並由銀行以同種類、品質、數量相同的金錢返還的契約。[33]在法律適用上，消費寄托准用消費借貸的規定。[34]中國國內也有學者將金錢寄托歸為消費保管合同的一種。[35]消費寄托與消費保管，名異而實同。英美法系將存款合同界定為消費借貸關係，持卡人是將其存款貸給銀行，持卡人為債權人，銀行為債務人。[36]兩大法系的學說實質上相近，唯前者從持卡人角度強調銀行保管持卡人貨幣資金價值的功能，後者從銀行角度強調銀行對存款的消費利用而已。

本章採納前一種學說，將銀聯借記卡存款合同定性為消費保管合同，但該合同又不單純表示持卡人與銀行之間的債權債務關係，還應受國家金融監管規則、消費者權益保護等經濟法的制約，實帶有公私法交融的色彩。

倒賬和透明度問題

實踐中，經常出現銀行挪用持卡人賬戶資金去倒賬，過一段時間又將賬戶資金劃撥回來的事例。與此同時，由於銀行限制了持卡人可查詢賬戶的時間（如持卡人只能查詢其賬戶上最近三個月的資金變動情況），待持卡人查詢時，可能不會發現其賬戶資金在可查詢期間之前被挪用的情況。從會計處理上看，銀行允許賬戶可查詢的期間越長，則持卡人就越有可能發現其賬戶資金被挪用的事實，但銀行為了掩蓋其倒賬的事實，往往會限制甚至拒絕持卡人查賬。

依消費保管合同和貨幣作為特殊動產佔有即所有的法理，待持卡人將貨幣存入銀行，銀行就取得該貨幣的所有權，持卡人則享有請求銀行返還同品種、同數額貨幣的債權請求權。銀行可對持卡人賬戶上的資金行使佔有、使用、收益、處分之權，無須徵得持卡人同意，但此時持卡人賬戶上仍然記載有與其存款數額相等的金額以表示銀行對持卡人的債務。換言之，銀行的行為對持卡人不發生清償的效力，持卡人的合法權益不受影響。

㉝參見邱聰智，《新訂債法各論（中）》，北京，中國人民大學出版社，2006。

㉞如《德國民法典》第七百條、《義大利民法典》第一千七百八十二條、《日本民法典》第六百六十六條的規定。

㉟參見郭明瑞、房紹坤，《新合同法原理》，北京，中國人民大學出版社，2000。

㊱See E. P. Ellinger, Eva Lomnicka, and Richard Hooley, Modern Banking Law, 3rd ed., Oxford University Press, 2002, p.165.

倒賬則不同，銀行會將持卡人賬戶上的資金清零，過一段時間再撥回來。在銀行回撥之前，持卡人賬戶的餘額為零，意味著銀行已經對持卡人的本金和利息進行了清償，雙方之間的債權債務關係業已消滅！如果此時持卡人碰巧查詢，發現自己賬戶上面的資金不翼而飛，銀行既可能以操作錯誤為由補回挪用的存款，也可能以不知情為由拒絕補回。此時的倒賬行為既同時構成民法上的違約和侵權，又可能構成犯罪。

根據《商業銀行法》第六條、第五十二條，《支付結算辦法》第二百零八條、《金融企業財務規則》第十六條等規定，中國法律實際上嚴格禁止銀行挪用持卡人存款，但實踐中的倒賬行為屢見不鮮。從金融監管的角度看，該行為極有可能產生操作風險，不僅違反了《巴塞爾資本協議》的規定，也反映了銀行在內部控制方面存在的重大漏洞。同時，該行為還可能面臨這樣的詰問：為何銀行能獲知存款密碼，或者說不需要存款密碼就能自由進出持卡人賬戶，將賬戶資金清零！這一問題顯然會動搖持卡人對銀行甚至對金融市場的信心，不可小覷。

因此，為杜絕倒賬行為，確保持卡人作為金融消費者依法享有的知情權，我們認為：銀聯除了要加強內部控制外，還應允許持卡人可自由查詢其存款賬戶自存款合同訂立之日起所有往來資金變動情況，即通過此種外部監督增加銀行的透明度。

密碼保護問題

銀聯卡的密碼保護雖是一個老生常談的問題，卻攸關銀行與持卡人雙方當事人的核心利益。圍繞銀聯卡產生的種種糾紛，如銀聯卡被複製盜用、冒用後損失該如何承擔等，皆因此而起，不可不察。而要減少此類糾紛，除了需要銀行、持卡人盡各自的注意義務外，還必須從技術上提高銀行卡的安全性。

中國現行的銀聯卡絕大部份為磁條卡（magnetic stripe card），受磁技術水準的限制，磁條卡的存儲容量小，其致命缺陷是極易被複製或者盜刷。早在二〇〇三年，EU-ROPAY、VISA和MasterCard三大國際銀行組織就設計推出了EMV標準的晶片卡〔即帶CPU的積體電路卡（integrated circuit card），又稱金融IC卡〕，並在歐美和亞太部份地區全面推行使用。與磁條卡相比，晶片卡的安全性獲得極大的提高，增加了讀寫保護和數據加密保護，在使用時採取個人密碼、卡與讀寫器雙向認證模式，很難被複製和偽造，且其資訊容量大，可以存儲密鑰、數位證書、指紋等資訊。三大組織還規定，如果歐洲在二〇〇五年、亞太區在二〇〇六年、全球在二〇〇八年期間，ATM沒有應用EMV認證的晶片卡技術，則該交易相關的銀行或金融機構將自行承擔客戶遭受欺詐的損失。換言之，如果銀行仍發行磁條卡，一旦持卡人的銀行卡失竊後發生損失，銀行須承擔全部責任。[37]

為減少銀聯卡被複製、盜刷的風險，保護銀行和持卡人的合法權益，同時為互聯網金融基礎設施提供技術保障，中國銀聯卡應進行技術升級，全面使用晶片卡代替現行的磁條卡。目前，中國央行先後發佈了《中國金融集成電路（IC）卡規範》（PBOC 2.0標準）、《中國人民銀行關於推進金融IC卡應用工作的意見》，要求在全中國啟動銀行卡晶片轉移工作，換發銀聯PBOC 2.0標準的金融IC卡。中國銀聯卡全面換發晶片卡指日可待。

---

37 參見馬翠蓮，《銀行卡「換芯」進行時》，載《上海金融報》，2011-04-26。

限制提款、轉款問題

限制持卡人提、轉款也是目前銀聯卡的通例。這種限制既有櫃檯大額資金支取的限制，如中國人民銀行《關於大額現金支付管理的通知》第三條規定，個人一次性提取現金二十萬元（含二十萬元）以上的，應請取款人必須至少提前一天以電話等方式預約，以便銀行準備現金；也有ATM每日單筆金額、每日最高金額的限制；還有依取款人身份不同（單位或個人）而對提、轉款金額的限制等；更有轉款手續費等的限制。其原因雖多出於銀行限制競爭的目的，但其實質在於，是否應承認和保障持卡人依法享有的自由兌取權。

我們認為，依《商業銀行法》第二十九條、第三十三條等規定，商業銀行辦理個人儲蓄存款業務，應當遵循存款自願、取款自由、存款有息、為持卡人保密的原則。商業銀行應當保證存款本金和利息的支付，不得拖延、拒絕支付存款本金和利息。據此，銀行應承擔保證個人自由提款、轉賬的絕對責任，原則上不能加以限制。如要限制，也由儲戶自己設置提、轉款限額，或由法律做出明確規定，並基於正當而充份的理由（比如基於風險管控等原因），且應當符合比例原則，而不能由銀聯自行規定。

失款責任

銀行失款責任大致可分為兩種類型：銀行挪用持卡人賬戶資金去投資或者倒賬應承擔的責任以及銀聯卡被冒用，銀行應承擔的責任。對於前一問題，倒賬部份已有論述，銀行的行為構成違約和侵權，持卡人可擇一向銀行主張。由於違約責任實行嚴格責任歸責原則，從持卡人舉證難易程度考慮，通常情形下向銀行主張違約責任更能獲得救濟。這裡重點探討銀聯卡被冒用時責任承擔的問題。

依消費保管合同法理，基於嚴格責任歸責原則，無論持卡人是否有過錯，銀行原則上均應承擔全部責任，只有當持卡人因重大過失未盡注意義務時，才適用過失相抵原則[38]，由持卡人承擔部份責任。原因在於：銀行作為保管人應盡到善良管理人的注意義務，持卡人應對存款安全盡到一般人的注意義務（如保管好銀行卡、不洩露密碼、即時掛失等）。在受理取款請求時，銀行應對取款人的身份識別承擔實質審核的義務[39]，必須按照法定操作規程的要求，以一般業務人員的智力水準和辨別力為標準，以充份的注意和警覺，對取款人的真實身份進行核查（如查驗存款憑證真偽、核對密碼和簽名等）。同時，銀行應就取款環境的安全承擔安全保障義務，如不能設置功能不完備的ATM等。若銀行未盡到前述法定義務而使存款被冒領時，其對持卡人構成違約，雖然銀行可對冒領人主張侵權責任，但不能以此對持卡人主張已生清償效力，除非該冒領人為債權的準佔有人，且銀行為善意。[40]

遺憾的是，現行借記卡的失卡風險分擔機制非常不合理，嚴重違反了消費保管合同的基本法理，置弱勢的金融消費者於不顧，反倒給予銀行傾斜性保護，有悖於公平原則，亟待國家制定《銀行卡條例》等更高效力層級的規範予以糾正。例如，《銀行卡業務管理辦法》第五十三條規定，借記卡遺失

---

[38] 關於如何適用過失相抵的詳細論述，See Victor E.Schwartz, Comparative Negligence,4th ed.,Lexis Nexis,2002。

[39] 參見《中國人民銀行儲蓄所管理暫行辦法》第五十九條、《最高人民法院關於林木香訴中國工商銀行福州支行倉山辦事處、中國農業銀行閩侯縣支行、閩侯縣閩江信用社賠償案件如何適用法律問題的覆函》、《最高人民法院關於審理票據糾紛案件若干問題的規定》第六十九條的規定。

[40] 參見邱聰智，《新訂債法各論（中）》，北京，中國人民大學出版社，2006。

或者失竊，在銀行掛失手續辦妥之前，持卡人需要承擔全部責任。此規定大謬之極！在掛失生效前，若存款被冒領，依前述法理，基於嚴格責任歸責原則，銀行應對持卡人承擔全部責任，除非銀行證明持卡人有重大過失，方可由銀行與持卡人按過錯比例承擔；而在掛失生效後，無論持卡人是否有過錯，銀行應承擔全部責任！再如，中國人民銀行《電子支付指引（第一號）》第四十一條規定，因銀行保管、使用不當導致客戶資料資訊被洩露或竄改，造成客戶損失，銀行只有止損、通知和協助義務而無賠償責任。該規定將本應由銀行承擔的損失轉嫁於持卡人，明顯與《中華人民共和國合同法》、《中華人民共和國侵權責任法》等法律的規定相牴觸。

從比較法上考察，絕大多數國家都對借記卡持卡人的失款責任進行了限制。僅當持卡人對銀行卡遺失、失竊有重大過失時，方承擔一定限額內的責任，超過該限額的損失由銀行承擔。[41]我們認為，該規定符合成本效益原則，可以最大限度督促銀行和持卡人盡到各自的注意義務，值得借鑒。

收費問題

目前，銀聯卡收費項目可大致分為三類：一、手續費（如掛失費、跨行取款費等）；二、管理費（如銀聯卡年費、小額賬戶管理費等）；三、服務費（如短信提醒費等）。這些收費項目備受質疑和詬病，其合法性和合理性值得研究。

根據現行法規定，商業銀行本無權自行制定收費項目和收費標準，但中國銀監會和中國人民銀行已依法授權各商業銀行總行就涉及市場調節價格和中間業務的價格自行制定收費項目和收費標準。[42]由於這些授權是概括性授權，商業銀行實際上掌握了收費的自主權，怎麼收，收多少，全由商業銀行自行決定，種種收費亂象由此而生。

雖然二〇一三年八月中國銀監會發佈的《銀行業消費者權益保護工作指引》明確要求銀行業應當嚴格遵守國家關於金融服務收費的各項規定，披露收費項目和收費標準，不得增加收費項目和收費標準。但該指引並未明確銀行違反規定應當承擔的責任，僅屬於宣示性條款，不能從根本上解決商業銀行亂收費的問題。

本章認為，正本清源方可根治銀行收費亂象。首先，中國銀監會和中國人民銀行應當收回授權，統一制定商業銀行收費項目和收費標準的規則，以兼顧金融消費者利益的保護。退一步說，即使要授權，也應當明確授權範圍，不能概括授權，並明確商業銀行違反授權的罰則。其次，嚴格實行價格聽證，強化社會監督。根據《中華人民共和國價格法》第二十三條規定，凡制定關係群眾切身利益的公用事業價格，應當建立聽證會制度，徵求消費者、經營者和有關方面的意見，論證其必要性、可行性。商業銀行本身就帶有一定的公共性，其收費關係到萬千持卡人的切身利益。因此，無論中國銀監會、中國人民銀行是否收回授權，只要收費，均應嚴格按照《價格法》的規定建立聽證會制度，綜合考慮其所提供服務的品質與服務成本等因素，決定收費項目和收費標準。

---

41 例如，根據美國《電子資金劃撥法》和美聯儲E條例等規定，如果持卡人在獲悉借記卡遺失或者失竊之日起兩個營業日內通知發卡機構的，其責任限額為五十美元。轉引自鍾志勇，《網絡支付中的民事責任研究》，載《法學論壇》，2007(9)。

42 參見中國《商業銀行法》第五十條、《商業銀行服務價格管理暫行辦法》第九條、《商業銀行中間業務暫行規定》第十九條的規定。

信用卡監管規則

在互聯網金融業態下，銀聯信用卡已開始逐步轉型，以應對蓬勃發展的第三方支付帶來的挑戰。憑藉行動支付技術的支持，銀聯傳統的信用卡正逐漸被手機信用卡、虛擬信用卡等所取代。[43]我們認為，互聯網金融下信用卡的物理介質雖有所變更，但其法律結構並無變化，仍存在發卡行、持卡人、收單行和特約商戶這四方主體。因此，檢討現行信用卡產業模式和交易規則的不足，並預先制定對策，對互聯網金融業態下新型信用卡的發展和監管極具指導意義。

信用卡產業整合問題

目前，中國各主要商業銀行都設有信用卡中心，發行自己的信用卡，信用卡實際上附屬於各商業銀行。此種一行一卡的產業佈局，不僅增加了信用卡升級為晶片卡的成本，更使得中國信用卡產業同質化競爭嚴重，不利於銀聯與國際發達信用卡組織的競爭。同時，信用卡發卡氾濫，使得資產實力一般的單個持卡人可以同時持有多家銀行的信用卡，也就是綜合授信額度可能高達數十萬元，從而助長了其非理性的信貸消費衝動，推高了信用卡違約率，甚至可能誘發信用卡債務危機。

反觀歐美信用卡市場，其信用卡運作具有明顯的集中化、規模化特徵。以美國為例，目前其市場主要有VISA、Master Card、American Express、Diners Club四家信用卡發卡組織。[44]這四家信用卡發卡組織或是商業銀行的聯合發卡組織（如VISA、MasterCard），或是自己同時擔任收單行發行信用卡（如American Express、Diners Club），不依附於各商業銀行，獨立經營、獨立核算、具有很強的國際競爭力。與此同時，這種集約化的產業發展模式也便於國家對信用卡市場的審慎監管和對金融消費者利益的保護。

在互聯網金融業態下，中國信用卡市場若不改變這種一行一卡的產業發展模式，不迅速整合既有資源，打造有競爭力的信用卡品牌，恐無法應對中國國內第三方支付產業和國際信用卡品牌的挑戰。銀聯憑藉其區位優勢，應當在信用卡產業的整合中發揮更為積極的作用。

信用卡失卡責任

在信用卡法律關係中，目前糾紛最多、亟待規範的就是信用卡被冒用後如何在持卡人和發卡行之間分配損失的問題。[45]

客觀地說，信用卡遺失、失竊後被第三人冒用造成損失的風險，是信用卡的固有風險，法律應預為規範。但中國目前尚無一部系統規範信用卡各方主體權利與義務的法律甚至行政法規，僅有的《銀行卡業務管理辦法》第五十二條第（五）款粗略規定了信用卡的失卡責任：「發卡銀行應當向持卡人提供銀行卡掛失服務，應當設立二十四小時掛失服務電話，提供電話和書面兩種掛失方式，書面掛失為正式掛失方式。並在章程或有關協議中明確發卡銀行與持卡人之間的掛失責任。」該規定將信用卡失卡責任的分配賦予了發卡行，否定電話掛失的法律效力，嚴重違反了公平原則。根據此規定，各發

[43] 如中國工商銀行早在二〇一〇年就推出了手機信用卡。

[44] 參見安炤法，《美韓信用卡發展歷史對中國的啟示》，對外經貿大學碩士學位論文，2006(4)。

[45] 參見閆瑾，《半數銀行信用卡未設掛失保障—失主損失自己埋單》，載《北京商報》，2011-05-06。

卡行多在信用卡章程和領用合約中規定失卡責任的「二十四小時條款」：如果信用卡遺失或者失竊，持卡人應即時掛失，發卡行對掛失前和掛失後次日二十四小時內的損失不承擔責任。

這種通過格式合同將信用卡被冒用的風險轉嫁給持卡人的「二十四小時條款」，嚴重違反了《合同法》第四十條和《消費者權益保護法》第二十六條的規定，違反了公平原則，嚴重侵害了金融消費者的合法權益，屬於無效約定。然而，實踐中一旦信用卡被盜用，發卡行不僅要求持卡人還款，還以將不即時還款者提交央行徵信中心、列入不良信用黑名單相威脅，逼迫持卡人還款，霸道之極！

本章認為，就信用卡遺失、失竊後被冒用的損失，應採取掛失前持卡人承擔限額責任，發卡行承擔主要責任；掛失後發卡行承擔全部責任的規則。其原因如下：信用卡持卡人與發卡行間的合同屬於混合合同，同時包含委託合同與消費借貸合同關係，屬於典型合同（委託合同）附帶其他種類的從給付（消費借貸），在法律適用上採用吸收說[46]，原則上應適用主要部份（委託合同）的法律規範來解決責任分擔問題。就其委託合同關係而言，一般解釋為發卡行受持卡人委託，為其處理清償債務事宜。[47]根據委託合同的法理，發卡行應按照持卡人的指示處理委託事務，在此指示下所為的法律行為，由委託人（即持卡人）承擔；反之，未按持卡人的指示所為的法律行為，則持卡人對此不承擔責任。在信用卡被冒用的情形下，持卡人並未做出委託付款的意思表示，發卡行並未領受持卡人真實準確的付款指示或要求[48]，其未盡到善良管理人的注意義務，為此支付的價款當然不構成受托人「處理委託事務的費用」，屬違約行為，其行為產生的法律效果也不能歸於持卡人，持卡人當然無須償還該筆款項。[49]因此，原則上應由發卡行承擔失卡責任，此乃信用卡失卡責任的一般原則。

然而，若信用卡冒用損失發生在掛失前，由於持卡人也未盡到妥善保管義務，致使信用卡遺失、失竊，因而持卡人的行為也構成違約。根據《合同法》第一百二十條的規定，雙方違約的，各自承擔相應責任。不過，從消費者保護、現代私法實質正義的理念出發，發卡行作為專業的金融機構，較持卡人有更佳的風險承受能力（如可通過購買信用卡失卡保險分散風險），更優的損失預防措施。從這個意義上講，將掛失前（含掛失日在內）持卡人的失卡責任限制在一定數額內，由發卡行承擔主要責任，符合實質正義原則。目前，中國國內已有部份銀行推出了即時掛失免責制度，主動承擔了信用卡掛失前被冒用的風險，甚具積極意義，值得推廣。[50]

若信用卡冒用損失發生在掛失後，由於掛失前雙方違約均未造成損失，而掛失後持卡人再也無法採取預防措施，發卡行卻可立即採取措施支付減損（將該信用卡列入止付名單）。因此，若掛失後發卡行未盡到法定減損義務，根據《合同法》第一百一十九條的規定，發卡行應就雙方違約後擴大的損失（被冒用的損失）承擔全部責任。

---

[46] 參見韓世遠，《合同法總論》，三版，北京，法律出版社，2011。

[47] 參見楊淑文，《新型契約與消費者保護法》，三版，台北，元照出版公司，2006。

[48] 參見楊淑文，《新型契約與消費者保護法》，三版，台北，元照出版公司，2006。

[49] 例如，英國《消費者信用法》第八十三條規定，信用卡被他人冒用（misuse），而他人並不是或可視為（not acting, or to be treated as acting）持卡人的代理人的，持卡人對該次使用所產生的損失不向發卡人（creditor）承擔償還的義務。See Consumer Credit Act 1974，Sec.83.(1)。

[50] 例如，廣發銀行信用卡章程規定，掛失前四十八小時內發生的被盜用損失，客戶可向銀行申請最高為該卡授信額度的補償；招商銀行信用卡章程規定，掛失前四十八小時內發生的被盜用損失，在限額（普卡一萬元，金卡一萬五千元、白金卡為授信全額）內由銀行承擔。光大、交通、平安、北京等銀行也有類似規定。

當然，為防範持卡人的道德風險，督促持卡人盡到普通人的注意義務，應當對持卡人的限額責任規定若干例外，符合以下例外情形的，持卡人應承擔全部責任：持卡人允許或故意將卡交給第三人；持卡人故意將密碼或足以辨識持卡人同一性的簽名方法告訴第三人；持卡人於信用卡遺失、失竊後怠於立即通知銀行或報警；信用卡遺失、失竊係持卡人家屬所為，而持卡人未提出控告等。

信用卡持卡人對於掛失前信用卡被冒用的損失原則上僅承擔限額責任，也是比較法上的通例。美國《誠實信貸法》（*Truth in Lending Act*）將信用卡遺失、失竊後被第三人使用定義為「未經授權的使用」[51]。根據該法及條例Z的規範，對於信用卡未經授權使用造成的損失，持卡人最高應負擔的損失以五十美元或小於五十美元的實際損失為限，當持卡人將卡遺失、失竊的事件通知發卡行後，持卡人對此後的損失皆無須負責。而VISA早在一九九七年就規定，持卡人在卡遺失、失竊後四十八小時內通知發卡行，VISA就提供持卡人失卡零風險的保障，如持卡人未盡到四十八小時內通知義務，最高也僅需負擔五十美元的損失。[52]英國、澳大利亞等國也有類似規定。[53]

信用卡全額罰息問題

中國國內信用卡收費領域最具爭議的莫過於各銀行普遍聲稱為國際慣例的全額罰息問題。所謂全額罰息是指持卡人如未能在到期還款日前全額還款，則銀行就要以本期透支的全額進行計算，從該筆賬款記賬日起收取罰息，按照中國人民銀行的相關規定，日利率為萬分之五，並按月收取複利。中國銀監會制定的《商業銀行信用卡業務監督管理辦法》僅對超限費的收取進行了規制，並未對全額罰息問題予以規範。

全額罰息條款作為信用卡領用合約的一部份，本身就是格式條款，根據《合同法》第三十九條的規定，銀行在制定時應遵循公平原則，應以合理方式提醒消費者注意，並應消費者要求對之進行說明。暫且不說全額罰息條款顯失公平，在實踐中推銷信用卡時，銀行也只注重宣傳信用卡所具有的透支額度等足以吸引消費者的功能，以至於在訂立合同時，很少提醒消費者注意合同中全額罰息條款的規定。即使消費者提出要求，銀行在解釋時也對此避重就輕，不會詳盡告知消費者全額罰息如何操作。因此，根據《合同法司法解釋二》第九條的規定，當事人可申請撤銷該條款。

然而，在司法實踐中，銀行多以訂立合同時已採取了足以引起消費者注意的文字等提出抗辯，比如採用大號字體。我們認為，此時全額罰息條款仍然落入《合同法》第四十條的規制範圍。因為其將本應由銀行承擔的經營風險全部轉移到了消費者頭上，明顯屬於「加重對方責任」，也應屬於無效條款。

鑒於全額罰息的非公正性，二〇一三年七月一日修訂生效後的《中國銀行卡行業自律公約》明確要求銀行業協會成員單位提供「容時容差服務」[54]，同時要求發卡行嚴格履行資訊披露義務，保證持

---

[51] See Truth in Lending Act,SEC.133(1968).

[52] 參見王文宇、林育廷，《票據法與支付工具規範》，台北，元照出版公司，2008。

[53] 對於信用卡掛失前被冒用的損失，英國《銀行業守則》規定持卡人最多承擔五十英鎊的責任，澳大利亞《電子資金劃撥行為法》規定持卡人最多承擔一百五十澳元的責任。轉引自鍾志勇，《網絡支付中的民事責任研究》，載《法學論壇》，2007(9)。

[54] 「容時」，即發卡行應為持卡人提供一定期限的還款寬限期服務，還款寬限期自到期還款日起至少三天；持卡人在還款寬限期內還款時，應當視同持卡人按時還款。「容差」，持卡人當期發生不足額還款，且在到期還款日後賬戶中未清償部份小於或等於一定金額（至少為人民幣十元）時，應當視同持卡人全額還款。

卡者對發卡行計息、收費標準及相關風險的知情權和選擇權，以緩和全額罰息帶來的銀行與消費者之間的緊張關係。然而，該規定僅是銀行業協會的自律規範，效力太低，「容時容差」並未從根本上廢除信用卡全額罰息制度。迄今為止，中國國內商業銀行中只有工商銀行於二〇〇九年取消了信用卡全額罰息，其餘各行至今仍未叫停該制度。[55]

實際上，對於信用卡罰息問題，歐美已開發國家目前多採用「平均每日餘額法」（average daily balance）。根據該方法，發卡行把賬單週期內每天的透支餘額相加（發卡機構可選擇是否累加計算當期發生的消費投資額），算出賬單週期內日平均投資額，然後乘以賬單週期天數、日利率來計算利息。[56]例如，美國《二〇〇九年信用卡問責、責任和資訊披露法》就明確禁止全額罰息。採用這種計息方式，較全額罰息，不僅利息相對減少，也合理平衡了銀行與消費者間的利益。中國國內商業銀行遲遲以國際慣例為借口，不願實行平均每日餘額法，很大程度上因為全額罰息收入是其信用卡業務的主要來源。但在互聯網金融業態下，第三方支付和國際信用卡組織的強力介入，給予了金融消費者更多的選擇，如果銀行再不改革，引入「平均每日餘額法」，消費者很有可能選擇「用腳投票」！

當然，談及金融機構的公平交易規則，還應指出的是，中國目前的資本市場經紀人機構交易規則，如買者自慎、擔保清算、逐日盯市等，還是比較合理的。通過二十多年的資本市場法制建設，中國已建立起了一套體系完整的資本市場經紀人機構交易規則，比較公平地平衡了資本市場經紀人機構與投資者之間的利益。在互聯網金融業態下，資本市場經紀人機構交易規則仍應在遵循公平原則的基礎上與時俱進。

互聯網金融是現代金融的發展趨勢。展望未來，隨著中國統一的金融監管機構和金融消費者保護機構的確立，以及監管規則體系的構建和完善，我們深信：銀聯領域必將建立起以金融消費者承擔限額失卡責任、銀行承擔全部失卡責任的新規範體系；基金和投資公司必將出現大型的交易機構。同時，隨著多重資本市場和多種交易制度的逐步確立以及證券商報價制度和做市商制度的引入，中國證券交易制度必將發生重大變革，而互聯網金融的發展也將契合多重資本市場下證券交易制度的變革！

55 參見曹蓓，《信用卡還款時間有所鬆動——全額罰息仍未廢除》，載《證券時報》，2013-02-19。

56 參見張維，《「全額罰息」是霸王條款還是國際慣例》，載《法制日報》，2012-11-09。

參考文獻

安炤泫，《美韓信用卡發展歷史對中國的啟示》，《對外經貿大學碩士學位論文》，2006(4)。

巴曙松，王璟怡，〈從微觀審慎到宏觀審慎：危機下的銀行監管啟示〉，《國際金融研究》，2010(5)。

曹鳳岐，〈聯席會議只是金融監管體系改革的第一步〉，《人民政協報》，2013-08-27。

曹蓓，〈信用卡還款時間有所鬆動——全額罰息仍未廢除〉，《證券時報》，2013-02-19。

董安生，楊巍，〈後金融危機時代的美國金融監管改革法案：「二〇一〇年華爾街改革和個人消費者保護法案」初評〉，《證券法苑》，2010(2)。

董安生，楊巍，黃煒，陳潔，張保紅，〈金融創新與市場監管究竟如何匹配？——國際金融危機及其應對系列之三〉，《上海證券報》，2009-03-23。

胡曉煉，〈完善金融監管協調機制—促進金融業穩健發展〉，《金融時報》，2013-09-07。

胡吉祥，〈互聯網金融對證券業的影響〉，《中國金融》，2013(16)。

魯公路，李豐也，邱薇，〈美國JOBS法案、資本市場變革與小企業成長〉，《證券市場導報》，2012(8)。

馬翠蓮，〈銀行卡「換芯」進行時〉，《上海金融報》，2011-04-26。

王利明，〈論個人資訊權的法律保護——以個人資訊權與隱私權的界分為中心〉，《現代法學》，2013(7)。

王澤鑒，〈人格權的具體化及其保護範圍·隱私權篇（中）〉，《比較法研究》，2009(1)。

楊東，〈論金融服務統合法體系的構建——從投資者保護到金融消費者保護〉，《中國人民大學學報》，2013(3)。

楊東，〈市場型間接金融：集合投資計劃統合規制論〉，《中國法學》，2013(2)。

楊再平，〈互聯網金融之我見〉，《證券時報網》，2013-10-16。

袁康，〈互聯網時代公眾小額集資的構造與監管——以美國JOBS法案為借鑒〉，《證券市場導報》，2013(6)。

張維，〈「全額罰息」是霸王條款還是國際慣例〉，《法制日報》，2012-11-09。

鍾志勇，〈網絡支付中的民事責任研究〉，《法學論壇》，2007(9)。

中國人民銀行貨幣政策分析小組，〈二〇一三年第二季度中國貨幣政策執行報告〉，中國人民銀行網站，2013-08-12。

陳國華，李珮瑄，《金融消費者保護法解析》，台北：新學林出版股份有限公司，2012。

董安生，何以，《多層次資本市場法律問題研究》，北京：北京大學出版社，2013。

郭明瑞，房紹坤，《新合同法原理》，北京：中國人民大學出版社，2000。

韓世遠，《合同法總論》，三版，北京：法律出版社，2011。

劉士余，《美國金融監管改革概論——《多德—弗蘭克華爾街改革與消費者保護法案》導讀》，北京：中國金融出版社，2011。

邱聰智，《新訂債法各論（中）》，北京：中國人民大學出版社，2006。

王澤鑒，《人格權法》，北京：北京大學出版社，2013。

王文宇，林育廷，《票據法與支付工具規範》，台北：元照出版公司，2008。

楊淑文，《新型契約與消費者保護法》，二版，台北：元照出版公司，2006。

SEC. "*SEC Proposed Rules on Crowd Funding*", November 2013.

E. P. Ellinger, Eva Lornnicka, and Richard Hooley, "*Modern Banking Law, 3rd ed*"., London: Oxford University Press, 2002.

Michael Taylor, "*Twin Peaks: A Regulatory Structure for the New Century*", London: Center for the Study of Financial Innovation, 1995.

Victor E. Schwartz, "*Comparative Negligence,4th ed.*", New York: Lexis Nexis, 2002.

CHAPTER 6

互聯網金融：中國的發展

互聯網金融是當前中國經濟金融社會中最具吸引力的詞彙之一。中國互聯網金融的各類模式整體上處於初創期，或者說呈現出較為明顯的碎片化發展態勢，不僅不同模式之間缺乏足夠的關聯，並未構建起一個相對完整的金融服務鏈或金融業態，而且在相當程度上仍依托甚至可以說是依賴於與之對應的傳統金融體系。在我們看來，作為一種誘致性制度創新，互聯網金融在中國的出現和發展既有金融功能（實施效率）提升等一般性的金融發展原因，更為重要的則是與中國獨特的經濟金融環境相關——從某種意義上說，互聯網金融在中國的興起，既折射了不滿中國現實中對現有過於僵化商業銀行為主導的金融體系，也反映了包括電子商務公司在內的各類主體，艷羨或嚮往以商業銀行為代表的金融業壟斷性高額收益。因此，互聯網金融在中國的出現及發展將引發金融業務的跨界衝擊，有可能成為促使金融業態變革，進而對中國當前較為傳統且相當僵化的以商業銀行為主導的金融體系及結構帶來全面挑戰並引發革命性變化的主要力量之一。展望未來，要想實現互聯網金融在中國的健康、有序、平穩發展，除技術進步外，可能更為重要的決定因素，是在構建一個適合互聯網金融的金融結構、金融監管、金融基礎設施等支撐體系的同時，通過規範與安全基礎上的持續創新，更好地使互聯網金融滿足社會需求。

如果以基於網路平台的金融服務創新，而非金融的網路化或網路的金融化❶來界定互聯網金融（模式）這一概念，那麼互聯網金融在中國的出現及發展可以說基本與世界同步：早在二〇〇七年八月，中國就出現了第一家P2P信貸公司——拍拍貸。❷儘管從國際層面看，Web 2.0的興起，和二〇〇八年全球金融危機為互聯網金融這一模式在全球的發展提供了重要契機（前者允許用戶直接介入資訊生成體系，進而創造資訊與價值；後者則在信貸萎縮的大背景下成為互聯網金融的推進器），但其在中國的社會接受度、發展過程以及影響力似乎遠超包括美國在內的其他國家——目前，中國活躍的**P2P**網路信貸公司數量已超過三百餘家，而整個網路信貸行業在二〇一二年的成交量就超過兩百億元，幾乎每天都有數量眾多的新公司誕生；進入二〇一三年後，在P2P依舊火爆的同時，包括阿里巴巴、騰訊、百度等在內的電子商務公司或網路巨頭，紛紛以一種低調而迅猛的姿態快速地通過網路信貸、信用支付、財富管理等創新不斷滲透到中國的金融服務業中，尤其是阿里巴巴公司藉助「支付寶」設計並成功推出的「餘額寶」，更是把競爭的矛頭直接指向商業銀行，引發了中國金融服務業的一連串化學反應。在切身感受到近年來中國互聯網金融在「無門檻、無標準、無監管」的環境下近乎「野蠻」的發展態勢，中國對互聯網金融的學術探討和爭論日益激烈，歡呼者有之，質疑者亦有之。

❶顧名思義，金融的互聯網化是指將部份或者全部由商業銀行、證券公司、保險公司等金融機構提供的金融服務通過互聯網來完成，而互聯網的金融化是指互聯網企業，尤其是電子商務平台公司為平台的商戶提供了更多的增值服務，也就是嫁接了部份金融機構的資金。

❷英國的Zopa作為全球第一家知名的P2P借貸平台，創設於二〇〇五年；美國的Prosper和Lending Club兩家主要P2P借貸平台分別創設於二〇〇五年和二〇〇七年。此外，致力於支持和激勵創新性、創造性、創意性的活動，被視為眾籌模式原型的Kickstarter於二〇〇九年四月在美國紐約成立。

但現實地看，無論社會各界對互聯網金融模式的存在及發展有何不同的理解及看法，但中國金融學術界與實務界目前已形成一個基本共識，那就是互聯網金融的出現及發展將引致金融業務的跨界衝擊，成為促使金融業態變革，進而對中國當前較為傳統且相當僵化的以商業銀行為主導的金融體系，及結構帶來全面挑戰並引發革命性變化的主要力量之一。

本章試圖在簡單勾勒中國互聯網金融現有發展狀況的基礎上，嘗試從中國特殊的經濟金融體制背景出發，探討互聯網金融興起的內在邏輯，然後以金融業態為切入點，對互聯網金融興起可能對中國現有金融業態的衝擊以及未來金融業態的重構（歷史性跨越）給出若干理論判斷，最後從互聯網金融在中國健康發展的視角，對其未來發展所需的內外部制度環境提出一個框架性的設想。

中國互聯網金融的發展狀況

互聯網金融可謂是當前中國經濟金融社會中最具吸引力的詞彙之一。而之所以會出現這種狀況，最主要的原因是不到幾年甚至在短短幾個月時間內，以阿里小貸、天弘基金（依托餘額寶）等與互聯網金融概念相關的公司創造了眾多奇蹟❸的同時，其觸角涉及許許多多的網路普通民眾，進而在中國掀起了一股「自金融」（即人人都是金融家，人人都是金融的受益者，或者說「去金融中介化」，尤其是「去銀行化」）的熱潮。問題是，儘管網路時代來臨之後，網路內在的巨大資訊黏合和資訊整合作用開創了一個無邊界的社會，整個世界更加扁平化，行為更為平民化，人與人也更加平等、自由，但如何有效地藉助網路來克服金融活動內在的不確定性、逆向選擇和道德風險等限制因素，進而構建一個以網路為平台的、具有金融功能鏈且具備獨立生存空間的投融資運作結構（互聯網金融）卻並非易事。客觀地說，目前中國的互聯網金融還處於初創時期——儘管一些頗具創新精神（有時也可能帶有投機色彩）的經濟主體在借鑒他國經驗以及自身的摸索中創造出了一些依托網路、與傳統金融迥然有別的金融運作模式，並在一定程度上受到了社會的認同，但標準意義上的功能鏈完整的互聯網金融尚處在破殼之中，並未完全形成。

中國互聯網金融的現有模式

目前，中國的互聯網金融格局可謂群雄逐鹿，包括阿里巴巴（淘寶）、京東等電子商務公司，騰訊、百度、新浪等網路技術巨頭以及普通民眾等在內的眾多經濟主體都在試圖向金融領域的跨界發展，其捷徑就是藉助網路提供借貸、理財以及支付結算等多種金融服務，模仿或替代商業銀行、證券交易所等現有金融中介的部份功能。

網路支付

網路支付包含第三方支付平台和行動支付。

❸天弘基金可能是有代表性的例證——在與阿里巴巴合作前，天弘基金經過八年的運行，截至二〇一三年第二季度末的資產規模僅一百三十六億元，在全國七十二家基金公司中排名第四十五位。但截至二〇一三年第三季度末，也就是在與阿里巴巴公司的餘額寶對接四個月後，其旗下的「天弘增利寶」貨幣市場基金規模就達到了五百五十七億元，一舉超過此前四百七十億元的華夏現金貨幣基金，成為當時規模最大的公募基金。

(1)第三方支付。第三方支付平台是指與銀行（通常是多家銀行）簽約，並具備一定實力和信譽保障的第三方獨立機構提供的交易支持平台。

截至二〇一三年八月底，中國獲得第三方支付牌照的企業數量已達兩百五十家❹；在這些企業中，提供網路支付服務的有九十七家，其中銀聯在線、支付寶、杉德、財付通等非獨立支付企業的優勢明顯，而通聯、快錢、匯付、易寶、懷訊等獨立第三方支付企業亦憑藉其優勢領域取得了一定市場空間。二〇一二年，中國第三方支付的行業交易規模突破十兆元大關，達十二兆九千億元（其中，線下收單市場佔比百分之六十八．八，網路支付佔比百分之二十八．三）。二〇一三年，支付機構共處理網路支付業務一百五十三億三千八百萬筆，金額總計達到九兆兩千兩百億元。

支付寶是全球最大電子商務公司阿里巴巴集團的相關公司，創立於二〇〇四年十二月，定位於電子商務支付領域。截至二〇一〇年十二月三十一日，已經基本覆蓋了中國絕大部份網購人群。據阿里巴巴總部的數據顯示，二〇一三年十一月十一日的網路購物節，天貓以三百五十億元的交易額成功收關，這個數字大概是二〇一二年美國網路星期一❺交易額的兩倍。

財付通是騰訊公司於二〇〇五年九月正式推出的專業線上支付平台，其核心業務是幫助在網路上進行交易的雙方完成支付和收款，致力於為網路用戶和企業提供安全、便捷、專業的線上支付服務。個人用戶註冊財付通後，即可在拍拍網及二十多萬家購物網站上輕鬆購物。財付通支持全中國各大銀行的網路銀行支付，用戶也可以先充值到財付通，以享受更加便捷的財付通餘額支付體驗。財付通與拍拍網、騰訊QQ有著很好的融合，按交易額來算，財付通排名第二，份額為百分之二十，僅次於阿里巴巴公司的支付寶。

(2)行動支付。行動支付也稱手機支付，就是允許用戶使用行動終端對所消費的商品或服務進行賬務支付的一種服務方式。行動支付將終端設備、網路、應用提供商以及金融機構相融合，為用戶提供貨幣支付、繳費等金融業務。行動支付主要分為近場支付❻和遠端支付❼兩種；數據研究公司IDC的報告顯示，二〇一七年全球行動支付的金額將突破一兆美元，這意味著全球行動支付業務將呈現持續走強的趨勢。

第一，基金公司的行動支付。在行動支付上，基金公司的直銷產品也走在前沿。二〇一三年初，華夏基金推出了貨幣基金理財軟體——華夏活期通，投資者可以通過APP進行份額查詢、申購、贖回等功能。匯添富現金寶、華安貨幣通、工銀瑞信現金寶、國泰超級錢包、易方達天天理財等也將服務延伸至行動終端。華夏、南方等基金公司還將T＋0服務的觸角拓展至微信平台，投資者可以通過微信服務號實現快速贖回。

第二，商業銀行的行動金融。行動金融日益成為商業銀行發展的重點。自二〇一〇年開始，各大銀行競相發佈客戶端版手機銀行，涵蓋賬戶管理、轉賬繳費、基金理財等多種功能，利用手機終端完

❹參見中國人民銀行，《中國金融穩定報告（二〇一四年）》，2014。

❺「網路星期一」是指「黑色星期五」之後的第一個星期一，是美國一年當中最火爆的購物日之一。在這天，許多商家會在網上商店裡提供相當大的折扣幅度以吸引顧客。

❻近場支付就是用手機刷卡的方式坐車、買東西等，很便利。

❼遠端支付是指通過發送支付指令（如網銀、電話銀行、手機支付等）或藉助支付工具（如通過郵寄、匯款）進行的支付方式。

成遠端支付和近場支付。同時，基於手機客戶端，為客戶提供各種資訊、生活服務等加值服務。

P2P模式的貸款平台

P2P[8]網路借貸（以下簡稱「P2P」）是指個體和個體[9]之間通過網路進行直接借貸[10]，中國通常稱為「人人貸」。據統計，中國國內P2P平台從二〇〇九年的九家增長到二〇一三年末的三百五十多家，其中活躍的大約有三十家，P2P平台的客戶已達數百萬個，累計交易額超過六百億元。中國國內P2P平台過半數在廣東、浙江和上海，其餘零星分佈在湖南、湖北、廣西、福建等地，其發展路線是從沿海地區逐步向內陸地區、從經濟發達地區向不發達地區過渡。從規模和經營狀況看，P2P平台公司的門檻較低，註冊資本大多為數百萬元，從業人員總數大多為幾十人，單筆借款金額大多為幾萬元，年化利率一般不超過百分之二十四。

中國國內小額貸款公司及P2P模式的興起，主要是由於傳統金融體系對小微客戶的金融排斥[11]，其次是由於目前的P2P市場監管空白，致使大量的P2P平台不斷湧現。[12]相比較而言，美國對創新金融與傳統金融都有嚴格的監管要求[13]，美國的Prosper曾被證券與交易委員會認為出售未經註冊的證券產品[14]而暫停業務近一年，在其平台的註冊聲明於二〇〇九年七月生效之後，才重新恢復正常業務營運。

二〇〇五年，P2P平台在英國首次出現[15]，二〇〇六年傳入中國。自進入中國發展至今，P2P平台已經衍生出很多模式[16]，眾多P2P平台之間互相學習與模仿，導致各類平台之間的差別越來越小，業務模式和產品逐漸趨向雷同，但絕大多數P2P平台為有擔保的P2P平台模式，典型代表有人人貸、宜信、紅嶺創投等。在創建初期帶有明顯個性特點的平台，像陸金所這種依托集團開展網路服務的模式以及有利網等群眾募資模式，與其他P2P模式的界限也越來越模糊。本章選取了二〇一二年中國國內交易量最大的前三家[17]P2P平台以及部份有代表性的平台進行比較分析，並給予總結。

(1)純信用模式的P2P平台——「拍拍貸」。拍拍貸模式從誕生起一直堅持做最純粹的P2P模式，該平台不參與擔保，只進行資訊服務，以幫助資金借貸雙方更好地進行資金匹配。拍拍貸也有「百分之

---

8. P2P是一個網際網路學理概念，表示了網際網路的端對端訊息交互方式和關係發生特徵。該交互是在對等網路中實現的，不通過中間工作站平台。

9. 出借的一方為個人，但借入方可以為個人或者法人企業。

10. 直接借貸的模式在國外已經不多，國內也非常少；以Prosper為例，放款人和借款人之間不存在直接借貸關係，放款人對貸款並無直接的追索權，只能信賴P2P平台收回貸款，但平台不提供擔保，借款人也無其他抵押。

11. 有數據顯示，國內有四千兩百萬家中小企業，其中只有百分之三的企業主能從銀行獲得貸款。

12. 中國現有的P2P模式依據的是《合同法》，其實就是一種民間借貸方式，而民間借貸是受到《中華人民共和國民法通則》等法律法規、司法解釋保護的，只要貸款利率不超過銀行同期貸款利率的四倍，就是合法的。

13. Prosper和Lending Club要在證券與交易委員會（SEC）註冊成為證券經紀商，接受證券與交易委員會對P2P平台的監管，如公司是否按要求披露信息；除此之外，還要在選定的州證券監管部門登記，由監管者審查平台發售的產品是否公平、公正，有些州還增加了個人最低收入或投資佔個人資產比重上限的要求等。

14. 一旦放款人確定了要投資的貸款，Prosper平台將向放款人出售與該筆貸款相對應的收益權憑證。

15. 截至二〇一三年三月三十一日，美國最大的網路借貸平台Lending Club和Prosper的放貸金額分別為十五億三千一百萬美元和四億四千七百萬美元；英國最大的網路借貸平台Zopa的放貸金額為四億三千九百萬美元。美國的P2P市場總量遠超英國。截至十月三十日，Lending Club的總成交量超過三十億美元。

16. 其中，最具代表性的有三類，分別是以電商為服務對象的「阿里小貸」模式，純粹金融中介的「拍拍貸」平台模式和由擔保機構擔保的第三類P2P平台模式。

17. 二〇一二年，從平台交易量乘以期限（月）得出的加權指標來看，排名前三的分別為陸金所、紅嶺創投和人人貸。

一百本金保障」[18]，但其本金保障與其他P2P平台的「網站擔保」、「擔保標」、「安全標」相比存在本質區別。拍拍貸的本金保障服務是以科學投資為前提，以大量歷史數據為基礎，科學地分散各類投資風險；而「網站擔保」等只是將風險從平台轉移到擔保公司，存在較大的系統性風險。拍拍貸模式的本質是直接融資的概念，是金融脫媒的一種表現形式，改變了資金通過銀行等中介集散的模式，應該算是一種純粹的互聯網金融模式。

(2)大型金融機構推出的網路服務平台——「陸金所」。陸金所作為中國平安集團傾力打造的網路投融資平台，致力於為中小企業提供融資新管道，更為個人提供創新型投資理財服務，實現財富增值。

陸金所發佈的投資產品[19]都會經過陸金所及專業機構線下嚴格的內部審核，並由平安融資擔保（天津）有限公司[20]進行擔保，或尋找第三方AA級以上的企業提供擔保。該平台現已推出債權轉讓功能，投資人可以在持有一筆投資項目一定時間後，將債權轉讓給他人。陸金所不會在網站上顯示借款人資訊，投資人和借款人之間是完全隔離的；因此，陸金所的模式是投資人對平台，平台再對借款人。投資人和借款人之所以選擇陸金所，是對平台、對平安融資擔保（天津）有限公司，或者說是對平安集團的信任。從這個意義上說，陸金所只是一個中介，其核心是平安融資擔保（天津）有限公司的擔保行為，本質上是平安集團傳統金融業務的網上平台延伸，是由傳統金融行業向網路佈局，因此在業務模式上的傳統金融色彩更濃。

(3)綜合性現代服務業企業——「宜信」。經過多年的發展，宜信公司從最初經營債權合同轉讓模式的P2P平台，發展到目前集財富管理、信用風險評估與管理、信用數據整合服務、小額貸款行業投資、小微借款諮詢服務與交易促成、公益理財助農平台服務等業務於一體的綜合性現代服務業企業。目前，宜信的網上業務分為兩大類，分別是「普惠金融」㉑和「財富管理」，其中「普惠金融」主要以P2P模式為主，「財富管理」包括了P2P理財模式、公益理財㉒、宜信基金㉓和宜信保險㉔四類。

宜信的P2P模式是「普惠金融」項下的宜人貸。宜人貸平台為投資人提供了本息保障計劃，如果借款人出現逾期，第三方將借款人當期剩餘未還的本金和利息先行墊付給出借人，而借款人隨後將該期欠款直接還至第三方賬戶。宜人貸下也有債權轉讓模式，出借人成功出借精英標㉕債權，持有該債

⑱拍拍貸本金保障服務的前提是建立在「分散投資」、「收益覆蓋風險」和「投資組合」三個投資原則上，即其不僅要分散投資，還要通過對資本合理分配、適當控制大額投資和小額投資的比例來進行最優化的投資組合，從而實現收益覆蓋風險的目的。在此前提下，其投資人只要同時滿足以下三個條件：一是通過身份認證；二是成功投資五十個以上（含）借款列表；三是每筆借款的成功借出金額小於五千元且小於列表借入金額的三分之一。在這種情況下，當投資人的壞賬總金額大於收益總金額時，拍拍貸將在三個工作日內賠付差額。

⑲陸金所採用的是「一對一」模式，一筆借款只有一個投資人，借款人的借款金額在一萬至三十萬元，最低一萬元，需要投資人自行在網上操作投資，投資期限為一至三年。

⑳平安融資擔保（天津）有限公司隸屬平安集團，擔保範圍包括本金、利息和逾期罰息。

㉑「普惠金融」項下又包括：無抵押無擔保的信用借款諮詢服務；專為培訓機構學生服務的宜學貸；以車作為抵押物的借款諮詢服務宜車貸；以房產作抵押物的借款諮詢服務宜房貸；專為城市白領打造的網路出借諮詢服務平台宜人貸；以小額租賃的方式服務小微企業及農戶的宜信租賃；為公益性小額信貸服務機構提供批發資金服務的普惠一號；為小微企業提供培訓、諮詢等增值服務的信翼計劃；以及專注於為小微企業和個體工商戶群體等提供多項增值服務的小微企業信貸服務中心等。

㉒公益理財是針對宜農貸的公益理財助農平台，有愛心的出借人可以直接、一對一地將富餘資金出借給農村借款人。

㉓宜信基金是作為獨立基金銷售的或第三方財富管理機構所提供的基金及其他相關理財產品的一項綜合服務業務。

㉔宜信保險是以網上超市的形式向投資人出售疾病、人身意外及旅遊保險等保險產品。

㉕精英標是宜人貸平台針對工薪階層白領精英推出的一種標。滿足精英標的借款人最高可申請到五十萬元，最長借款期限為三十六個月。

權滿九十天，要轉讓的債權達到一定條件㉖，方可申請轉讓。轉讓達成後，宜人貸向債權出讓人收取一定數量的轉讓服務費。

宜信的創新是其開展的宜農貸，宜信與當地小額貸款機構合作，專門針對已婚並在一定年齡範圍內的農村婦女提供的公益理財助農貸款；如果遇到農戶還款不及時或者不能還款，小額信貸機構將替農戶還款給出借人。由於宜農貸具有公益的性質，故其收益率相對較低。

宜信的P2P理財模式分為宜信寶、月息通、月滿盈三個品種。以宜信寶為例，宜信寶是資金出借人通過宜信平台的推薦，將手中的富餘資金出借給信用良好但缺少資金的大學生、工薪階層、小微企業主、農民等獲取收益。宜信還設立了專門的還款風險金，當出借的資金出現回收問題時，可以選擇用其補償出借人本金及利息的損失。

從宜信的風險管控模式上看，不管是宜人貸、宜農貸還是理財產品，都藉助了第三方擔保公司，或者是小貸公司給予擔保，這與陸金所的風險管控模式實際是一致的；宜信與陸金所的運作模式非常相似，是投資人對平台，平台再對借款人，投資人和借款人之間是完全隔離的；宜信與陸金所的不同之處在於，其擔保公司是第三方擔保公司。㉗宜信的創新之處在於，其普惠金融、公益理財以及惠農貸款等創新，是緊密結合十八屆三中全會提出的普惠金融理念的，這是與中國實體經濟以及「三農」經濟發展需求相吻合的。宜信的社會責任理念和社會責任項目則是其有別於其他P2P平台的鮮明特點。

(4)具有典型中國特色的P2P擔保平台——「人人貸」、「紅嶺創投」、「有利網」。此類P2P平台作為中介，向用戶提供金融資訊服務，提供理財產品和投融資標的，並根據產品的信用情況，以平台自身的風險備用金[28]、與平台合作的小貸公司或獨立的擔保機構（一般都是與平台屬於同一個集團）提供擔保，從而促進出借人與借款人達到交易的模式。由於此類平台提供的服務和產品相對容易分類，主要集中在理財、投融資和債權轉讓三大類上，是中國當前最主流的P2P模式，其風險擔保方式也具有典型性，因此是具有中國本土特色的P2P模式。

(5)擔保機構擔保交易模式——「人人貸」。人人貸[29]是人人友信集團旗下公司及獨立品牌，目前主打三類產品，分別是「優選理財計劃」[30]、「散標投資」和「債權轉讓」。在人人貸網站上，投資理財產品的金額起點是一萬元，投資散標的金額起點是五十元，債權轉讓只需滿足持有超過九十天即可，且次數不限。

「散標投資」是平台真正作為P2P金融交易中介，對借貸雙方提供服務，並促成雙方達成借貸關係的最主要模式。「散標投資」又分成三種標的類型，分別是「信用認證標」[31]、「實地認證

[26] 剩餘期數大於或等於三期，剩餘本金大於或等於一百元，在轉讓申請日，該借款債權必須是在正常還款狀態。

[27] 天達信安北京擔保有限公司是獨立的第三方擔保公司。

[28] 「本金保障計劃」是指在平台每筆借款成交時，提取一定比例的金額放入「風險備用金賬戶」。當理財人投資的借款出現嚴重逾期時（即逾期超過三十天），人人貸平台將根據《風險備用金賬戶使用規則》，通過「風險備用金」向理財人墊付此筆借款的剩餘出借本金或本息。

[29] 二〇一〇年五月成立。

[30] 優選理財計劃是指加入理財計劃的資金將優先於平台普通用戶的資金，根據計劃設定的分散投資原則對人人貸平台產品（機構擔保標、實地認證標等）進行優先投資並受益的投標計劃。

[31] 信用認證標是人人貸通過對借款用戶的個人信用資質進行全面審核後，允許用戶發佈的借款標。

標」[32]、「機構擔保標」[33]等；實地認證標相對信用認證標增添了實地認證審核，進一步保障了用戶的資金安全，同時採用本息保障的賠付方式進行擔保。機構擔保標的優勢是在投資人遇到逾期還款的情況時，擔保機構會在逾期還款的第二日墊付本金和利息。目前與人人貸合作擔保的機構主要是中安信業和證大速貸兩家小貸公司。

「債權轉讓」是指債權持有人通過人人貸債權轉讓平台將前三種標的的債權掛出且與購買人簽訂債權轉讓協議，將所持有的債權轉讓給購買人的操作，是人人貸增加的一項新業務品種。人人貸還向資金需求者提供三千元至五十萬元的「工薪貸」和「生意貸」，以及三千元至三十萬元的「網商貸」[34]。

人人貸最大的特點是，其對所吸引資金的風險保障分成了三級：一是平台審查來自網上的借款項目，並用自身的風險備用金對其信用借款額度內的部份進行擔保；二是集團內的友眾信業擔保公司對自身實地考察的小貸項目進行擔保；三是與平台合作的第三方小貸公司擔保小貸公司自己提供的項目。由於給資金融出方提供了本金和利息的保障，加之網貸方便快捷，因而受到了中小資金需求者的歡迎。截至二〇一三年第三季度，人人貸累計成交量已經突破十億元，風險備用金餘額一千五百八十一萬九千六百元，與待還本金之比為百分之一．九，遠高於網站百分之〇．八的壞賬率。[35]

(6)平台提供本金和利息擔保的模式——「紅嶺創投」。紅嶺創投模式依賴於現代網路創新技術，將民間借貸行為引入網路平台，通過為借款人和投資人提供網路供求資訊匹配服務，並由深圳可信擔保有限公司㊱（以下簡稱「可信擔保」）為交易雙方提供交易有償擔保，同時向客戶收取合理費用的一種藉助網路的借貸操作模式。

紅嶺創投的操作模式與人人貸的「散標投資」模式類似，其投資類的產品分為「信用借款標」㊲、「擔保借款標」、「推薦標」和「快借標」等。不管是信用類標的還是擔保類標的，若借款人到期還款出現逾期，將由可信擔保墊付本金或本息還款，而債權轉為擔保人所有。同時，網站平台還向個人以及有創業投資需求的客戶提供融資服務。紅嶺創投是由平台控股的擔保公司擔保，因此平台除了起到中介的作用外，還參與了信用擔保，實際是通過網路平台進行的民間借貸。

紅嶺創投的負責人周世平表示，紅嶺創投已經摸索出了被稱為「混業」的模式，已有P2P、私募

㉜實地認證標是人人貸與友眾信業金融訊息服務（上海）有限公司（以下簡稱「友眾信業」）共同推出的一款全新產品。該產品增加了友眾信業前端工作人員對借款人情況的實地走訪、審核調查以及後續的貸中、貸後服務環節，進一步加強了風險管理控制，達到了雙重保障的效果。人人貸與友眾信業同屬人人友信集團公司。

㉝機構擔保標是指人人貸的合作夥伴為相應的借款承擔連帶保證責任的借款標的。所謂連帶保證責任是指連帶保證人對債務人負連帶責任，無論主債務人的財產是否能夠清償債務，債權人均有權要求保證人履行保證義務。

㉞網商特指二十二至五十五週歲的中國公民，在淘寶或天貓平台經營網店半年以上，近三個月交易總額滿三萬元，並且交易筆數超過五十筆的網商客戶。

㉟引自《人人貸二〇一三年第三季度季報》。

㊱深圳可信擔保有限公司屬於深圳市紅嶺創投電子商務股份有限公司的子公司，其主營業務是為紅嶺創投網站（www.my089.com）的借款人、投資人提供擔保借款服務。可信擔保於二〇一二年三月二十八日正式受理紅嶺創投網站借款人的擔保申請，並向紅嶺創投網站投資人提供信用擔保。紅嶺創投控股可信擔保百分之九十的股權。

㊲「信用借款標」由可信擔保根據借款人掃描上傳的資料進行審核，如果借款人的信用狀況良好，可信擔保將授予其部份信用額度，在正常還款情況下可循環使用。若借款人到期還款出現困難，逾期十天以後由可信擔保墊付本金還款，債權轉讓為可信擔保所有。

股權、產業孕育三大業務平台，並形成了P2P加上股權投資的模式，即在P2P客戶中挑選部份經營狀況和前景都比較好的，進行小規模的股權投資。[38]因此，除了P2P業務以外，紅嶺創投實際已經開始涉足傳統金融機構的投行業務。

(7)通過網路理財網站提供理財產品的模式——「有利網」。有利網是一家創新型的網路理財網站，為有理財需求的個人用戶提供安全、有擔保的理財項目，讓理財用戶享受遠高於銀行存款利息的理財收益。同時，有利網推薦的理財項目又有門檻低、靈活性高等特點，能夠滿足廣大小額個人用戶的理財需求。

有利網主要有兩種理財產品：一是「定存寶」[39]；二是「月息通」[40]。有利網的理財項目模式與人人貸的「優選理財計劃」類似，通過網站推薦，投資人可以將手中的富餘資金出借給由小額貸款金融機構擔保的、信用良好的小微企業，並獲得利息回報。[41]

有利網推薦的小額借貸理財項目來源於中國最大的三家小額貸款機構（中安信業、證大速貸、金融聯）和兩家擔保公司。有利網的合作機構將其優質的客戶推薦給有利網平台，並且由合作機構給予百分之一百的擔保。無論借款人因為任何理由未能按時還款，有利網的合作機構將在一個工作日內將該筆借款的全部剩餘本息墊付給有利網的理財用戶，以保障理財用戶的理財收益。

有利網的理財產品與人人貸「優選理財計劃」的區別在於：有利網的借款項目全部是由獨立的第三方小貸公司提供並擔保；「優選理財計劃」的借款項目則是來自網路、集團內部的擔保公司或第三方小貸公司，並由提供項目的機構同步進行擔保。相對來說，有利網承擔的風險較人人貸要小，因此更接近於互聯網金融的概念。

群眾募資模式

群眾募資模式的運作更像預約式團購。資金需求者將自己的創意或者項目放在網上供投資者挑選，投資者選擇感興趣的項目給予資金支持，但投資的回報通常不是利息，而是項目成功後的產品或者其他一些優惠。

群眾募資融資模式在中國的起步時間較晚，目前有以「點名時間」、「天使匯」等為代表的二十一家群眾募資性質的融資平台，有些類似於美國的Kickstarter，通過網路平台直接「向大眾籌資」或「讓有創造力的人獲得資金」。

資產（財富）管理

目前，基於網路的資產（財富）管理一般是指網路企業與金融機構合作，在理財產品提供募資網路通道的基礎上，將募集資金用於投資，利用投資收益向理財產品持有者支付本息的業務。從本質上看，網路資產管理可以視為傳統理財業務在網路領域的服務延伸，在為投資者節省時間和交通成本的同時，還有助於後者利用碎片化時間進行有效的資金管理。

㊳截至目前，其已完成的投資有十多個項目，總投資額約為兩千萬元，部份項目已產生實際收益。

㊴由平台提供三個月、六個月、十二個月定期固定收益理財項目，投資人每月獲得利息收益，到期收回本金，加入起點為一千元。

㊵由客戶自主選擇投資項目，投資人每月獲得等額本息回款，五十元即可加入，可隨時贖回。

㊶能夠實現百分之十一至百分之十三的年化收益率。

從現實來看，中國網路資產（財富）管理的基本模式有兩類：

(1)為金融機構發佈貸款、基金產品或保險產品資訊，承擔資訊中介或從事基金和保險代銷業務。該模式的代表企業有「融360」、「好貸網」資訊服務網站，以及「數米網」、「銅板街」、「天天基金」等基金代銷網站。

(2)將既有的金融產品與網路特點相結合而形成的投資理財（基金）產品或保險產品，以「餘額寶」和「眾安在線」的運費險、快捷支付盜刷險等為代表。從現實來看，基於網路的基金創新大致可分為下列三種模式：

第一，基金公司直銷平台的資產（財富）管理。

基金公司的直銷平台[42]是目前開發類餘額寶產品數量最多的管道。直銷平台現金管理產品裡的資金，在申購基金公司其他基金時，可以獲得費率上的優惠，折扣最低至一折。一些基金公司的貨幣基金T＋0業務還進行了信用卡還款、跨行轉賬、手機充值、網路購物甚至預訂機票等功能。

最典型的現金管理工具是餘額寶。餘額寶除了具有貨幣基金的基本屬性，更突出的是其支付功能，如淘寶網購物、購買彩票、話費充值等。另外，餘額寶裡的資金能一鍵轉出至支付寶賬戶，使用支付寶具有的繳納日常水電費、還信用卡、跨行轉賬等功能。

第二，有基金支付牌照機構的資產（財富）管理。

擁有基金支付牌照的機構和基金公司紛紛開發加值服務。例如，中國銀聯旗下的銀聯商務聯合光大保德信基金推出面向企業客戶的類似於餘額寶的現金理財產品——天天富。二〇一三年十月十一日，蘇寧電商發佈公告，公司下屬子公司易付寶獲得了基金銷售支付結算業務的許可。目前，雖然基金支付機構推出的類餘額寶產品不多，但從已成型的餘額寶身上可以看到未來這些產品的主要發力點將是加值服務，強大的支付功能是這類產品的主要優勢。

第三，基金第三方銷售機構的資產（財富）管理。

與餘額寶不同的是，基金第三方銷售機構推出的類餘額寶產品不止綁定一支貨幣基金，投資者可以有更多的選擇。比如「眾祿」率先推出綁定「海富通貨幣基金A」的眾祿現金寶，使用時資金即時劃出，一分鐘內到賬。充值「數米基金網」的現金寶相當於購買海富通貨幣基金A，用戶可以資金即時劃出、快速取現。目前，數米基金現金寶可選擇六支基金。天天基金網也推出了類似功能的活期寶，可以綁定南方等四支貨幣基金。同花順此前發佈的收益寶產品，目前已經可以對接九支貨幣基金。基金的第三方銷售機構將旗下現金管理工具與多支貨幣基金對接，形成了獨有的特色，但其推出的餘額理財產品更多的是面向基金投資者，少了支付、信用卡還款等加值服務。

大數據金融

阿里巴巴小額貸款公司是中國首家完全面向電子商務領域小微企業融資需求的小額貸款公司，並獲得中國國內首張電子商務領域的小額貸款公司營業執照。其線下成立的三家小額貸款公司憑藉在淘

---

[42] 在已經開通貨幣基金T＋0贖回業務的基金公司中，絕大部份直銷平台都實現了全年無休，可三百六十五天、七天二十四小時不間斷地提供T＋0快速贖回服務，隨用隨取，且最快一秒到賬。在贖回上限的設置上也逐漸寬鬆，大部份基金公司規定的單日贖回上限在二十萬元到五十萬元之間，富國、嘉實、工銀瑞信、廣發等基金公司的單日贖回上限設置在一百萬元以上，匯添富和融通的單日贖回上限達到五百萬元。

寶網積累多年的客戶資源、電子商務交易數據及產品結構優勢，將電子商務加入了授信審核體系，對貸款資訊進行了整合處理。阿里巴巴小額貸款公司為其平台客戶服務，將線下商務的機會與網路相結合，使線上成為線下交易的前台，將傳統金融業務與網路相結合，實現了可觀的利差收入。

從風險管控方面看，阿里巴巴創立出一套較為完善的風險控制體系，在貸前、貸中和貸後建立多層次的風險預警，並利用數據採集和模型分析等手段，分析平台上中小企業累積的信用及行為數據，對企業的還款能力和還款意願進行準確的評估，然後結合貸後監控和網路店舖賬號關停的方式提高客戶的違約成本。由於電子商務平台上的商戶大部份是從事銷售或流通領域的，這一領域是產業鏈條中最穩定的一環，因此自二〇〇九年開始經營小貸業務以來，阿里金融在小微貸款上的發展速度令人矚目。[43]

之所以這種金融運作模式較為特殊，是因為阿里巴巴集團掌握了阿里巴巴、淘寶網、支付寶等一整套互為補充的網路鏈條，進而在積累電子商務平台上客戶的信用及行為海量數據的基礎上，引入數據模型和線上視頻資信調查模式，不僅能對運行在平台上的小微公司的進貨、銷貨、資金周轉和歸集等一系列交易流程進行完整記錄和分析，而且可以把點擊、搜索、排序偏好、聊天紀錄等非交易數據一併存儲下來並進行分析。多樣化大數據最大的好處就是能夠在數據間形成「交叉驗證」，證實結論的合理性，但這一模式的有效性其實是建立在天量數據的處理基礎上，進而僅限於一些超大型電子商務或網路科技公司，絕非中小機構可以涉足。

中國互聯網金融模式的宏觀分析

如果從中國現有的單一互聯網金融模式出發，我們可以清晰地發現：無論是P2P、群眾募資、阿里小貸還是餘額寶等金融創新的目的都是在降低金融業務准入門檻的基礎上進行資金供求的合理匹配，在為數量眾多的中小商戶（含創意個人）提供資金支持的同時，也讓很多普通民眾得以利用碎片化的時間和小額資金甄選到合適的投資機會，以獲取市場化的收益；但客觀地說，除阿里巴巴等極少數企業同時涉獵不同的互聯網金融模式（支付寶、阿里小貸、餘額寶）外，互聯網金融的各類模式呈現較為明顯的碎片化發展態勢，不僅不同模式之間缺乏足夠的關聯，並未構建起一個相對完整的金融服務鏈或金融業態，而且在相當程度上仍依托甚至可以說是依賴於傳統金融體系。

之所以有這樣的判斷，是因為在我們看來，作為市場經濟中一種獨特的意義在便利風險管理，進而優化資源配置的制度安排，包括互聯網金融在內的金融體系的形成與發展應該與社會化大生產，或者說社會分工的不斷深化與協同合作，進而社會交易費用的節約或降低密不可分。沿著這一思路，可以認為：從核心上看，金融體系的構建和完善將其使用者通過貨幣化捲入了一個共同的市場，將未來的活動納入現在的市場交易（資本化），從而延伸了市場經濟的範圍和領域〔夏斌和陳道富（二〇一一）〕。因此，作為市場的一個重要組成部份，金融體系是從事金融活動的當事人基於普遍信任的

43 目前，阿里巴巴集團旗下三家小額貸款公司的註冊資金一共十六億元，二〇一三年第一季度單季完成貸款筆數超過一百萬筆，環比增長百分之五十一，新增放貸一百二十億元，筆均貸款約一萬一千元。保守估計，其累計發放的小微貸款應已超過五百億元，累計服務小微企業已超過二十五萬家。

情況下，藉助貨幣（一般等價物）以及各種金融資產形式，調動經濟資源在時間、空間、不同人群中重新配置的複雜契約網路。這種網路在現實中表現為一種制度化、組織化的交換，不僅「涉及社會規範、習慣、制度化的交換關係，以及資訊網路（有時是有意組織的）」〔多西（一九八八），霍奇遜（一九九三）〕，還包括「應用這些規則從事特定商品交易的人」，其目的在於「改善各自的效用」[Furubotn and Richter(1997)]。

從理論上說，儘管與其他市場經濟制度類似，但金融體系的運作除了定價及聯繫客戶等活動之外，還包含了兩類至關重要的活動，即資訊交換和契約活動。但與市場經濟其他領域的交易不同，鑒於以信用為基礎的金融活動，是拿今天的一筆現金去換取對未來收益的承諾（換句話說，金融合約中至少有一方通常交換的是非一般性產權），也就是銀行等貸款人用其資本的產權（採用現金形式界定）來交換企業家使用其資本所創造的部份收入的產權，這導致銀行家在承擔了借款人投資活動內在收益不確定性風險的同時，還面臨著信用活動中貸款人和借款人之間委託—代理關係導致的諸多無法直接調和的利益衝突——或是緣於這種承諾的可信度事前很難判斷（往往那些越是不想履行承諾的人事前所做的承諾越多，即逆向選擇問題），或是緣於那些事前有誠實意願的借款人在得到錢以後也有可能去投機（即道德風險問題），因此來自實體經濟的不確定性，再加上不完全資訊和人的有限理性，使得信貸契約中的當事人可能面臨更大的不確定性，進而金融制度構成也表現出更高的複雜性。

無論是從理論還是實踐看，最能體現金融複雜性的應該是現代金融體系的複雜構成——從現實來看，一國（或地區）金融體系至少是由貨幣政策、金融監管、微觀金融活動和金融開放四個要素構成的不穩定的一個巨型系統。在夏斌等（二〇一一）看來：「在一個封閉的經濟體中，金融中介、工具和市場是推動貨幣運動的主要媒介，貨幣當局與監管當局則從貨幣、監管政策兩個方面，通過微觀金融的行為載體對貨幣在金融體系中的運動狀態進行調整，履行該系統的穩定職能」，而「當一個經濟體處於開放環境下……貨幣替代、匯率波動及資本跨國流動等因素，同樣成為影響本國貨幣運動狀態的重要因素」，進而不但「從歷史上看，其實在一國金融發展的任何時期，貨幣政策、金融監管、微觀金融行為和金融開放分別都在不同程度上共同決定貨幣、金融體系的穩定和效用」，而且「這四者的關係的協調平衡是動態的，四因素的變化還可以產生多種組合，體現為金融體系穩定與不穩定的各種景象」，換句話說，「要維持整個金融系統的穩定，必須把四要素中的每一要素放在貨幣金融大系統內思考和把握，才能確保整個體系處於穩定和良性循環狀態」。

循著這種分析思維，我們可以發現：中國現有的幾類互聯網金融模式不僅遠未涉及金融體系的全部，而且更為重要的是，其營運平台或機理儘管較傳統金融有了很大的改變，但其背後的制度支撐仍是信用貨幣、商業銀行、證券交易所等傳統金融體系的核心元素。

首先，以支付寶等為代表的第三方支付平台在為自己在網路流通的產品和服務提供支付結算服務[44]的同時，儘管自身也累積了數量頗為龐大的沉澱資金，但究其源頭（最終載體）仍可歸屬於銀行存款的範疇，進而很難說是一個獨立於商業銀行的支付結算體系。此外，現有多個第三方支付平台間資金的互聯互通也未得到有效解決，一些跨平台的資金歸集等業務依然要依靠銀行系統的幫助。

[44] 在服務線下業務方面，互聯網支付依然存在市場接受度、支付結算方式等諸多問題。

其次，P2P、阿里小貸、群眾募資等網路借貸（或融資）模式在資源配置範圍，以及如何確保提供資金的主體能夠從借款人手中獲得足夠的收益補償等核心問題上，依然存在嚴重的制度性約束。

以阿里小貸為例，鑒於目前中國政府對於小額貸款公司有不允許異地放貸、禁止吸收存款、從銀行業金融機構融資額不得超過註冊資本百分之五十，以及貸款利率不得超過央行基準利率的四倍等諸多制度性的限制，因此，儘管阿里通過網路繞開了普通小貸公司面臨的地域限制，把客戶群體延伸到了全中國，但我們仍很難想像註冊資本僅十六億元的兩家阿里小貸公司能夠集聚、配置多大規模的資金並對商業銀行產生實質性的衝擊。

這幾年如雨後春筍般湧現出來的P2P，儘管它們的模式顯得較為多元化，但目前最直接的問題是隨著市場競爭者數量的日益增多，相當數量的P2P網站為了生存和發展，無法僅靠單純的中介功能定位來吸引客戶的集聚，轉而嘗試向投資者提供保障本金甚至利息支付的承諾（或通過擔保公司等第三方擔保），迫使這些網站不得不花大力氣對借款者實施嚴格的信用審查來甄別客戶的風險，因而在某種程度上是在複製傳統商業銀行的運作模式——以宜信為例，為了控制風險，該公司組建了一支龐大的信用審查團隊，採取的居然也是電話調查和實地徵信等傳統銀行的貸款審查方式。此外，由於缺乏有效的風險對沖機制，中國一批P2P平台已經陷入了資金償付的困局甚至破產的狀態，在一定程度上打擊了市場對這種模式的信心。

由於群眾募資模式在中國缺乏法律法規的支撐，故其涉獵面極為有限，多見於電影、藝術品、書籍等非經濟領域，尚無法成為中小企業的資金來源。

最後，餘額寶、百度百發等互聯網金融模式創新儘管確立了「餘額資金的財富化」的全新理念，但在股票市場、債券市場以及衍生品市場等金融市場發展並未達到一定程度的前提下，從本質上說，這一所謂的「創新」僅限於當前傳統行銷通路的壟斷和高成本約束下基金、保險等傳統產品通路的改變，很難說是純粹金融意義上的變革，它在對商業銀行帶來一定衝擊的同時，並未改變現有的中國金融市場格局。顯然，一旦中國的利率市場化進程更進一步，這些創新的生存空間值得商榷。

互聯網金融在中國的內在發展邏輯分析

目前，儘管中國互聯網金融仍處於一種碎片化的發展狀態，其規模也不能和商業銀行、證券交易所等傳統金融中介抗衡，但一個不可否認的事實是，互聯網金融的出現使得「自金融」、「脫媒」等詞彙成為了當今中國金融社會最時髦的想法——在很多人理想的互聯網金融體系中，只需藉助網路這個工具，金融活動的開展就不再需要銀行等金融中介的介入，每個主體可以將資金直接借貸給經過網路技術認證，並獲得較高信用等級的其他任何主體。以大數據、雲計算為基礎，互聯網金融可以進行個人信用與借貸資金的完美匹配，每個人賬戶中的錢都無須存取，行動終端將實現無縫交易，餘額會自動購買金融產品進行理財。客觀地說，這種帶有一定程度「烏托邦」式的互聯網金融理想近年來在中國吸引並激勵了許多金融或網路方面的專業或非專業人士投身於這一領域，試圖複製過去十餘年間電子商務領域所獲得的巨大成功，進而開拓出一種全新的金融業態。非常有意思的一個現象是，儘管網路技術或思想並未誕生在中國，但就目前全球的情況看，依托網路的電子商務和金融在中國掀起的熱潮及其衝擊可能是最具爆炸性的，對其的關注度甚至遠高於美國和歐洲等國。在我們看來，作為一種誘致性制度創新，互聯網金融在中國的出現和發展既有金融功能（實施效率）提升等一般性的金融發展原因，更為重要的則是和中國獨特的經濟金融環境相關——從某種意義上說，互聯網金融在中國的興起既折射了中國現實中對現有商業銀行為主導的過於僵化的金融體系的不滿，也反映了對以商業銀行為代表的金融業壟斷性高額收益的艷羨或嚮往。㊺

誘致性制度變遷：理解中國互聯網金融興起的一個基本視角

在中國，互聯網金融的出現及興起幾乎游離於政府之外，並非強制性制度變遷，帶有較為顯著的誘致性制度變遷特徵。

與由政府命令和法律引入及實行的強制性制度變遷不同，誘致性制度變遷是指現行制度安排的變更或替代，或者是新制度安排的創造，是由一群個人在響應獲利機會時自發倡導、組織和實行的。一般來說，這種制度變遷具有以下三個特點：

(1)盈利性，或者說誘致性制度變遷必須由某種在已有制度安排結構中這些主體無法獲取的獲利機會引起——制度創新主體的動力在於追求自身利益最大化，實現預期收益大於預期成本，否則就不會發生制度創新。

在制度經濟學中，這種由主體期望可通過制度的改變來獲取的利潤被稱為「潛在利潤」，其來源大致有四個：一是服從報酬遞增的新技術應用及規模經濟所帶來的利潤；二是外部經濟內部化帶來的利潤；三是克服風險帶來的利潤；四是交易費用轉移與降低帶來的利潤〔戴維斯和諾斯（一九九四）〕。

(2)自發性，或者說誘致性制度變遷是有關群體對制度不均衡的自發性反應，自發性反應的誘因就是潛在利潤的存在。

一般來說，從某個均衡點開始，有四種原因能引起制度不均衡：一是制度選擇集合的改變；二是技術改變；三是制度服務的需求改變；四是其他制度安排的改變〔林毅夫（一九八九）〕。

(3)漸進性，即誘致性制度變遷是一種自下而上、從局部到整體的制度變遷過程。之所以會如此，主要是因為制度的轉換、替代和擴散需要時間，從外在利潤的發現到外在利潤的內生化，其間需要經過許多複雜環節。

互聯網金融在中國的興起：基於制度變遷的一般性考察

從制度變遷的角度著眼，以互聯網金融為載體的制度性金融創新最為直接的目標是金融體系的功能實施效率不斷提升，或者說金融發展。從這個視角著眼，可以清晰地看到，鑒於互聯網金融的核心是依托社群網路這一虛擬空間的數據（或者說資訊資源），因此互聯網金融的興起不僅極大地降

㊺二〇一二年底，中國金融資產規模達到一百七十一兆五千三百億人民幣，利潤達到一兆五千八百億人民幣；其中，銀行業金融機構的資產規模為一百三十三兆六千兩百億人民幣，佔金融總資產的百分之七十七．九，利潤為一兆五千一百億人民幣，佔金融業利潤的百分之九十五．二。

低了交易成本，克服了傳統金融服務的物理空間、局域和時間約束，使人們的金融交易可隨時隨地（anytime and anywhere）完成，其更為重要的作用是在克服了金融活動中的資訊障礙、弱化了資訊不對稱引致的逆向選擇和道德風險問題的同時，極大地削弱了原先阻礙金融發展的既得利益集團的勢力——網路技術變革帶來的一個後果是，金融領域原有的既得利益集團再排斥新的進入者已經沒有意義，因為技術使得競爭跨越了政治上的邊界，或者說政治上的金融業務准入障礙已變得形同虛設。顯然，這些將極大地促進中國的私人信貸活動，進而促進金融發展。

關於這一點，可以互聯網金融對不同層面上金融發展的影響做進一步的分析。

首先，就金融結構視角下的金融發展觀[46]而言，對於以P2P（點對點）為核心的互聯網金融而言，其未來的發展將在「超級網銀（即機構或個人只需在央行設立賬戶，直接通過央行進行結算）」的基礎上，使支付結算、融資出現較為顯著的「去銀行中介化」現象（但銀行家仍然存在，只不過更多地體現為提供資訊中介，並不特別強調資金的中介定位），進而全社會的融資格局可能會呈現「直接融資為主、間接融資為輔」的融資模式。容易理解，互聯網金融興起後的金融結構將較以往有較大的改變。

其次，就功能金融視角下的金融發展觀[47]而言，考慮到：第一、網路與生俱來的資訊創造及資訊流整合功能，在提升透明度的基礎上成就了大數據時代，而以之為前提的雲數據處理技術的出現，客觀上使傳統的抽樣調查所無法描述的細節資訊及其整合成為了現實，並且這些雲數據所內含的個人或企業的信用資訊，比商業銀行等金融中介傳統的信用評級技術所得的結果更為準確；第二、基於網路平台的支付結算體系則在克服了物理空間以及時空約束的同時，加快了資金的流動速度，使支付清算資金從現有的「存量化」轉變為「流量化」，可以最大限度地保證交易雙方特別是資金接收方（即債權人）的利益；第三、從「財富管理（或者說風險配置）」功能著眼，互聯網金融通過向下延長客戶群鏈條和提供成本低廉、快捷便利的行銷網路，不僅豐富了財富管理需求者的結構，而且有效地擴大了財富管理需求者的規模。可以認為，在互聯網金融出現之後，社會能以更有效率的方式去滿足對於金融功能各方面的需求，實現資源配置優化基礎上的金融發展。

再次，就金融民主化視角的金融發展觀而言，考慮到在互聯網金融出現之前，由於缺乏關於借款人公開的可靠資訊以及相關法律制度的缺失，金融契約特殊性決定的「理性歧視」導致金融的服務對象極為有限，往往過於強調抵押和關係的特權，出現對窮人冷眼相看、對有錢人俯首帖耳的狀況，而互聯網金融作為「包容性金融」或「平民金融」的一種體現，帶有一定的「自金融」特徵。從理論上說，在這個金融體系下，人人都是金融家，人人都是金融的受益者。這在引起金融參與者數量迅猛擴張的同時，也為風險的廣泛分散，或者說把風險分配給那些最適合的人提供的一種全新途徑。

---

46 從金融結構的歷史演進來判斷金融發展，最早是由跨國比較金融分析的先驅戈德史密斯（一九六九）提出——在他看來，金融結構是指由金融工具與金融機構的形式、性質及其相對規模共同構成的一種狀態，而金融發展則是指金融結構的變化，因此研究金融發展必須以有關金融結構在短期或長期內變化的訊息為基礎。

47 功能金融理論是以默頓和博迪等（一九九五）為代表的一批學者在揚棄只關注價格和數量的「新古典經濟學視角」和過於靜態的「機構視角」基礎上，作為對近三十年來眾多金融理論與實踐發展的反思與綜合之後提出的一個全新的金融體系分析框架，它有兩個基本理論出發點：一是認為金融體系的基本功能遠比機構要穩定——功能很少隨時間和地域的變化而變化；二是認為機構的變化是由功能決定的，機構之間的競爭與創新最終使得金融功能更有效率。

最後，就金融自由化視角的金融發展觀[48]而言，互聯網金融的出現可能成為誘致監管變革、推動利率市場化的重要力量。

互聯網金融在中國的興起：基於中國的進一步思考

如果說單就金融發展層面而言，互聯網金融的出現和興起有著極為深刻的一般理論原因，我們很難理解為什麼如此短的時間內互聯網金融在中國能夠掀起當前這樣的熱潮。顯然，要想理解這一點，有必要深入中國經濟金融的內部來尋找一些特殊原因。在我們看來，互聯網金融作為一種誘致性制度變遷，其出現和興起與下列三個原因有著密切的關聯：

第一，互聯網金融是以阿里巴巴、騰訊、新浪、百度等為代表的公司，在網路技術飛速發展背景下產業轉型的內在需求。

從現實來看，以阿里巴巴、京東等為代表的網路電子商務公司和以騰訊、新浪、百度等為代表的網路技術公司是中國互聯網金融的主要發起者和實踐者。從理論上說，貿易商（含電子商務公司）的功能主要有四項：一是調查買方的資信狀況，保存支付紀錄，並且為一些交易商的債務提供擔保；二是調查所銷售產品的品質，並且以自己的聲譽為產品的品質提供證明；三是瞭解市場，從而能夠對買方和賣方進行匹配；四是運輸貨物，並且為運輸中的貨物提供保險。從實踐看，為了保證資訊空間的交易能夠順利地進行，電子商務領域發展出了各式各樣的私人或準政府的第三方機制，如網上拍賣和發行信用狀書給網上合格交易者的認證機構、以技術為基礎的「數位執行機制」等，用以防止違約行為的發生。

隨著這些私人裁決機制被社會廣泛接收，阿里巴巴的淘寶網、京東等依托網路的電子商務公司不僅實現了貿易資訊流在時間和空間上的整合、從個體到整體的整合、由局部到無邊界的整合，而且它們以此為基礎，推動著物流的整合，並最終以其巨大的成本優勢實現了對已有商業模式的系統整合，重塑了中國商業新的競爭格局。

但問題在於，即便電子商務的規模不斷攀上新的台階，但由於市場競爭日趨激烈，在買賣雙方對中間人關係網路的依賴度不斷增加的同時，其盈利模式單一的弊端日益明顯，利潤相對萎縮。在這樣一個大背景下，很多電子商務公司意識到即使存在海量的資訊，對於買賣雙方以及其他第三方而言，仍然很難評估代理人的資信水準，因為這需要對其業務以及財務狀況都非常瞭解，進而網路技術的飛速發展非但沒有降低反而強化了其聲譽與關係網路在融資方面的價值。很自然地，這些電子商務公司試圖利用這種聲譽與關係網路進軍金融業。在金融服務業門檻極為嚴格的中國，最為直接和便利的方式是先依托銀行介入支付結算環節，於是就有了支付寶等第三方支付平台的出現。

電子商務公司提供的第三方支付平台在客觀上進一步強化了其對網路用戶（包括網商和消費者）的專屬資訊優勢，在監管缺失的背景下，這些電商紛紛利用政策機遇開展小貸業務、基金銷售等其他金融服務。

---

48 從內涵上看，金融自由化視角下的金融發展觀在早期更多地強調放鬆管制，利用利率、匯率市場化等措施來增強儲蓄意願，同時優化資源的配置。

第二，互聯網金融的出現滿足了金融壓抑背景下中國居民、企業等經濟主體的內在需求。之所以強調這一點，是因為互聯網金融的發展，不大可能僅僅依靠阿里巴巴、騰訊、新浪等電子商務公司或網路技術公司，其產生、發展更為深層的原因在於互聯網金融恰好滿足了長期受到金融壓抑影響的眾多普通居民和中小企業的內在需求。

從居民的資產選擇層面看，時至今日，儘管中國人均GDP以及人均金融資產規模已較三十五年前有了極大的飛躍，但可供投資的金融產品不但較為有限，而且在存款利率無法市場化、存款收益偏低的同時，商業銀行等金融機構（相對居民而言）還處於賣方優勢地位——一九九六—二〇〇二年的七年間，存款利率連續八次下調（外加一九九九年十一月實行的利息稅），一年期存款利率從百分之十·九八降低到百分之一·九八、活期存款利率從百分之三·一五降低到百分之〇·七二；然而，同期的城鄉居民儲蓄存款餘額不僅沒有減少，反而大幅增加，從一九九五年底的不足三兆元增加到二〇〇二年底的八兆六千九百億元。這種現象不論是稱為「強制儲蓄」、「被動儲蓄」還是「剛性儲蓄」，都反映了金融機構在城鄉居民儲蓄存款市場的優勢地位。同時，金融機構的各項存款餘額從一九九五年底的五兆三千八百億元增加到二〇〇二年底的十七兆零九百億元，也反映了金融機構在存款整體市場的優勢地位。

容易理解，在這種特殊的背景下，收入、資產規模不斷增加，進而風險承受能力不斷增強的很多中國普通民眾，對選擇銀行提供的存款產品在很大程度上帶有無奈甚至吃虧的感受，也就是經濟內部內生出了對市場化風險—收益特性的巨大需求。現實地看，儘管中國的商業銀行、證券公司、信託公司等金融機構都意識到了這一點，而且也不斷試圖通過理財、信託等其他結構性產品的創設來滿足民眾的這種需求，但由於這些產品的規模要求較高，相當一部份中國普通民眾無法涉足其中。以「無門檻」、「平民金融」或「普世金融」這一口號出現的提供市場化收益率的眾多互聯網金融產品恰恰能夠滿足中國很多中低收入網路群體的需求——從中國目前的情況看，儘管單個主體的可用資金量非常有限，但現有的中國收入分配格局決定了這類群體數量極為龐大，加總的資金數量極為可觀，在風險意識並不太高的中國，足以在短期內支撐起一個龐大的針對互聯網金融產品的需求。

互聯網金融的迅猛發展應該是巨額資金供求相互匹配的結果，顯然不能僅有資金的供給，而沒有經濟運作中對資金的需求。對處於經濟高速發展時期的中國而言，這一資金需求的要求也同時具備。

要理解這一點，可以從正規市場的資金需求和非正規市場的資金需求兩個角度來分析。

首先，在銀行主導的正規金融市場中，與存款一樣，商業銀行等金融機構相對於資金需求方的企業而言也處於賣方優勢地位——在中國債權債務類金融產品規模中，如果將政府性證券（國債和央行債券等）除去，則在企業和居民層面的債權債務類金融產品規模中，截至二〇一二年底金融機構貸款餘額所佔的比重高達百分之八十．九一，因此貸款是企業營運資金的主要來源。在這種條件下，對企業來說，貸款資金的可得性比貸款利率水準的高低更為重要，所以只要對貸款利率具有承受能力（例如，利潤率高於貸款利率），即便貸款利率有所提高（例如，提高一至兩個百分點），企業對貸款數量的需求並不會明顯減少。在資金緊縮的條件下，為了維持正常的經營運作，企業甚至可能在貸款利率高於經營利潤率的條件下繼續借款。二〇〇四至二〇〇七年一年期貸款利率從百分之五．

三一上升到百分之七．四七（提高了二．一六個百分點），同期的各項貸款餘額從二〇〇三年底的十五兆九千億元快速增加到二〇〇七年底的二十六兆一千七百億元，增長了百分之六十四．五九。

其次，從非正規市場的資金需求看，中國大量的中小企業無法獲得信貸以及證券發行等正規金融的支持，轉而被迫藉助親友借貸、商業信用甚至高利貸等途徑來滿足企業成長過程中的資金需求。對於這一點，從近年來的眾多相關報告都可以得到證實。

在我們看來，中國經濟運作中對正規金融體系之外金融產品的內在資金供給和需求，成為了促進互聯網金融發展最為直接的原因。

第三，鑒於當前的中國互聯網金融發展還處於「無門檻、無標準、無監管」的「三無」（或者說「野蠻生長」）狀態，互聯網金融成為很多經濟主體進行「監管套利」、「跑馬佔地」，甚至投機或詐騙的手段。

客觀地說，在以商業銀行為代表的中國金融業賺取豐厚收益的今天，中國互聯網金融「無門檻、無標準、無監管」的三無狀態引發的監管套利、為佔據未來行業競爭優勢地位而實施的「跑馬佔地」以及投機，甚至詐騙等動機都不鮮見。換句話說，如果中國現有的金融法律法規較為完善、監管體系較為成熟，則很難看到現有的互聯網金融發展盛況。當然，之所以中國的金融監管當局對互聯網金融的發展採取較為寬鬆的政策，在我們看來，除了對包容性金融的認可之外，很大程度上是因為目前中國正規的金融體系的確存在很多弊端，無法滿足實體經濟發展的需求，尤其是眾多的中小企業無法獲得融資管道。如果堵塞這些管道，中國經濟運作中的很多問題（如中小企業倒閉引發的失業乃至社會動盪等）將日益凸顯。

互聯網金融的興起與中國金融業態的歷史性變革

現實地看，雲計算、搜索引擎、大數據等資訊科技的飛速發展將在實現資訊傳播的全息化、持續化、無差異化的基礎上，推動金融營運方式的更加扁平化、彈性化，真正全方位、不間斷服務，最終使得金融服務更加精細、交易更加高效。因此，對於中國傳統的金融業態而言，以「攪局者」角色出現的互聯網金融已經並將繼續給現有的金融業競爭模式帶來極為深刻的變化，成為推動中國金融業態實現新的歷史性跨越的一個重要力量。

當前中國的金融業態分析

中國金融業態的基本構成

以商業銀行為主體，涵蓋了銀行、證券、保險等眾多金融中介類型的多元化金融機構體系的形成無疑是一九七八年以來中國金融領域最為突出的變化之一。

(1)銀行業。以一九七九年中國農業銀行、中國銀行和中國建設銀行的恢復設立為起點，中國原先由中國人民銀行「大一統」的單一銀行體系經過三十餘年的發展，目前已轉變為一個以國有控股商業銀行為主體、股份制商業銀行和城市商業銀行為輔的多元化銀行業金融機構體系——根據中國銀監會的統計，截至二〇一三年底，中國銀行業金融機構共有法人機構三千九百四十九家，包括兩家政策性銀行及國家開發銀行，五家大型商業銀行，十二家股份制商業銀行，一百四十五家城市商業銀行，四百六十八家農村商業銀行，一百二十二家農村合作銀行，一千八百零三家農村信用社，一家郵政儲蓄銀行，九百八十七家村鎮銀行等。

在銀行機構類型日益多元化的同時，中國銀行業的資產負債規模也不斷擴大——截至二〇一三年底，中國銀行業金融機構境內本外幣資產總額為一百五十一兆三千五百億元。其中，中國國有控股大型商業銀行為六十五兆六千億元，佔比百分之四十三．三四；股份制商業銀行為二十六兆九千三百億元，佔比百分之十七．七九；城市商業銀行為十五兆一千兩百億元，佔比百分之九．九九；農村中小金融機構和郵政儲蓄銀行約為二十四兆三千八百億元，佔比百分之十六．一一。

(2)證券公司。自一九八七年以來，二十餘年的制度變革客觀上使得中國證券公司體系不僅從無到有，而且其結構也發生了深刻的變化，市場化的證券服務機構體系初步形成，產權多元化的趨勢也隨著股份制改造以及民間資本和外資的進入而初露端倪——截至二〇一三年底，中國共有一百一十五家證券公司、五千七百八十五家證券營業部，證券從業人員超過二十二萬人。二〇一三年底，一百一十五家證券公司的總資產達到兩兆零八百億元，淨資產和淨資本分別達到七千五百三十八億五千五百萬元和五千兩百零四億五千八百萬元，見**表一**。

(3)保險業。自一九七八年以來，中國保險業大致經歷了兩個發展時期，即一九七九至二〇〇二年的恢復發展期和二〇〇三年之後的全面開放和迅速發展期。二〇〇六年，隨著《國務院關於保險業改

表一　一九九八至二〇一三年中國證券公司資產和經營狀況單位：億元

	1998年	2001年	2005年	2007年	2009年	2011年	2012年	2013年
證券公司家數	90	106	116	106	106	109	114	115
總資產	2268	6315	2770	17337	20000	15700	17200	20788
淨資產	352.94	923.20	609.00	3443.00	4839.00	6302.55	6943.46	7538.55
淨資本	223.42	971.15	381.00	2977.00	3832.00	4634.02	4964.36	5204.58
營業收入	—	—	115.00	2836.00	2050.00	1359.50	1294.71	1592.41
利潤總額	53.10	37.00	-78.00	1902.00	933.00	393.77	329.30	440.21

資料來源：一九九八至二〇〇一年數據來自黃憲《一九九九至二〇〇二年中國證券業發展實證研究》，二〇〇五至二〇一三年數據來自中國證券業協會。

革發展的若干意見》頒佈，中國保險業的改革發展進入了一個全新的時期，一些重要領域和關鍵環節的改革取得了重大進展，一個功能完善、分工合理、公平競爭、共同發展的保險體系初步建立——截至二〇一三年底，中國保險公司的數量超過一百五十家（一九九八年僅二十八家，二〇〇二年為六十二家），行業資產總額達到八兆兩千九百億元；用於各類投資的保險資金（不包括存款）達到五兆四千兩百億元；二〇一三年中國保險業的原保險保費收入一兆七千兩百億元（見圖一）。[49]

(4)當前中國金融業態格局的總體判斷。從中國金融業態的構成看，銀行、證券、保險和信託等各個業態的發展相對不平衡，突出表現為銀行業獨大，保險、證券、信託和租賃業規模偏小，並且呈現出相對僵化或凝固的態勢，實際上處於一種自我強化的演進狀態——就銀行、證券和保險這三個行業的資產比重相對變化看，截至二〇〇七年末，中國銀行業的資產規模為五十二兆六千億元，佔金融業總資產的比重為百分之九十二；證券業的資產規模為一兆七千億元，佔比為百

[49] 此外，自二〇〇四年中國加入WTO的過渡期結束、保險業全面開放至今，已有超過十五個國家和地區的五十多家外資保險公司在我國境內設立了兩百餘個營業機構。與此同時，隨著中國人保、中國人壽以及中國平安等險企的相繼海外上市，中國險企「走出去」的步伐也明顯加快。

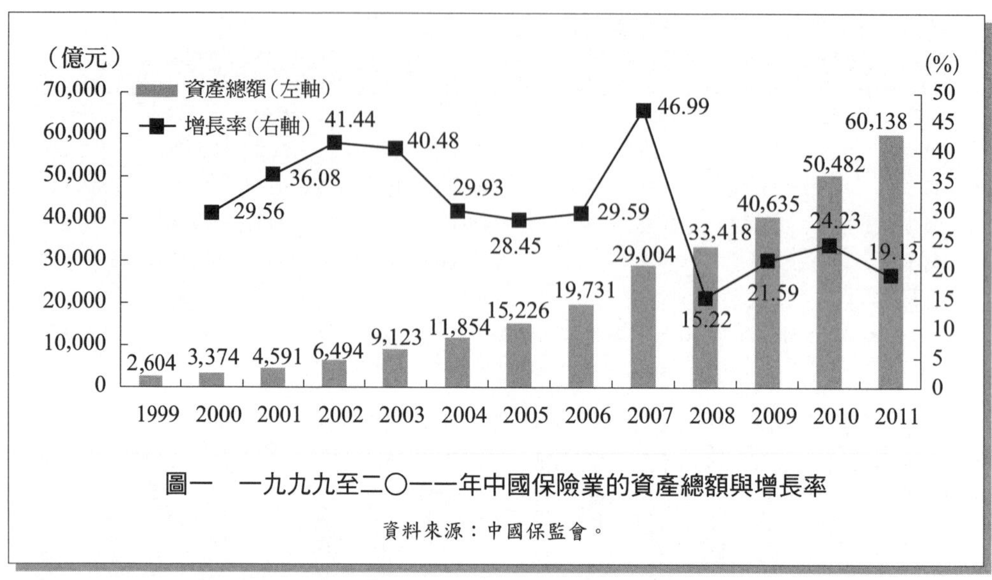

圖一　一九九九至二〇一一年中國保險業的資產總額與增長率

資料來源：中國保監會。

分之三；保險業的資產規模為兩兆九千億元，佔比為百分之五；截至二〇一三年底，銀行業的資產規模達到了一百五十一兆三千五百億元，佔金融業總資產的比重為百分之九十三．六，較二〇〇七年底上升了一．六個百分點；證券業的資產規模為兩兆零八百億元，佔比僅百分之一．三，下降了一．七個百分點；保險業的資產規模儘管增長到了八兆兩千九百億元，佔比仍維持在百分之五．一的水準。

這種金融業態的分佈格局表明中國的現代金融服務業建設還處在初級發展階段，各類金融機構的發展相對不平衡，特別是中小金融機構和非銀行金融機構的發展相對滯後，金融業態仍處在完善進程之中。

當前中國金融業態格局的成因分析

在我們看來，現有中國金融結構尤其是金融業態格局的形成有兩個至關重要的原因：一是政府主導經濟體制過程中對中國金融的獨特定位；二是金融運作內生的自身強化機制。

(一)經濟轉軌過程中的金融定位與中國金融結構進而金融業態的選擇

如果說改革之初的金融發展更多的是出於巧合而不是有意的設計——當構成人口四分之三以上的農民在二十世紀八〇年代初進入了市場，進而導致傳統的以自給自足和物物交換為典型特徵的非貨幣化經濟大量萎縮以及經濟貨幣化程度不斷提高，農民通過國家銀行體系開始成為政府的一大淨貸款人，為宏觀經濟的穩定提供了至關重要的資金支持。但問題是，當一九八四年改革的重點轉向國有企業的時候，如何實現國民經濟運作在效率與穩定間的平衡就成為擺在中國政府面前迫切需要解決的首要問題。

人們通常認為，中國在工業部門的改革不如農業部門成功。之所以有這樣的判斷，首先，是因為兩個部門的技術及內部組織特徵不同——不同於中國家庭耕作技術的工業技術決定了企業具有複雜的內部組織結構和外部關係；其次，與農業組織的制度環境比較簡單有所不同，企業改革的順利進行需要財稅體制、金融體制、投資體制、社會保障制度和政府職能轉變等多領域的配套，沒有這些方面的輔助性改革，單一的企業改革是不可能成功的。因此，如何配合國有企業改革的推進，在很長一個時期內就成為中國金融體制改革和發展繞不過去的目標取向之一。

但問題是在改革伊始，由於中國並未採取與蘇聯、東歐等轉軌國家類似的激進且大規模的國有企業私有化改革，而是選擇了在所有權保持不變前提下以「放權讓利」為核心的國有企業改革，客觀上使政府和企業的關係一直處於一個兩難狀態之中——要麼就是政府管得過多，企業抱怨缺乏自主權；要麼就是政府放得太多，導致作為所有者的國家對企業失去控制，並因企業不負責任而受到損失。在這樣一個大的背景下，中國政府正確地認識到：一、國有企業的預算約束仍在相當程度上延續了計劃經濟的狀態，或者說仍然非常軟，進而國家仍必須承擔相應的國有企業支持義務；二、在提供各種原材料或較複雜的生產者商品方面還沒有來自硬約束非國有部門的充份競爭時，價格控制對於穩定生產者價格是必要的；三、伴隨著隱性財政收入體制的解體，在財政收入下降的前提下，金融體系是維繫宏觀經濟穩定，尤其是由於競爭加劇導致虧損的國有企業平穩運作的重要支撐制度之一。

在這種經濟背景下，對於中國政府而言，如何實現國家主導下金融供給和金融需求的匹配，藉助金融來控制經濟運作，進而保持經濟金融的穩定，可能遠比一般意義上偏重效率的金融發展更具現實意義。而恰恰在政府的這一政策導向下，隨著改革的推進而開始直面受到硬預算約束的鄉鎮企業、個體企業等「新」企業市場競爭的「舊」國有企業和國有專業銀行之間天然的經濟聯繫，成為強化原有銀行主導型金融模式的重要力量。

對於在長期推行重工業優先發展戰略下生存和發展的國有企業而言，從限制競爭進而維繫其既有利益的角度看，繼續保持原有以商業銀行為主導的金融安排（進而只需要金融增長而非金融發展）比直接禁止新的競爭者加入有四個較為突出的優點：一、直接的准入限制執行起來通常成本很高，特別是當所限制產業對應的產品很難清晰界定（存在很多替代品）的時候，執行起來尤其困難；二、實行積極的准入限制要經歷一個比較公開、透明的政治流程；三、限制准入的障礙設計得越技術化，公眾就越不容易進行合理的判斷，而只能採取無關的態度；四、限制准入的領域主要是一些已有的老產業，沒有明確的既得利益者可以擁有新的技術和經濟領域的壟斷權力[Rajan and Zingales(2003)]。換句話說，保留並延續中國原有的以國有專業銀行為主導的金融體系，並通過國家主導下的金融供給和金融需求，中國傳統的以重工業為主的國有企業在很長的一段時間內仍處於一種類似計劃經濟時期的競爭缺失狀態，其生產所需的各類資源仍藉助包括金融在內的各項制度安排得到了確保，而面臨硬預算約束的非國有經濟的產業分佈，則主要集中在資本要求較低的勞動密集型輕工業，與第三產業中的零售貿易和餐飲業，其規模多以小企業為主。

另外，作為國有企業的利益共同體，當時的國有專業銀行（一九九五年後的國有商業銀行）一開始也同樣滿足於原有的金融供給安排。之所以會這樣，一方面，因為對它們而言，金融市場的發展固然可以為它們帶來更多的業務機會，但同時也可能削弱它們的相對優勢，尤其是證券市場興起後引發的業務競爭更是如此——中國當時極不透明的借款人歷史和不充份的法律基礎實際給新的競爭者進入金融領域製造了很大的障礙，而既得利益者可以坐享豐厚的利潤（或在職利益）；另一方面，在政府主導金融供給和金融需求的背景下，與業務相關的盈利或損失最終是由國家來承擔的，銀行本身缺乏創新進而改善經營績效的激勵。

容易理解，當以重工業為主的國有企業和國有專業銀行都沒有金融改革和創新以及金融發展的需求時，以轉軌過程中宏觀經濟金融穩定為首要目標的政府對中國的正規金融體系就採取了一種較為保守的態度，同時對於較小比例的體制外金融需求和金融供給（也可以稱為另類金融體系、非正規金融或地下金融）則相對較為寬容。在非國有經濟的發展需要資金支持的情況下，允許農村信用社、城市信用社等體制外金融機構可以不遵守國家的金融供給政策，而是直接在市場主導下根據自身效用最大化的原則提供金融供給。

(二)金融運作的內在強化機制與中國金融業態的形成。從實踐來看，一方面，金融服務業是個與金錢打交道的行當，自然吸引了為數眾多的騙子，業內人士對此當然心知肚明，因而特別強調用信譽和風險控制來保護自己，進而總部大樓、分支機構等物理性資產就成為各類金融機構向全社會顯示其聲譽或安全性的重要途徑；另一方面，在以金融機構准入限制、業務限制（分業經營）以及利率、匯率形成並未完全市場化等金融壓抑政策的約束下，一直到現在，同一類金融服務機構間的競爭還是更多地著眼於聲譽（往往與所有制相關）、據點的便利性等因素，而不是業務的差異化和創新性。正是在這樣一個大環境中，中國包括商業銀行、證券公司和保險公司等在內的各類金融機構長期以來的重要發展策略之一就是強調物理性經營據點的極端重要性，即通過分支機構或營業據點的競爭性設置來為業務的獲得和拓展、經營規模的擴張提供物質保障。

現實地看，一方面，中國金融服務業長期以來所奉行的這種經營競爭策略導致了准入門檻較高進而壟斷性較強，其後果是金融服務的提供成本高昂、資訊聚合度差、資訊效率低，但能在金融壓抑下產生高利潤；另一方面，各類金融服務業之間發展的極不均衡性，即相對證券業和保險業而言，擁有分支機構數量、固定資產規模最大的商業銀行業的比重過大，而且這一業態下競爭格局的構成相對凝固，處於一種自我強化的演進狀態。

互聯網金融對中國現有金融業態的衝擊

客觀地說，如何引入新的動力，打破中國現有的金融服務業競爭格局與競爭態勢，成為未來一個階段中國金融發展的核心問題之一。

就目前的情況看，儘管互聯網金融在中國出現且興起的時間極短，其規模相對於傳統意義上的金融服務業而言也處於極小的狀態，但如果從其出現之後所引發的對中國現有金融服務業態的衝擊和現有金融服務業提供者的反應來看，互聯網金融具有充當中國金融業態競爭的「攪局者」，進而成為引致中國金融基因式變革，尤其是金融業態的歷史性跨越的巨大推動力。

互聯網金融對中國銀行業的衝擊

現實地看，中國的商業銀行業可能是受互聯網金融衝擊最為明顯的一類機構，不僅在支付結算等中間業務上受到了第三方支付平台的直接衝擊，而且其最為核心的存款和貸款業務也開始直接面臨相關互聯網金融業務的衝擊。

支付結算一直被認為是商業銀行專屬的最為傳統也最為基礎的業務之一。從理論上說，對於商業銀行而言，它提供的支付結算服務不僅意味著無須承擔風險的收入來源，更為重要的是藉助對客戶（企業或個人）收支賬戶的準排他性的管理，為銀行提供了極其重要的資訊優勢——通過這種方式，銀行能夠監視客戶的財務狀況，猶如可以隨意察看後者的會計賬本一樣，從而接近其他主體無法獲得的關於客戶的隱含資訊，進而銀行能夠盡早地診斷客戶的財務問題，以類似相機治理的方式干預其內部管理。這種資訊優勢以及基於資訊優勢的壟斷地位是商業銀行長期以來佔據金融體系主導地位的重要制度保障之一。

但以網路（或行動網路）為依托的第三方支付平台以及行動支付的出現，從根本上改變了銀行在支付結算領域的專屬優勢——與銀行提供的服務相比，第三方支付平台提供的網路支付[50]與藉助智慧型手機、平板電腦進行的行動支付[51]等互聯網金融服務不僅極大地降低了成本，更為重要的是其在更為便捷、人性化的同時，能夠真正隨時、隨地和以任何方式進行支付結算。

從中國目前的情況看，無論是第三方支付還是行動支付，最終仍需要客戶在銀行開卡後才能完成，進而它所承載的管道作用比較明顯，金融化還不是很完全。但是，第三方支付和行動支付領域的開拓，尤其是央行牌照對整個網路支付行業的規範引導，使互聯網金融的概念開始得到了廣泛的傳播，也為諸如**P2P**、資產管理等創新型互聯網金融模式的出現提供了可能，進而直接威脅到商業銀行的存貸款等核心業務。

首先，是隨著大數據金融等互聯網金融模式的出現，商業銀行的傳統貸款業務開始在一定程度上受到互聯網金融的衝擊。大數據金融的核心是網路服務金融提供商藉助支付結算以及社區網路註冊、行為軌跡分析等活動所擁有的專屬資訊優勢，而這與商業銀行的傳統優勢高度一致。在商業銀行還需要擔負大量監管成本與固定成本的背景下，互聯網金融服務提供者可以較低的成本完成針對消費信貸、供應鏈金融等風險相對可控的客戶的信貸評估和投放，這無疑擠佔了商業銀行的部份業務發展空間。

其次，在當前存款利率還受到管制的背景下，隨著餘額寶、百度理財、易寶等新的網路資產管理業務的出現，商業銀行的負債「脫媒」壓力進一步增加，部份存款轉向了貨幣市場基金等貨幣市場產品。從目前的情況看，一方面，由於中國並未出台存款保險制度，很多「寶寶類」網路理財產品的性質較為模糊，所以從資金規模上看，商業銀行存款「脫媒」的現實壓力並沒有導致大的衝擊，僅有邊際意義；另一方面，這些產品對商業銀行資金成本進而貸款成本的衝擊卻成為爭論的焦點——盛松成等（二〇一四）指出，餘額寶的高收益主要來源於政策套利，金融體系內資金的循環直接導致了銀行存款成本的上升，因此，如果將餘額寶納入存款準備金管理體系，則其收益來源將被大大壓縮，從而有助於保障市場公平競爭。高善文（二〇一四）認為，餘額寶通過通路變革不僅交易費用的大幅下降，而且若存款利率在餘額寶的推動下被放開後，銀行存款量將會上升，這會造成貸款利率相應下降，進而市場上流行的餘額寶推高貸款利率的說法是錯誤的。

在我們看來，以餘額寶等為代表的網路理財產品的現實高收益主要有三個方面的原因：一是通過將眾多分散資金匯聚之後，實現從零售存款向同業存款市場的轉變而獲得跨市場息差；二是在銀行體系信貸規模快速擴張背景下流動性短缺衝擊導致的短期利率抬升；三是資金未被納入存款準備金監管所引致的監管租金。因此，從本質上看，餘額寶的關鍵在於其成功地創造或進行了匯集眾多用戶的零散資金進行集合理財，代表了金融市場化，或者說「金融脫媒」的一種必然趨勢。餘額寶的出現和發展勢必抬升商業銀行的（存款）資金價格。但問題是，無論從美、英等已開發國家的歷史和中國現實來看，在貸款利率日趨市場化的大背景下，銀行存款利率的上升並不必然意味著貸款成本

㊿從最早涉足互聯網金融的阿里巴巴來看，它旗下的支付寶就是一個在二〇〇四年創立並有著近十年歷史的第三方支付企業，在業務的不斷磨合和數據的積累之下，支付寶成為了互聯網金融行業發展的雛形，同時也獲得了國內首張第三方支付牌照。

(51)行動支付是指通過行動通信設備、利用無線通信技術來轉移貨幣價值——清償債權債務關係。雲計算的興起保障了行動支付所需的存儲和計算能力。

的上升，反而有可能成為誘發銀行業務模式轉型的重要原因。之所以有這樣的判斷，首先，從中國的情況看，同業存款市場的增長並非互聯網金融出現後才發生的，而是利率市場化背景下早已不可忽視的現象，內含了金融機構經營轉型的戰略取向——二〇〇九年初至二〇一三年末，銀行業金融機構納入存放同業、拆出資金和買入返售金融資產項下核算的同業資產從六兆兩千一百億元增加到二十一兆四千七百億元，增長了百分之兩百四十六，是同期總資產和貸款增幅的一・七九倍和一・七三倍；納入同業存放、拆入資金和賣出回購金融資產項下核算的同業負債從五兆三千兩百億元增加到十七兆八千七百億元，增長百分之兩百三十六，是同期總負債和存款增幅的一・七四三五倍和一・八七倍。其次，從二〇一三年的情況看，中國銀行業金融機構全年本外幣各項存款新增十二兆七千億元，同比增長百分之十三・五，增速同比下降〇・五六個百分點；而各項貸款新增九兆三千億元，同比增長百分之十三・八，增速同比下降一・七六個百分點，銀行業機構基本維持了原有的業務格局，並未受到互聯網金融的太大影響。最後，二〇一三年，儘管中國主要商業銀行淨資產收益率較二〇一二年略有下降，但仍然達到了百分之二十・〇五的水準。進一步的分析表明，商業銀行淨資產收益率的下降主要是由於風險收益率和財務槓桿下降所致，而邊際利潤率和業務風險水準略有上升。邊際利潤率上升表明二〇一三年中國商業銀行的經營效率有所提高。與此同時，主要商業銀行的成本收入比連續七年下降，表明成本管理效率進一步提高（中國人民銀行〔二〇一四〕）。這一系列數據表明，中國商業銀行在短期內完全有能力通過內部管理效率的改進，在一定程度上消化存款利率提高的衝擊。

互聯網金融對中國證券業的衝擊

近十年來，隨著網路技術的飛速發展，中國國內券商在借鑒國外E-trade、嘉信等新興網路券商成功經驗的基礎上，一直在加大對證券電子商務模式的探索和嘗試，或者說積極向網路「借勢」來拓展業務（核心是經紀業務）發展空間——早在一九九七年三月，華融信託投資公司湛江營業部率先推出網上經紀業務，開了中國國內證券電子商務的先河；閩發證券於同年八月推出網上證券經紀服務，發展到今天，不僅幾乎所有的中國國內券商都推出了網上交易服務（開發了各種基於電腦、手機的客戶端軟體，進行網上交易、提供行情資訊等），而且相關的統計數據也顯示，截至二〇一二年末，滬、深兩市網上交易佔比已超過百分之九十。因此，中國證券業可以說很早就意識到了網路技術發展的潛在壓力。客觀地說，鑒於新興網路券商的優勢在於技術開發和低成本，自身缺乏長期積累的投行顧問力量和客戶群體，其多以提供基礎通道服務為主，通過低廉的交易佣金來吸引客戶（特別是資金不多的個人投資者），進而並未對券商的整體業務及其盈利模式帶來過大的影響。但是，隨著二〇一一年以來互聯網金融在中國的迅猛發展，中國證券業感受到對於傳統經紀業務原有發展戰略和業務模式的全面衝擊。

中國證券業之所以有這樣的感受，主要是因為在互聯網金融興起的時代，證券業的業務環境已經或進一步發生了四大改變：一是最終用戶加快向網路、行動網路遷移，使包括證券在內的傳統金融服務進一步自助化和碎片化；二是金融需求逐步產品化以及金融產品的逐步標準化；三是網路科技公司藉助技術、數據優勢，在金融領域發起跨界競爭；四是具備顯著成本優勢的電子商務正對傳統商業模式形成替代，也為券商業務結構多元化提供了出路。

在這樣的背景下，最直接的衝擊就是對中國證券公司原有的主要依托營業部數量的增加來拓展市場，進而實現業務擴張這一經營戰略的根本性改變。

首先，與美、歐等已開發國家或地區不同，中國證券業自誕生之初就主要依靠營業部而非經紀人作為證券業務提供的基礎平台，進而營業部的數量多少、地域分佈在很大程度上就成為彼此間市場競爭最直接的手段——二〇〇二至二〇一二年，全中國共增加兩千一百八十三家營業部，年複合增長率高達百分之五．三九；其中，二〇〇四年和二〇一〇年的營業部數量增長速度最快，分別比上年增加百分之四十．〇七和百分之二十一．九八。但二〇一一年以後，這一長期趨勢開始出現了逆轉的跡象：截至二〇一二年底，全中國證券公司營業部共四千九百七十八家，與二〇一一年相比減少了五十四家。在我們看來，互聯網金融可能是引發這一趨勢反轉最主要的原因——鑒於互聯網金融的出現縮小了溝通的距離，使得證券公司無須通過營業部即可為遙遠的顧客提供服務，因此將固定成本投入成本高昂的營業部的經營模式必將成為歷史。中國證券業的市場競爭態勢必將隨著互聯網金融的出現而發生根本性的變化。

其次，中國證券業的業務創新理念或方式將出現巨大的變化。在中國證券監管約束頗為嚴格的大背景下，業務雷同、缺乏特色一直是困擾中國證券業營運的主要問題之一。在互聯網金融時代，隨著大數據、雲計算等技術的飛速發展，在證券業務創新或者說產品開發方面，無論是傳統的券商還是新興的互聯網金融機構均可以在更加深入地理解、掌握以及挖掘投資者真實需求的同時，更準確地揭示產品、服務的特徵，通過構建更直觀的資訊圖譜，創造機遇社群、長尾的投資需求，最終導致各類證券產品服務機構的差別化、競爭化，引發蓬勃的創新。

現實地看，基於賬戶分層的「超級賬戶」（核心是不同賬戶的資金劃轉和客戶適當性管理差異化，不同層次的客戶可以使用的資金權限不同，而後針對不同層次的賬戶提供不同風險等級的產品，滿足客戶的消費性需求、理財需求和證券交易需求）就成為中國國內證券公司創新最為直接的後果。此外，中國國內有些證券公司還嘗試在證券賬戶中嵌入支付功能（或與第三方支付公司合作，或直接開發獨立技術系統進行完全意義上的支付功能）來應對銀行和基金的現實挑戰。

再次，網路證券的興起，有可能在強化業務競爭的基礎上加快中國現有證券公司存在的業態分化：一端是提供綜合證券服務的大型證券公司，另一端是提供高度專業性服務的精品證券公司。

最後，依托互聯網金融的資訊中介的興起，有可能對證券公司存在的基礎產生直接衝擊。保持距離型融資發展的最終狀態可能是資金供求雙方的直接互動和交易，沒有金融中介機構的介入，藉以實現融資效率的最大化和融資成本的最小化。這種金融運作狀態在以前可能還是不可思議的，但以社群網路、大數據為代表的新興技術的飛速發展以及資訊中介的出現卻增加了這種可能，或者說在一定程度上推動了證券市場不斷向這個方向發展。依托社群網路和大數據等技術的資訊中介使得資訊趨於共享透明，同時藉助搜索引擎等技術進行供給與需求的匹配，未來很可能的一種狀態就是資金供求雙方直接在社區內進行證券的發行和交易，雙方的互動交流也完全在社區內實現，甚至還會出現基於投資主題、行業乃至企業的一個個網路社區，投資者之間也會搭建一個交流分享社區。

互聯網金融對中國保險和基金業的衝擊

從目前來看，互聯網金融對中國保險和基金業的影響最直接地體現為產品設計（或創新）和行銷通路的改變以及由此引發的行業市場競爭格局的改變。

就保險業而言，目前信用數據化和數據資產化已引起保險公司的足夠重視。一些新興的中小保險公司藉助網路廉價平台快速起步，網路正在改寫保險原有的格局。與傳統保險相比，網路保險不是簡單地將傳統保險產品移植到網路上，而是根據上網保險人群的需求以及線上的特點設計產品，能夠為客戶的網上生活提供較全面的保障。線上保險能最大限度地滿足不同客戶的個性化需求，並根據客戶需求設計出真正讓客戶滿意的產品和服務，完全是以客戶為中心。對於未來互聯網金融進入保險行業，將很可能改變目前保險行業的代理人制度。目前，保險公司銷售保險產品大多不會直接面對終端消費者，而是通過大量的代理公司或代理人進行銷售，這在一定程度上與機票的代理商銷售制度類似。顯然，網路的加入將使保險的銷售越過代理人的門檻，這對於目前的代理人制度將是一個不小的挑戰。

在互聯網金融興起後，中國基金業所受的衝擊與保險業頗為類似——較為典型的一個例證是以餘額寶的創設為突破口，阿里巴巴公司控股下的天弘基金藉助支付寶一舉發展成為中國國內最大的貨幣市場基金（天弘現金增利）的同時，也引發了一場基金產品創新的變革風潮，湧現出類似百度百發、定期寶等多個基金產品，直接對現有基金產品形成了衝擊。

互聯網金融興起後中國金融業態的重構：基本設想

隨著雲計算、大數據、物聯網、定位功能等科技手段的不斷進步，憑藉社群網路、電子商務平台等積累的用戶群體及其交易數據，網路企業可以較高效地瞭解用戶在金融服務方面的需求和偏好，這在創新、整合和定制服務方面給商業銀行等金融機構的傳統服務模式帶來了不小的挑戰，進而引發中國金融業態重構基礎上的金融服務業重大變革，成為推動中國金融發展的新動力。因此，可以預見，作為一種依托網路這一虛擬世界的全新金融服務業態，互聯網金融將隨著中國金融市場化運作的制度規則尤其是金融服務准入標準的調整，藉助其特有的低成本、資訊流整合（大數據）、資訊對稱與共享和快捷高效率等優勢，其在中國的未來發展趨勢不可逆轉。互聯網金融的迅速崛起，對於中國現有的金融業態尤其是淨資產收益率較高的商業銀行而言，必然意味著市場競爭格局的顯著調整，進而引發巨大的壓力或挑戰。但客觀地看，互聯網金融內生的局限使得這種挑戰有的是帶有顛覆性的、此長彼消式的競爭，具有替代性趨勢；而有的只是彼岸相望、促進式的競爭，彼此之間難以替代。這兩類金融運作架構相互競爭後，一個較為理想的新金融業態體系可能是在分工更加明確、個性更加突出、結構更加多元、效率進一步提高基礎之上以傳統金融業態（當然也要經過網路的技術改造）為主、以現有互聯網金融模式為輔的格局。

之所以有這樣一個判斷，最為重要的一個原因是在我們的理解中，對於嘗試新東西（投資、創新等）所需的經濟資訊通常是意會的知識，而非數位式的，進而互聯網金融難以完全替代傳統金融（商業銀行）最為核心的問題是金融活動中意會資訊的重要性，以及以商業銀行和投資銀行為代表的傳統金融中介在生產、處理意會資訊時的重要作用。

要理解這一點，有必要對意會資訊以及與之相應的數位資訊做簡要說明。從理論上說，意會資訊是指無法通過簡單的數位資訊獲得的、只能在有限的區域通過關係合同或特定經歷得到的資訊，因此它們不可能在公開場合輕易獲取；而數位資訊是指那些可以表示為計算數字、書面或口頭報告的資訊，以及通過分析這些資訊的內容所得到的資訊。

從金融契約設計的內在需求看，我們可以認為：無論未來以雲計算、大數據、社群網路等為代表的網路技術能夠發展到何種高度，現實經濟社會生活中能夠數位化並且能夠在全球網路或公司資訊網路傳播的資訊不可能是無限的；與此同時，儘管數位資訊的流動性在不斷增強，各種意會資訊不僅仍是有價值的，而且其獲得更需要具有專業知識的專業人士介入，或者說互聯網金融的崛起不可能替代商業銀行家、投資銀行家和風險投資家等金融專業人士，也不可能替代商業銀行、投資銀行以及其他金融中介機構。

在我們看來，關於資訊類型的這一區分對於理解以商業銀行、投資銀行、風險投資等為代表的、相對於互聯網金融而言的所謂傳統金融核心及其未來的發展極具啟示意義。

首先，以商業銀行為代表的傳統關係型融資可以看作貸前監督、貸中監督和貸後監督這三個階段的整合式捆綁及相應知識的綜合使用。

從理論上說，貸前監督主要對付逆向選擇問題，即融資者和借貸者關於項目風險、借貸者技能等資訊不對稱問題。如果這類監督主要基於數位資訊，它就對應於實際中的盡職調查。當然，貸前監督的範圍也不限於逆向選擇問題，在有些情況下，項目的價值對於借貸者來說不確定（如某項目的市場價值可能取決於另一個平行項目的運作狀況），此時具備該平行項目融資能力的融資者就處於比借貸者更有利的位置，雖然他的知識由於不存在評估這兩個互補項目綜合價值的市場而不可能完全數位化。

融資者運用其所掌握的知識判斷再融資的時機及相應對策的資訊加工活動稱為貸後監督，這也需要用到意會知識。處於事前和事後監督之間的資訊加工活動則屬於貸中監督，其目的是幫助融資者積累借貸者在項目進行中的資訊。

其次，與商業銀行類似，投資銀行的存在可以降低投資者與企業之間的資訊壁壘，而正是這些資訊壁壘阻礙了投資的發生。從理論上說，投資銀行關注的資訊並非與專利、專有技術等相關的知識資產，而是價格相關資訊（在很大程度上體現為意會資訊），即資本家用以為潛在創新進行估值的資訊。即便擁有充足的財力，創新者也需要這些資訊，如果沒有這些資訊，一家企業或是管理良好的公司是不會投資的。顯然，這類資訊與知識資產所包含的資訊不同，公開進行何種創新決策的價值並不會減少創新的內在價值，一旦創新有機會在市場上證明自己，那麼相關資訊就會立即成為普通知識。

與投資銀行相關且最為關鍵的一點是很難建立關於這種價格相關資訊的正式產權——不僅很難讓潛在資訊購買者相信資訊是準確的（進而無法確定價格），也很難證明當事人是從生產者那裡獲得了資訊（進而確保購買資訊的支付），而且更為重要的是出售資訊的當事人並不是立即讓渡了資訊；換句話說，他還能將資訊反覆地轉讓給第三方、第四方乃至無窮（這會弱化購買者對資訊商業價值的判斷）。而作為法外機構的投資銀行則可以創造一個與價格相關資訊的市場——在這個市場上，價格相關資訊的非正式產權可以進行交易，進而促使資訊生產者（可以是退休基金等大規模投資者，也可以是類似試圖退出其投資的私募基金公司這樣的在資訊生產過程中專注於某一方面的小型投資者）的存在和發展。

再次，當融資項目是一種高度不確定的創新項目時，鑒於項目的市場價值高度不確定，致使融資者的融資決策必須依賴於對企業家個人特徵和項目性質的直觀判斷，此時風險投資家的作用至關重要。此外，在無法證實的事態下進行再融資將對應著下一個「階段融資」，即再融資決策取決於企業家執行開發項目的進展情況。在後續融資階段，風險投資家的知識逐漸積累並日趨清晰，但大多仍是意會式的。

如果上述分析成立，那麼我們可以看到，儘管互聯網金融和以現有商業銀行為主導的傳統金融模式之間的優缺點頗為明顯——互聯網金融除了在現有依托銀行網路進行支付結算的功能升級上具有明顯優勢外，在資源配置（融資，尤其是基於供應鏈的平台小額貸款以及消費信貸等方面）和標準化金融產品的銷售兩個領域也存在巨大優勢，而傳統金融則在個性化服務、高度的專業性、較高的感知價值、對沖風險的能力、雄厚的資本實力以及線下客戶的壟斷方面等具有比較優勢。但是，從理論上說，互聯網金融是無法從根本上完全取代傳統金融的，更為客觀地判斷是互聯網金融的快速崛起將發揮「鯰魚效應（Catfish Effect）」，直接推動了銀行業的技術進步，加快了網路與金融的全面融合，或者說金融的網路化，實現凡電腦系統能處理的金融交易盡量不用人力、凡電子通路能銷售的產品盡量不用網點、凡遠程集中能處理的業務盡量藉助網路用低成本的人工和場地、凡用數據挖掘等方式找到的目標客戶盡量用網路方式行銷。

當然，從長期來看，互聯網金融無法完全取代傳統金融，同時我們也應該看到，基於網路技術的平台、客戶資源和海量數據的互聯網金融與支付、資訊顯示以及資源配置（風險管理）等金融功能之間耦合的程度也給其在傳統金融之外提供了廣闊的發展空間，尤其是民營資本在短期內可大舉介入金融領域，進而在支持小微企業和個體戶貸款業務上，可以與金融網路機構錯位行銷、自主銷售貸款，在起到拾遺補缺的作用基礎上，更好地滿足眾多網民和小微客戶的內在經濟需求，在可預見的未來成為推動中國金融運作理念、機制和效率實質性變革，進而推動經濟發展的重要力量。

關於中國互聯網金融未來發展的戰略前瞻

鑒於金融制度安排的特殊性以及金融發展所面臨的種種制約因素（諸如薄弱的產權制度、低效的司法執法機制、落後的金融基礎設施、僵化滯後的公司治理機制以及政府干預和與政策相關的不確定因素等），互聯網金融在中國的發展絕非易事。在我們看來，要想實現互聯網金融在中國的健康、有序、平穩發展，除技術進步外，更為重要的是需要中國構建一個適合互聯網金融的金融結構、金融監管以及金融基礎設施等，同時互聯網金融也要通過規範與安全基礎上的持續創新更好地滿足社會需求。

中國互聯網金融創新和發展的前提約束

中國金融結構的轉型與市場主導型金融模式的構建

在經歷了三十餘年的改革開放之後，儘管隨著多元化金融機構體系的創建以及金融市場從無到有、從小到大的迅猛發展，當前中國金融體系的整體架構較改革之初已發生了極為深刻的變革，但現實地看，如果根據銀行與市場，或者說直接金融與間接金融兩種融資機制在金融體系的地位來判斷，那麼中國金融體系無疑呈現出一個較為典型的「銀行主導型」特徵。之所以有這樣一個判斷，是因為無論是就單一時點或某一時期的相關數據及其國際比較而言（見表二），還是從實體經濟中的現實觀察而言，與金融市場相比，當前中國銀行體系都發揮著更為重要的作用：一方面，如果以一九九〇至二〇〇九年的均值計算，存款銀行資產與股票市場市值之比達到二．九三（中國的這一指標不僅遠高於美、英等國，而且在「金磚四國」中也是最高的，僅次於德國）；另一方面，在社會融資結構中，銀行貸款在一九九七至二〇一〇年佔到了全社會融資總量的百分之八十左右（參見陳雨露等（二〇一一））。

客觀地說，儘管中國現有的這種金融結構預示了互聯網金融在中國潛在的巨大發展空間，然而它很難為互聯網金融的持續發展，尤其是其初創階段的健康發展提供良好的土壤——以現有的「餘額寶」、「定期寶」、「百度百發」等理財創新產品而言，離開了發達的貨幣市場、股票市場和債券市場，我們很難想像這些創新的根基究竟在什麼地方，而國際層面規範意義上的P2P以及群眾募資融資

表二　二〇〇〇年金融體系的國際比較：基於銀行vs市場指標

	指標	英國起源	法國起源	德國起源	斯堪地納維亞起源	樣本平均	中國
銀行和市場規模	銀行信貸／GDP	0.62	0.55	0.99	0.49	0.73	1.11(0.24)
	營運費用／總資產	0.04	0.05	0.02	0.03	0.03	0.12
	總交易值／GDP	0.31	0.07	0.37	0.08	0.27	0.11
	總市值／GDP	0.58	0.18	0.55	0.25	0.47	0.32
結構指數（銀行對市場）	結構活動	-0.76	-2.03	-1.14	-1.83	-1.19	-1.07(0.46)
	結構規模	-0.10	-1.05	-0.77	-0.69	-0.55	-1.24(0.29)
	結構效率	-4.69	-6.00	-5.17	-6.17	-5.17	-1.48(-3.07)
	結構總量	1.21	-0.05	0.66	0.13	0.72	—
	結構監管	7.02	8.21	10.15	7.72	8.95	16
金融發展（銀行和市場部門）	金融活動	-1.18	-3.38	-0.84	-2.86	-1.58	-0.85(-2.38)
	金融規模	5.10	4.29	5.22	4.60	4.95	-1.02(-2.55)
	金融效率	2.18	0.44	2.85	1.04	2.01	-0.60(1.14)
	金融總量	1.23	0.13	1.47	0.48	1.05	—

資料來源：Allen et al.(2006)。

方式，從本質上看也就是銀行信貸或創意的「證券化」過程，進而離開了金融市場也很難找到其發展的立足點。

如果上述分析成立的話，那麼如何在資本市場規模不斷增大的同時，確保市場的流動性和透明度，進而推動中國現有銀行主導型金融模式的逐漸轉型就成為中國互聯網金融的基本約束條件。現實地看，在銀行地位不斷強化的今天，金融模式的這一市場化轉型難度頗大，很難在短期內實現。目前，我們所能做的就是嘗試通過修改相關的證券立法，實現證券發行機制從核准制向註冊制轉變，在強化股票、債券發行市場化約束的基礎上，積極推動銀行信貸資產的證券化創新。

中國金融監管架構的適應性調整

現實地看，與互聯網金融相對的商業銀行、證券公司、保險公司等傳統金融中介的存在及其發展往往與嚴格的金融監管，尤其是極高的准入門檻聯繫在一起，甚至有些人認為，「在傳統金融裡，由於金融管制等諸多原因，正規金融中介從誕生的第一天開始就具有貴族或管家的血統，並且攫取了其他行業難以企及的利潤」。但客觀地說，無論是理論還是歷史的實踐都可以清晰地證明，不僅針對傳統金融中介的這些監管措施有其合理的一面，而且在制度基礎不是很發達的前提下，鑒於金融活動要面臨很多難以解決的風險，金融家更樂意給有錢人（因為他們要麼有抵押品，要麼有社會關係）提供貸款應該是一種「理性歧視」。

毫無疑問，以「普世金融」或「平民金融」為核心的互聯網金融的出現及其發展肯定會弱化這種理性歧視，其背後的原因非常簡單——並不只是有財產和有關係的人士才擁有經營才能，進而抵押或關係帶來的理性歧視，導致很多擁有經營才能的人得不到必要的資源來實現他們的理想，社會就會變得更加貧窮。

但問題是，如果僅以現有的金融監管標準為依據，互聯網金融發展的未來肯定難有大的突破——單就中國現行的准入門檻而言，《商業銀行法》明確規定：「設立全國性商業銀行的註冊資本最低限額為十億人民幣；設立城市商業銀行的註冊資本最低限額為一億人民幣，設立農村商業銀行的註冊資本最低限額為五千萬人民幣。」以電子商務為代表的網路企業准入的資本要求很低，即便涉及金融業務的第三方支付和小額貸款公司的資本准入要求也遠低於銀行。此外，如果以資本充足率等現有指標來監管涉及信貸業務的融資平台，可能只有極少數網路公司滿足相關的標準，而其他絕大多數公司都將被排除在外。

考慮到互聯網金融主要是依賴龐大的零售客戶群、海量的交易數據、先進的網路平台和技術團隊以及快速的市場應變能力，針對傳統金融的監管標準顯然難以適應全新的互聯網金融運作模式，進而如何在適時構建、修改並完善互聯網金融監管體系的基礎上，放寬金融服務的市場准入門檻，同時保護消費者的合法利益，可能是擺在監管當局面前最關鍵的一個問題。

現實地看，互聯網金融的市場准入門檻問題可能是監管當局最應馬上著手考慮的問題之一。在第三方支付平台已牌照化管理的前提下，目前監管的重點無疑應是魚龍混雜的眾多P2P平台或公司。客觀地說，儘管考慮到中國現有的P2P運作模式差異頗大、承擔的風險也不盡相同，進而其性質也大相逕庭，但很難通過簡單的「一刀切」來進行有效監管。然而，在借鑒國內外經驗教訓的基礎上，明確不同互聯網金融模式的基本行業准入門檻，推動市場的規範和集約式發展可能是迫在眉睫的問題。在確定基本的行業准入門檻之際，監管層還必須在效率和安全之間做一個權衡，即為了強化效率，可能要適當降低准入門檻，允許更多的主體介入互聯網金融創新，但門檻的降低必然會對互聯網金融服務的消費者（含投資者、籌資者以及第三方支付中的收支雙方等）的利益保護帶來直接的衝擊。

從中國目前的情況看，在構建互聯網金融監管框架時，應立足互聯網金融的長遠健康發展。監管當局應該把對消費者的保護放在優先考慮的位置，建立一個消費者利益保護的有效體系。而這對於處在初創階段的中國互聯網金融，意味著應在適當提高准入門檻的基礎上加速進行優勝劣汰，盡快結束當前無序的「野蠻」發展狀況。

中國金融基礎設施的完善

從中國現有的情況看，考慮到：一、產權制度並不完善，尚未建立一個可在眾多當事人中分割和轉讓一項資產各種權利的成熟而精妙的產權體系（例如，由於抵押貸款證券化市場的滯後，針對貸款或貸款組合而產生的現金流目前多限於兩個主體之間的簡單權利轉讓，現在還很難實現使一位複合投資者對最初的百分之八十、接下來的百分之十和最後的百分之十的息票等額還貸擁有不同的權利）；二、合約執行尚存在很多缺陷，尤其是大量複雜的承諾和產權的交易游離在法律法規的邊緣，存在法律、政府干預甚至政策變動等多方面的不確定性；三、會計準則、資訊披露制度的要求還較為落後，財務資訊的可得性、準確性、完備性、全面性往往無法保證，使得人們難以準確地評估借款人的財務狀況；四、相關法律法規的缺失以及法律執行的低效率，再加上金融監管機構設置、專業人員配備以及權利制約等因素，往往採用較為僵化的監管模式，更多的時候只能以犧牲效率為代價來換取經濟金融穩定；五、企業、個人的信用文化尚不完善，缺乏健全的信用評估體系和標準化紀錄，單個主體的違約風險管理極為困難等因素的存在，使互聯網金融的發展在客觀上受到了極大的制約。因此，從某種程度上看，中國能否進一步完善現有產權制度和合約執行體系，健全社會信用評估體系，構建規範有效的法律、清晰的會計標準、合格的監管機構等基礎市場設施就成為未來一個時期互聯網金融健康有序發展的重要條件。

中國的金融文化以及經濟主體金融行為與習慣的轉變

互聯網金融在中國出現和興起的基礎之一無疑是目前數以億計的網路和行動網路用戶。因此，從某種意義上說，電腦、網路以及行動網路的技術進步及其在中國接受度的不斷上升就成為互聯網金融持續發展的重要前提條件。

客觀地說，近年來隨著電子商務模式的興起，包括中國在內的世界各國民眾對網路等資訊科技的接受度已經有了極大的改善——CNNIC的統計數據顯示，二〇一二年超過兩億四千萬的網民使用過網路進行購物（其中，過半的網購用戶每天都會訪問電子商務網站），佔上網人數的百分之四十二．九（較二〇一一年提高了五個百分點），進而這種「告別物理場所」的行為模式變化已開始引領金融活動向網路、行動網路遷移[52]，智慧型手機、平板電腦等行動設備正在快速擠佔個人電腦的使用空間，行動化、碎片化的訪問方式已逐步成為用戶和各類應用提供商的主要交互方式。但問題是，鑒於這些網路金融服務的使用者多局限在年輕的中端或大眾客戶，對於高端客戶以及中老年客戶而言，其金融服務的載體仍然為線下傳統金融中介機構。因此，如何改變這些群體依賴「鋼筋水泥」物理形態的金融文化，轉變其金融行為和習慣也就成為互聯網金融走向成熟的重要基礎。

互聯網金融發展的內在要求

規範

金融業是一個與金錢打交道的行當，自然吸引了為數眾多的騙子，業內人士對此當然心知肚明，因而特別強調用信譽和風險控制來保護自己——從總體上看，金融業在這方面要比其他行業做得更好。換句話說，在金融業發生不道德事件的機率並不比其他行業更高。

[52] 目前，通過網上銀行、行動銀行、電話銀行等電子渠道發起的交易數量佔整體交易數量的比率普遍超過百分之七十，證券業通過交易軟件委託完成的網上交易量已超過百分之九十。

從理論上說，單純地依靠金融行業內部人士的自律很難達到這一目的，來自政府的嚴格金融監管才是實現金融業健康、規範發展的基礎。但客觀地說，到目前為止，中國在借鑒美國等經驗基礎上發展起來的以P2P為代表的某些互聯網金融模式卻很難從金融的角度看到多少創新的程度，反倒出現了很多由於創設主體行為失當引發的令人擔憂的問題——當前的中國，通過簡單地搭建一個網站來聯繫借款人和放款人，不僅每個有意願的主體都有嘗試建立P2P平台的機會，而且這種嘗試已成為了現實。可以預見（甚至當前就已經暴露出來），隨著市場競爭的加劇，尤其是幾個強大P2P平台崛起之後，很多缺乏經營能力的平台在被逐漸淘汰的同時，與之伴隨的「違約」、「跑路」等惡性事件可能會嚴重打擊消費者的信心，導致P2P，甚至互聯網金融行業的整體滑坡。

正是基於這樣一個考慮，在我們看來，現有網路創新主體行為的規範性（即投機性的弱化）就成為中國互聯網金融持續發展的重要前提和內在要求。

創新

目前，中國的互聯網金融正處在碎片化發展的初創階段，不僅遠未實現相對獨立的體系架構，而且現有的服務對象相對單一（主要面向供應鏈金融和消費信貸），較難涉足處於創新型變革核心中的企業，尤其是高科技公司的融資。

從中國目前的情況看，隨著經濟增長方式的轉型，創新型變革的重要性正在不斷上升，而這意味著某些革命性的技術創新可能給企業創造全新的產品和市場。從理論上說，在這樣一個時代，以網路精神為核心的互聯網金融本應大有作為——在這樣一個自由的金融體系中，獨立但資訊靈通的技術價值評估將確保更多的新技術得到資金，即便也需要承擔更多的失敗或嘗試的成本。在這種大的背景下，互聯網金融應在確保為客戶提供具有個性化的服務、根據不同客戶的交易偏好為客戶制定個性化服務產品的同時，不斷滿足不同客戶主體的需求，加深網路平台根植性，增強客戶「黏性」，從而在產生固定客戶群體的前提下，如何突破現有的互聯網金融模式，發揮大數據、雲計算等技術優勢，更好地服務創新型企業家就成為決定互聯網金融未來的關鍵所在。

安全

現實地看，中國現有互聯網金融模式的風險控制措施和傳統金融機構的風險控制措施相比，並無明顯優勢，更多的只是吸收資金和發放貸款的工具，本質還是行銷層面的創新，這個層面的創新容易擴大規模，卻不利於控制風險。特別是某些互聯網金融創新主體在開始線下金融的業務後，其資金流量在迅速增加的同時也會面臨傳統金融中介同樣的風險，導致金融風險的來源日益多元化、複雜化。因此，互聯網金融模式只有在建立完善的風險防控機制後，才能繼續生存。

參考文獻

夏斌，陳道富，《中國金融戰略2020》，北京：人民出版社，2011。

陳雨露，馬勇，《中國金融大趨勢》，北京：中國金融出版社，2010。

王朋月，李鈞，〈美國P2P借貸平台發展：歷史、現狀與展望〉，《金融監管研究》，2013(7)。

易觀智庫，〈二〇一三年三季度中國第三方支付市場季度監測〉，易觀國際網站，2013-10 28。

吳曉求，〈中國金融的深度變革與互聯網金融〉，中國改革論壇網，2014-05-09。

楊凱生，〈我是這麼認識互聯網金融的〉，網易，2013-10-13。

曾鳴，〈互聯網的本質〉，虎嗅網，2013-11-07。

高善文，〈餘額寶們不會抬升貸款利率〉，《中國證券報》，http：//www. cs.com.cn/app/ipad/ipad01/02/201403/t20140324_4342636.html。

盛松成，張璇，〈餘額寶監管涉存款準備金〉，二十一世紀經濟報導，http：//finance.21cbh.com/2014/jrgc_318/1101436.html。

CHAPTER 7

互聯網金融：他國的經驗

互聯網金融：他國的經驗

伴隨著電腦和網路技術的飛速發展，金融從傳統走向現代、從僵化走向流動、從有形走向無形、從封閉走向開放。不容置疑，美國是現代金融體系的開拓者和領導者，美國金融模式的演進，引領著世界金融體系的發展；研究美國金融的新動向，對於把握未來的金融趨勢意義非凡。

互聯網金融萌芽於美、英，繁盛在美國，並在近兩年被中國學界和業界所熟知。當前，中國的互聯網金融還處於初級探索階段，研究美國互聯網金融的發展形態、營運模式、盈利模式、風險管理等以供借鑒，顯然是十分必要的。

本章首先介紹了美國互聯網金融興起的背景；隨後，本章集中篇幅介紹了典型的美國互聯網金融的模式——P2P借貸、第三方支付與貨幣基金、群眾募資以及傳統銀行、證券、保險行業在網路中的延伸；接下來，本章介紹了互聯網金融的風險類型與監管；最後，本章分析了美國互聯網金融的發展給中國的啟示。

美國互聯網金融的興起

毫無疑問，金融是現代經濟運作的核心，它在資源配置、支付清算、風險管理、價格發現等方面發揮著不可替代的重要作用。全球金融業中的競爭一直廣泛存在。採用最先進的技術手段來降低成本、吸引客戶、管控風險、實現盈利，一直是金融企業提升市場競爭力的重要手段。伴隨著電腦和網路技術的飛速發展，金融從傳統走向現代、從僵化走向流動、從有形走向無形、從封閉走向開放。不容置疑，美國是現代金融體系的開拓者和領導者，美國金融模式的演進，引領著世界金融體系的發展；研究美國金融的新動向，對於把握未來金融趨勢意義非凡。

美國互聯網金融興起的原因

資訊不對稱與網路革命

經濟活動伴隨著資訊的交換，而資訊不對稱所產生的交易成本深刻影響著金融的運作。在金融交易完成之前，金融市場的資訊不對稱狀態會鼓勵投資資金向品質差的企業流動，抑制投資資金向高品質的企業流動，產生逆向選擇；而金融交易完成後，貸款人可能通過增加風險偏好、故意拖欠借款等方式損害借款人利益，即道德風險〔仵志忠（一九九七）〕。網路技術的興起，改變了人們傳統的資訊交換和處理方式；網路與金融的融合，能夠減少資訊不對稱的負面影響。

第三次科技革命以資訊科技發展為核心標誌。人類社會的發展從沒有像今天這樣日新月異、推陳出新，這一切都來源於資訊科技的推動；更準確地說，是來自電腦技術的快速發展和網路應用的成熟。從一九四六年二月第一台計算機在賓夕法尼亞大學誕生開始，計算機技術革新的腳步就不曾停駐。根據摩爾定律，積體電路晶片上的電路數目每十八個月就會增加一倍；直觀地說，微處理器的性能每十八個月就能提高一倍。二十世紀八九〇年代，隨著蘋果公司、微軟公司的發展和成熟，個人電腦走入人們的視野，此時的電腦易於攜帶、運作穩定、價格便宜，電腦真正走進了人們的生活。到今天，質量超輕、體型超小、速度超快成為電腦的顯著標誌，電腦成為人們工作、生活中的必需品；而在電腦基礎上發展而來的雲計算，則將人們推到真正的行動資訊時代。目前，最快的電腦——中國天河二號已相當於十三億人同時使用計算器計算一千年；即使是普通手機的計算速度，也是最初計算機的數千萬倍。電腦技術的飛躍式發展，改變了人們傳統的資訊搜集和數據處理模式，人們處理資訊的能力得到了極大提高。

一九六九年，美國國防部為了應對戰爭，開發出了最原始的區域網路；一九八三年，隨著TCP/IP協議的研發成功和推廣，形成了網際網路的雛形；一九九一年，美國的三家公司宣佈將CERFnet、PSInet及Alternet網路組成了商業網際網路交易協會，向客戶提供網際網路聯網商業服務，由此開啟了網路時代。網際網路商業化服務提供商的出現，極大地促進了商業服務的發展，網際網路在通信、資料檢索、客戶服務等方面的巨大優勢，使得它被世界廣泛接受。自此，世界步入了網路時代。從二〇〇八年起，雲計算的概念逐漸流行起來，並被大眾所接受。雲計算被視為革命性的計算模型，它使得超級計算能力通過網路自由流通成為了可能。企業與個人用戶無須投入昂貴的硬體購置成本，只需通過網路來購買或租賃計算能力。雲計算讓用戶脫離技術上的複雜性而獲得應用，擺脫了硬體、軟體的約束。基於Web服務、以網路為中心、實現全球資源共享的雲計算，成為資訊時代又一個增長點。

網路的快速發展已成為當今世界不可阻擋的洪流，它不僅改變了傳統的資訊傳播方式，更深刻地改變了人們的生活傳統。網路的普及和發展所引發的不僅是一場突飛猛進的資訊革命，更是一場前所未有的社會變革。從此，人們獲取資訊變得更加容易，足不出戶可以瞭解世界的新聞；人們的溝通更加便捷，郵件、Facebook、微博等網路工具將人們時刻聯繫在一起；人們的消費與購物方式也擺脫了物理形態，坐在電腦前或者僅僅利用手機上網，人們就可以從上萬種商品中快速篩選喜好的產品，再通過網路支付，只需幾秒鐘就能進行商品交易。人們與金融業的聯繫也因此變得更加緊密，先進的電腦技術為人們的投資分析提供了支持，而網路平台使人們可以線上進行資金轉移、證券投資、保險投資等。

電腦技術的發展和網路的成熟是互聯網金融產生的基礎。

在已有的文獻中，對於網路與金融關係的研究大多集中在網路技術對金融交易的效率和效果上[Fan(2001)，Vijayasarathy(2004)]。Georgios Zekos(2004)認為，資訊科技加速了互聯網金融的發展，使得交易變得更加容易，技術進步使得金融活動更加全球化，個體聯繫更加緊密，也鼓勵了監管政策的放鬆；線上的交易行為降低了交易成本，非人工的直接交易變得更加容易，突破了原有監管的邊界；此外，互聯網金融對於價格的糾正作用不容忽視，網路技術運用於金融領域，使得市場流動更加容易，價格糾正更加即時。有大量文獻探究了網路技術對於金融體系尤其是銀行體系的促進作用。Ibid(1999)認為，藉助於網路，新金融部門的加入能夠提供更具競爭性的金融服務，從而加劇了整個金融系統的競爭。市場競爭意味著金融機構要降低交易成本、實現利潤最大化。Simpson(2002)指出，營運成本最小化和營運收入的增加是網路銀行發展的最主要原因。競爭對效率的影響是顯著的，Elyasiani and Mehdian(1990)認為，網路等技術的運用提高了美國銀行業的效率水準。Altunbas et al.(1999)在研究歐洲市場時也發現，採用了網上金融服務後，銀行降低了營運成本、提高了生產率水準。Jayawardhena and Foley(2000)研究了英國的銀行業，發現了類似的結論。新資訊科技的引入對於銀行業盈利的影響更為複雜。Furst(2002)等研究發現，網路銀行服務並不能顯著影響銀行整體的業績。Claessens(2002)等研究發現，銀行採用網路技術最終會導致銀行整體利潤水準的下降，因為新技術的廣泛使用降低了佣金率、利差以及其他費用。但是，De Young et al.(2007)通過研究三年期美國社區銀行的數據，在比較了美國的純實體銀行和擁有線上金融服務的銀行後，發現線上金融服務的引入的確可以增加銀行的總收入和盈利水準。Ceylan Onay and Emre Ozsoz(2013)的研究也許能給出最合理的解釋，他們發現銀行採用網路服務後能夠顯著提升利潤水準和存貸款數量，但在採用網路技術兩年後，其利息收入卻下降了，根本原因在於技術水準帶來了競爭。也就是說，最開始的技術創新帶來了超額利潤，但隨著模仿者的進入，超額利潤最終會消失，並且隨著勞動生產率的提高，報酬率相應遞減。Hernando and Nieto(2007)、Gopi and Ramayah(2007)認為，線上的金融服務是傳統金融的一個有效補充。

金融中介創新

在規模經濟中，資訊不對稱的存在是金融中介存在的主要原因。金融中介的主要功能是生產信用，能夠減少資訊不對稱、降低交易摩擦。**Zekos(2004)**認為，金融中介的存在是因為市場摩擦及資訊不完全，中介機構成為市場系統的一種補救。互聯網金融的產生，促進了金融中介的創新，甚至是一種再中介的過程；而金融中介創新的持續，也推動了互聯網金融更大的發展。網路的使用，使得傳統金融中介處理資訊不對稱的能力加強；而兩者的結合也使得金融中介突破了傳統的邊界，比如衍生出**P2P**、大數據信用分析等純網路金融中介。資訊網路技術在金融當中的應用，使得商業銀行、投資銀行、經紀公司、交易平台的邊界變得更加模糊，傳統的中介機構、其他新興的市場中介機構都可以更加便利地進入對方的業務領域[**Zekos(2004)**]。**Tufano(2002)**認為，金融創新是創造金融工具、金融技術、金融機構和金融市場的活動，並使這些創新成果得以推廣。**Hicks and Niehans(1976)**把降低交易成本看作創新的首要動機，認為創新的實質是對技術進步導致交易成本降低的反應。**Kane(1984)**提出規避型金融創新理論，把金融創新看作規避與創新的辯證和動態過程。**Finnerty(2001)**把金融創新分類為重新配置風險、增加流動性、減少代理成本、降低交易成本、規避稅收和管制約束等，這種分類實際上也歸納出了金融創新的功能。金融中介在市場中的地位，對於其創新活動有著顯著影響。**Arrow(1962)**，**Fishman and Rob(2000)**發現，與競爭性的中介相比，市場壟斷者缺乏創新動力，壟斷者從創新中獲得的收益相對要少。這也是互聯網金融在美國興起的主要原因，因為美國是一個自由競爭、市場化的金融體系，創新更容易在這種競爭市場中出現。

作為全世界金融現代化程度最高的國家，美國金融業在經濟發展中承擔了更重要的作用，並且這種作用是全球化的。紐約證券交易所、納斯達克、芝加哥期貨交易所的股票價格影響著全世界的證券和商品價格，進而影響著全球資源的配置。金融業在經濟發展中的巨大影響力，決定了金融中介創新活動的必要性，而金融中介創新的外溢效應能帶動整個社會創新和發展。

金融抑制與金融深化

金融市場不完備主要表現為普遍存在於開發中國家的金融抑制現象[McKinnon(1973)，Shaw(1973)]。金融抑制主要是因為政府通過行政手段干預金融體系的發展，金融體系發展的滯後阻礙經濟的發展；而經濟落後，政府又更多地干預金融體系，從而形成了惡性循環。傳統金融抑制的主要形式包括存貸款利率限制和資本賬戶管制[Bai et al.(1999)]。金融抑制的存在呼喚金融深化。Shaw(1973)認為，金融深化的首要任務是政府要放鬆對利率的管制，讓資金市場自行決定適當的利率水準，此利率水準通常高於管制利率；利率水準的提升有助於儲蓄，儲蓄再轉化為有效投資，從而形成儲蓄—投資—發展的良性循環。以R.W.Goldsmith(1985)的金融相關率計算，美國的經濟貨幣化程度很高，金融抑制程度很輕，而且得益於競爭性的金融體系，個人信用貸款、第三方支付等創新金融活動需求強勁，P2P、PayPal等互聯網金融的適時出現迎合了這類需求。比較而言，中國仍存在利率管制，金融相關率很低，金融抑制程度很高，這就是互聯網金融在中國的發展遠遠快過美國的原因。餘額寶（本質為貨幣市場基金）的發展與美國利率市場化之前的貨幣市場基金發展情況非常相似。

網路與金融功能的耦合

Merton and Bodie (1993, 1995)提出了金融功能觀理論，認為金融中介的形式是不斷變化的，但金融的功能是相對穩定的。Zekos(2004)也指出，金融中介的經濟功能應是更加穩定的，金融中介與市場力量的協作和競爭引導著金融系統向著更有效率的方向發展。

根據Merton(1993)的論述，金融在經濟發展中主要有以下作用：一是提供跨地域、時期的資源配置。通過資金的轉移進行資源的轉移，通過資金的跨期配置進行資源的跨期配置；資本總是追求利潤的，通過金融的作用，可以將資源配置到生產效率最高的地區或部門，從而提高了社會資源利用效率。二是提供支付、清算和結算功能。在電子貨幣高度發達的今天，金融的支付功能得到了淋漓盡致的體現，無論是吃飯、購物還是外出旅行，只需要攜帶一張銀行卡甚至是只需要記住支付工具的卡號和密碼，就可以進行資金的支付、轉移。在經濟全球化、經濟金融化的今天，金融為各個企業提供全天候遍佈全世界的資金支付、貸款、結算功能，極大地促進了商業發展。三是提供風險管理。金融機構通過一系列工具的創新，有效地降低了個人、企業和社會風險。保險公司賠付可以降低個人或企業在極端情況下的損失；證券公司通過提供股權融資，能夠降低個人創辦企業的風險；期權、期貨、互換等衍生產品，更為企業或個人規避投資風險、經營風險提供了可能。四是儲備資源和所有權的分割。資金代表著購買力，儲備資金也就是儲備購買力、儲備資源；通過股份制，能夠對資源的所有權進行有效分割。五是提供價格機制。金融市場的交易提供了大量的價格資訊，利用這些價格資訊，可以對相關的商品、股票等進行有效定價。例如，商品期貨的交易價格資訊就為當前商品的價格提供了重要的參考。六是創造激勵。由於資訊的不對稱，經濟中的道德風險和逆向選擇廣泛存在，通過金融的方式，能夠較好地解決這類問題。例如，經理人股權激勵就能較好地解決公司中廣泛存在的委託－代理問題。吳曉求（2014）將金融的主要功能歸為四大類，並首創性地研究了網路與這些金融功能的關係，從理論邏輯上論證，兩者是耦合的。網路有助於金融信用風險的識別，從而解決了資訊不對稱，有利於資源配置功能的實現；網路克服了傳統金融機構的壁壘，提高了支付清算的便捷性和效率；網路延長了金融客戶端，可以為小客戶提供標準化的產品和服務，從而使得財富管理功能得以實現和普及；網路豐富、即時、準確的數據傳導，可使價格發現功能更加完善。

監管套利

在金融業務的創新中，技術進步是必要條件，而在規則允許的範圍內規避監管、獲取更大的利潤水準才是其根本原因。監管套利是金融集團通過內部業務轉換，從而全部或部份地規避金融管制，謀取額外收益的行為[Skipper(1999)]；或者說是金融機構出於降低監管成本（或淨監管負擔）的目的而提供相應金融產品和服務的經營行為[Taylor(2004)，Gastion and Walhof(2007)]。Llewellyn(1999)和Abrams and Taylor(2001)指出，在有多個監管當局的情形下，金融機構可能會進行監管套利，使各監管機構陷入「放鬆監管的競爭」。具體說來，在分業監管的體制下，金融集團可以利用其業務分散化、多樣化的特點，進行監管套利活動，即將某項特定業務或產品安排到服從成本最低或受強制性監管最少的部門或子公司〔項衛星和李宏瑾（二○○四）〕。監管套利是監管競爭的結果，通常存在於有多個可以選擇的監管體制中[Spatt(2006)]；但監管競爭並不必然導致監管套利，還可能產生監管競次[Hadjiemmanuil(2003)]。在美國的金融市場上，機構監管和功能監管並列存在並側重於功能監管。分佈在聯邦和各州的監管機構及行業自律組織發揮金融監管的作用，比如聯邦銀行監管機構監管儲蓄類機構的安全性，消費者金融保護局監管特定的非儲蓄類金融服務提供商以及大的銀行和分支機構，證券交易委員會主要保護投資者的證券投資權益；除此之外，美國還有聯邦存款保險公司（**Federal Deposit Insurance Corporation, FDIC**）、聯邦貿易委員會、稅務局、北美證券管理委員會等數十家全國性金融機構以及《金融服務法現代化法案》（*Financial Services Modernization Act of 1999*）等多部監管法規。美國的金融監管雖然嚴密但依然鼓勵創新，任何金融創新只要不違反現有法律，均不會被禁止。Prosper和Lending Club等互聯網金融處於傳統儲蓄業務和證券經紀業務的交叉領域，即使從功能觀的角度看，依然難以界定其屬性。這種監管套利推動了金融創新，豐富了原有的金融體系。最終，美國監管機構依據證券法規，認定Prosper和Lending Club的P2P借貸屬於證券行為，被納入證券監管委員會的監管體系之下。此後，兩者分別於二〇〇七年和二〇〇八年到美國證券交易委員會進行註冊。相比較而言，在中國，互聯網金融的監管套利特徵更加明顯，餘額寶等貨幣市場基金最終依然進入了銀行體系，但不需要像傳統銀行一樣上交存款準備金，這是很大的監管套利。按照約百分之二十的存款準備金率、約百分之四的央行一月期回購利率，這種監管套利的收益就達到百分之〇．八。所以，餘額寶類互聯網金融產品層出不窮，傳統金融機構不願善罷甘休，而監管機構也在加緊制定相應的政策。

美國金融需求的增加

凱恩斯經濟學理論認為需求創造供給，這句話應用在互聯網金融上再恰當不過。作為服務業，需求的品質決定了供給的品質。民眾對高品質金融服務的需求，迫使金融業提供高品質的供給。一九三三年經濟大蕭條後，《格拉斯—斯蒂格爾法案》（*Glass-Steagall Act*）確定了銀行、證券、保險的分業經營，但分業經營最終在二十世紀八〇年代被打破，根本原因就在於分業經營無法滿足人們綜合性金融服務的需求；大蕭條後，美國頒佈了Q條例以限制存款利率水準，但由於利率太低、金融需求得不到滿足，致使銀行存款流失嚴重，因而才有了大額可轉讓定期存單等創新工具的出現，最終Q條例被取消。沒有無緣無故的改變，金融業的每一次創新都是為了更好地迎合人們的金融需求，並以此實現自身盈利。

近年來，尤其是次貸危機發生後，美國個人和企業的金融需求大幅提升，並且產生了新的形式。第一，金融危機後，美國金融機構的流動性緊張使得金融機構惜貸，正常的貸款受到壓抑。第二，美國從二十一世紀初以來長期維持接近於零的低利率政策，導致存款無法獲得相匹配的收益，致使資本市場波動加大、風險難料。第三，人們金融民主的意識開始覺醒，更加注重自主性的理財投資。第四，資訊科技快速發展，網上交易成本比傳統模式低廉得多，人們更傾向於通過網路管理個人資產，在網路上進行證券交易和保險投保。第五，伴隨網路發展而興起的電子商務改變了人們傳統的消費模式，與之相匹配的金融支付需求非常強烈。

金融需求的提升，激發了金融供給的提升，使得金融創新的腳步加快；特別是伴隨著網路的普及和發展，互聯網金融模式異軍突起。

美國互聯網金融的類型

金融與網路的結合，產生了紛繁複雜的金融新形式。總結這些形式，可以分為這樣幾個類別：**P2P**借貸模式、第三方支付和貨幣市場基金模式、群眾募資模式、傳統金融網路平台創新模式。

P2P借貸就是點對點的借貸，通過第三方網路平台，借款者和放款者能夠進行直接信用匹配，這突破了傳統銀行的壟斷，使得資金借貸者擁有了自主權，而且利率對雙方都有利。第三方支付和貨幣市場基金模式主要是指具備一定實力和信用保障的非銀行機構，藉助資訊科技，在用戶與銀行間建立中間連接，提供資金擔保或非擔保的區域性支付結算；支付工具基礎上的貨幣基金為閒置資金提供了穩定收益。群眾募資模式是指以網路為平台，募集資金用於項目開發、企業創辦或公益服務的行為，通過小額、多筆資金進行融資。群眾募資融資是一種規模小、效率高、成本低的融資方式。傳統金融網路平台創新模式主要是指傳統商業銀行、證券公司、保險公司依托於網路進行的線上業務創新；與前面三種模式相比，這類創新或許只能稱為互聯網金融的初始形態。

網路與美國金融變革

一九七一年，美國納斯達克市場建立，標誌著網路與金融聯合的全新經營方式從構思進入了營運階段；一九九五年，美國安全第一網路銀行（Security First Network Bank, SFNB）的成立，則預示了互聯網金融的深化和拓展；一九九八年，第三方支付平台PayPal的成立，改變了傳統的支付模式和貨幣流動形式；二〇〇五年以來，以Lending Club、Prosper為代表的P2P借貸模式的建立以及以Kickstarter為代表的群眾募資模式的建立，則標誌著互聯網金融時代的全面到來。自此，普惠金融和民主金融的觀念深入人心。

幾十年來，伴隨網路技術革新，傳統的金融機構紛紛將自身業務與網路新技術相融合，從而迎合了人們的現代金融需求。如果我們把互聯網金融定義為「以網路為平台構建的具有金融功能鏈且具有獨立生存空間的投融資運作結構」[1]，那麼這類探索和完善大多難以稱得上是標準的互聯網金融，但依然可以將其作為互聯網金融的萌芽和初始形態進行研究。近年來興起的P2P借貸模式、第三方支付及其貨幣市場基金模式、群眾募資模式等，則非常接近人們想像中的互聯網金融形態。總之，瞭解美國互聯網金融的探索、發展和成熟，對於我們研究未來金融演進具有非常重要的現實意義。

下面簡要介紹美國的P2P借貸模式、第三方支付及其貨幣市場基金模式和群眾募資模式，以瞭解當今互聯網金融的形態和發展狀況；隨後簡要介紹美國銀行業、證券業和保險業的網路線上經營，以瞭解傳統金融在網路的深化。

P2P模式

P2P的概念非常接近互聯網金融的理想概念。如果說有什麼力量可以改變傳統金融的基因，那一定是以P2P為代表的互聯網金融。以P2P為代表的互聯網金融既不同於傳統上依靠銀行的間接融資，也不同於資本市場上的直接融資，而是一種利用網路平台將借款者與放款者聯繫在一起、使借貸雙方擁有平等地位、實現資訊對稱交易的新型金融形式。互聯網金融真正地實現了普惠金融和民主金融的夙願，其出現對於傳統金融業而言，無疑是一場革命。

依靠網路，P2P平台將借款者和放款者緊密地聯繫在一起，創造了全新的金融方式和社會價值。借款者在P2P平台發放借款資訊，放款者進行競標後向借款者發放貸款。資金出借者可以明確地知道借款者的大致資訊、資金用途，可以選擇將貸款發放給特定信用、特定地區、特定職業的人。在美國，Lending Club（見圖一）、Prosper、Kiva是最著名的P2P平台。

不同於前兩者，Kiva是非營利的P2P平台，Kiva通過貸款將全世界人們聯繫在一起，致力於消除開發中國家的貧困。

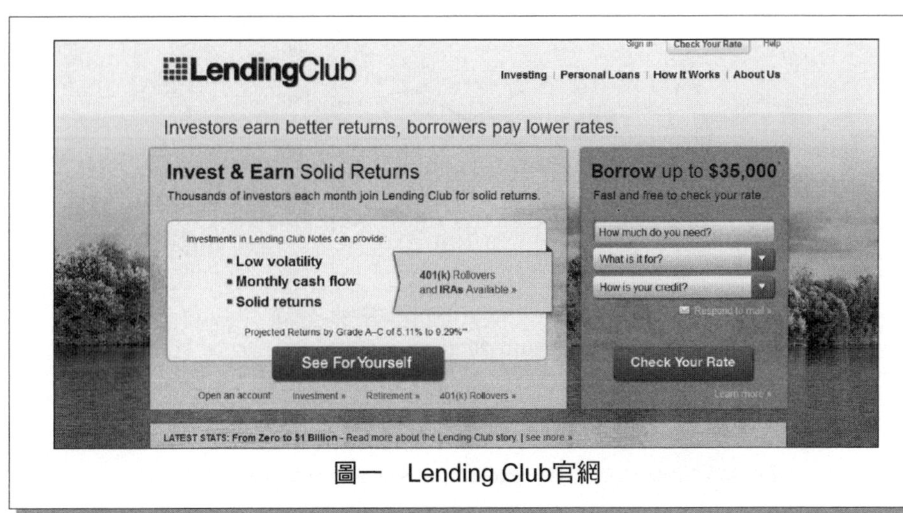

圖一　Lending Club官網

❶參見吳曉求，《中國金融的「三維改革」與互聯網金融》，工作論文，2013。

Kiva通過放款者提供的資金，向全世界大約一百三十個微金融機構發放無息貸款，以資助這些機構在它們的社區中向機構發放有息貸款。網站平台羅列出特定區域、商業類型、風險水準的貸款資訊供放款者選擇，同時貼出借款者的一般資訊、貸款用途及潛在風險等。截至二〇一三年三月，約五十七萬名放款者通過Kiva在五十九個國家發放了約兩億美元的貸款。

❷Kiva的營運模式與Lending Club和Prosper大致相同。

Lending Club和Prosper是最典型的網路借貸平台，允許投資者認購消費或商業目的的貸款，它們是P2P行業的領導者和標竿。截至二〇一三年四月，Lending Club和Prosper已分別促成了四億四千七百萬美元和十五億兩千一百萬美元的貸款（見圖二），並且以每年超過百分之兩百的速度增長。根據市場專業研究機構Gartner預測，二〇一三至二〇一七年，兩者可以發放超過一千四百三十億美元的貸款，能夠達到信用卡市場規模的百分之二十，但只能佔到目前

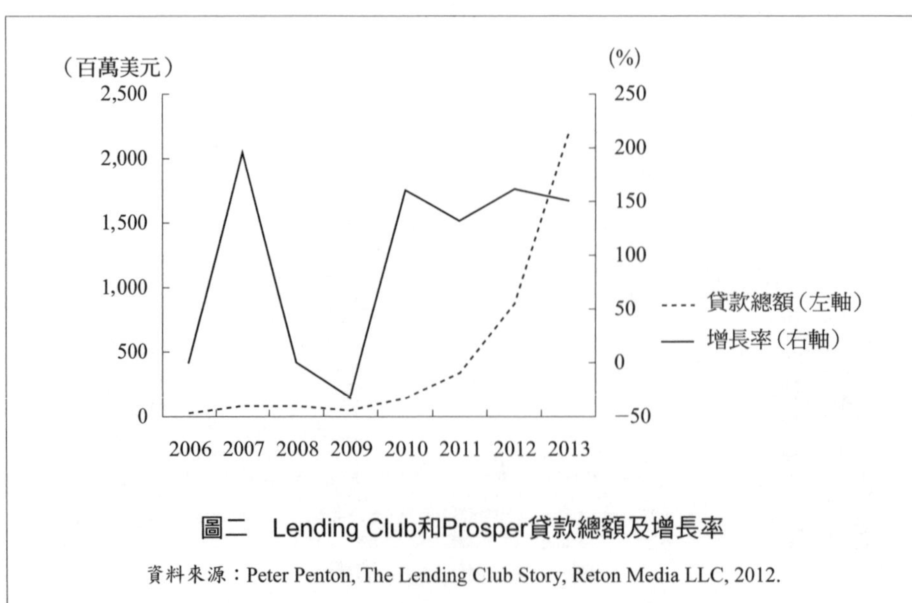

圖二　Lending Club和Prosper貸款總額及增長率

資料來源：Peter Penton, The Lending Club Story, Reton Media LLC, 2012.

美國三兆四千億美元消費者信貸的百分之四．二。[3]從研究的結果可以看出，P2P借貸具有廣闊的發展空間。目前，Lending Club和Prosper已經佔到美國P2P借貸市場超過百分之九十的份額。我們將以Lending Club為主介紹P2P的營運模式和盈利模式。

概述

Lending Club成立於二〇〇七年，並於二〇〇七年五月二十四日以應用的形式登錄Facebook。在Lending Club成立時，其管理團隊根據對財政法的理解，認為平台具有與中轉銀行類似的功能，是投資者和借款者的直接協調者，因而發行的收益憑證不屬於證券。然而，二〇〇八年三月美國證券交易委員會根據SEC vs. W. J. Howey Co(1946)、Reves vs. Ernse and Young (1990)兩個法庭判例認定，Lending Club的收益票據為證券性質，因而其需要到美國證券交易委員會申請註冊。因此，Lending Club關閉了投資業務，進入申請註冊的靜默期。在靜默期內，平台原有的借款業務照常營運，原先的投資者也照常收到償還金，並且Lending Club運用自有資金進行放貸。二〇〇八年六月，Lending Club完成在美國證券交易委員會的註冊。十月，靜默期結束，Lending Club恢復正常營運並迅速成長。二〇一二年，Lending Club公司的市場估值超過五億四千萬美元，並且吸引了包括美國前財長薩默斯、摩根史坦利前執行長麥晉桁和KPCB合夥人瑪麗米克等一大批行業精英加入董事會。目前，Lending

[2] United States Government Accountability Office, "*Person-to-person Lending: New Regulatory Challenges could Emerge as the Industry Grows*", 2 011.

[3] Peter Renton, *The Lending Club Story*, Renton Media LLC,2012.

Club佔到美國P2P借貸規模的百分之八十左右。[4]

Prosper於二〇〇五年先於Lending Club成立，並且也沒有到美國證券交易委員會進行註冊。二〇〇八年十二月，Prosper根據美國證券交易委員會的要求暫停了業務，進入註冊程序。二〇〇九年七月，靜默期後，Prosper恢復營運；不過，此時Lending Club的業績水準已經超過了Prosper（見圖三）。

雖然Prosper先於Lending Club成立，但其早期的探索有很多都被證明是無效的，如利率自由決定、給予低信用者貸款，因此它反而借鑒了許多Lending Club的模式。迄今為止，Lending Club和Prosper仍在一些方面存在差異，比如借款期限方面，Prosper可以提供一年期的貸款，而Lending Club只提供三年期和五年期的貸款；又如對個人投資者的限制上，Prosper允許放款者的投資金額保持在五百萬美元以下，而Lending Club最多允許放款者對平台投資個人淨財富（房產除外）的百分之十。表一列舉了一部份Lending Club和

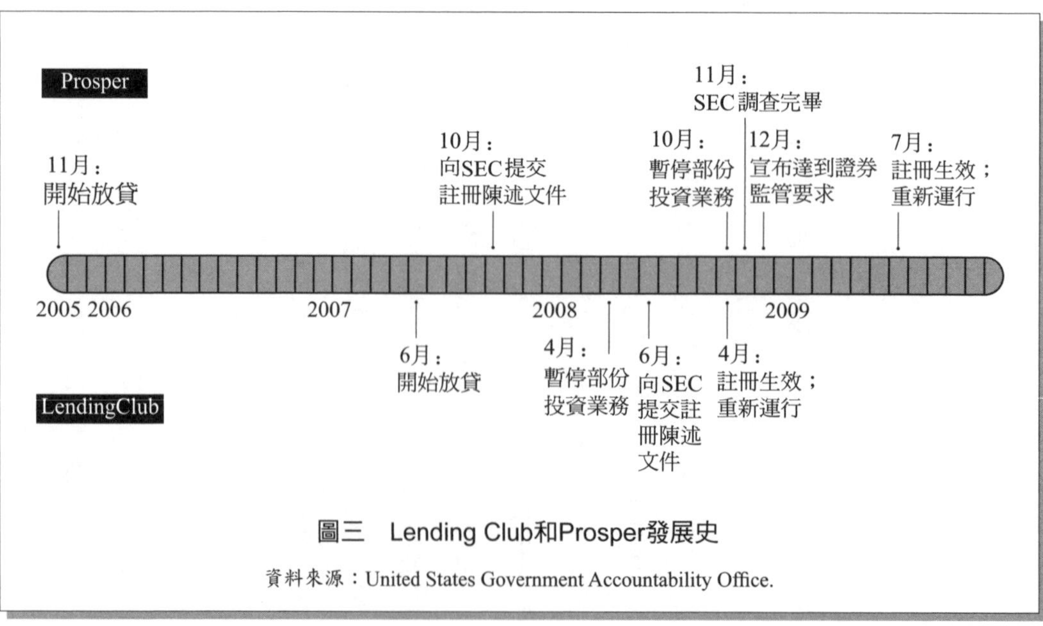

圖三　Lending Club和Prosper發展史

資料來源：United States Government Accountability Office.

表一Lending Club和Prosper的比較

	Lending Club	Prosper
最低FICO分數	660	640
借貸利率決定	信用紀錄所在級別為基準，綜合參考信用調查、信用循環使用、借款期限等因素	在二〇一〇年前採用荷蘭式拍賣，由供求雙方決定利率；在二〇一〇年後逐漸轉為Lending Club模式
借貸期限	36個月，60個月	12個月，36個月，60個月
可借額度	最近提升為1000至35000美元	最近提升為1000至35000美元
借款用途統計	57%為償還到期債務和信用卡，10%為家庭購物，7%為房屋維修，5%為商業目的	25%為償還到期債務和信用卡，10%為商業目的，4%為房屋維修
個人投資者投資金額限制	個人淨財富（除房產外）的10%	不多於500萬美元
每筆貸款平均額度（2012）	13453美元	7829美元
對機構投資者的態度	LC Advisor平台供機構投資者投資，隨機挑選20%的貸款在前12小時為機構投資者獨佔	二〇一三年初開始實行與Lending Club類似的做法
SEC註冊費用	約400萬美元	約400萬美元

資料來源：根據Peter Renton, The Lending Club Story整理。

Prosper的差異。

產品與營運模式

P2P平台提供的最主要產品是資金借貸，借款者在P2P平台提供詳細資訊並獲得貸款，放款者在平台購買貸款並獲得收益憑證；此外，P2P平台也提供一定的諮詢服務。Lending Club和Prosper的營運模式非常相近。下面以Lending Club為例介紹P2P的營運模式。

第一，無論是借款者還是放款者，都需要在網站進行註冊並提供基本資訊；註冊時使用賬號名稱，以保持雙方匿名。借款者必須填寫貸款申請表，Lending Club依據其社會安全號碼（其功能類似於身份證號碼）從Experian、Trans Union、Equifax美國三大個人信用資料庫調用其信用報告，審核其信用狀況。第二，Lending Club根據借款者提交的貸款申請書和個人信用報告、收入證明等確定貸款利率。

❹ Peter Renton,The Lending Club Story,Renton Media LLC,2012.

Lending Club按照信用評分將利率分為A到G七個等級作為基準利率，再加入借款者的其他資訊形成最終利率。第三，經過審核後的貸款需求會放在網站供放款者瀏覽和選擇，內容包括貸款金額、利率、期限和客戶信用等級，甚至可以包括借款者的工作單位、貸款目的、收入情況等。放款者依據自身偏好選擇購買經過審核的貸款。第四，放款者並不直接向借款者發放貸款，而是購買由Lending Club平台發放的與貸款相對應的收益憑證。一旦放款者決定投資一筆貸款，WebBank（聯邦存款保險公司承保的網路銀行）會根據命令審核、籌備、撥款和分發貸款到對應的借款者賬戶（貸款展示完成前暫存放於P2P平台的資金賬戶中）；隨後，WebBank就會把貸款收益權賣給Lending Club平台，以換取該平台通過出售對應的收益憑證所獲得的本金。WebBank和 Lending Club平台對貸款均沒有所有權，也不承擔違約風險。第五，Lending Club承擔本金和利息回收，按月收取借款者的還款，並通過電子轉賬方式轉入放款者的銀行賬戶；對於逾期的借款，Lending Club將進行催收，或者交由第三方專業機構進行催收直至訴諸法律武器。

圖四詳細描述了放款者、借款者以及Lending Club在借貸過程中的角色。

(1)放款者。

第一，並不是所有人都能在Lending Club上進行投資。目前，只有加州等二十八個州的居民具有投資資格，但Lending Club擁有的FOLIOfn二級平台為其餘州的居民提供購買已發放權證的機會。第二，投資者的賬戶分為標準賬戶、個人退休金賬戶〔包含401(k)、IRS等各類賬戶〕、高級賬戶、共同賬戶等類型。標準賬戶的最低資金額為二十五美元，投資收入需要納稅；個人退休金賬戶可以享受利

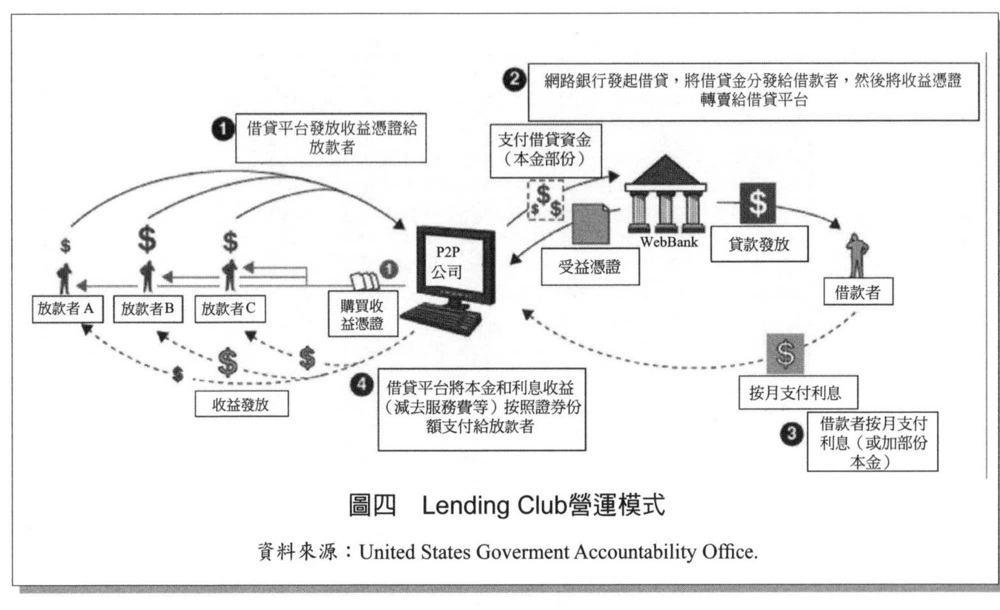

圖四　Lending Club營運模式

資料來源：United States Goverment Accountability Office.

息稅收優惠，開戶金額達到五千美元且每年金額保持在一萬美元以上，可以免收一百美元的年費優惠；高級賬戶的最低資金額為兩萬五千美元，主要滿足放款者的自動化投資，只要放款者設定好一定的參數，賬戶便可以循環自動運作投資。第三，**Lending Club**平台每天分四批將審核合格的新貸款放入平台（見**圖五**和**圖六**），放款者可以運用平台的自動投資組合工具選擇貸款，也可以手動挑選貸款或者運用第三方的投資工具（如**Nickel Steamroller**）挑選貸款，對於單個貸款的最低投資限額是二十五美元。第四，為了避免較大的損失，放款者最好分散化投資，也就是在貸款者和貸款等級中進行分散。第五，**Lending Club**建立了**LC Advisor**平台供機構投資者進行投資，賬戶最低資金要求為五十萬美元，機構投資者享有一定的優先投資權利。

(2)借款者。

第一，借款者的資質要求。**Lending Club**上超過百分之九十的申請都會被拒絕，要申請借款必須滿足嚴

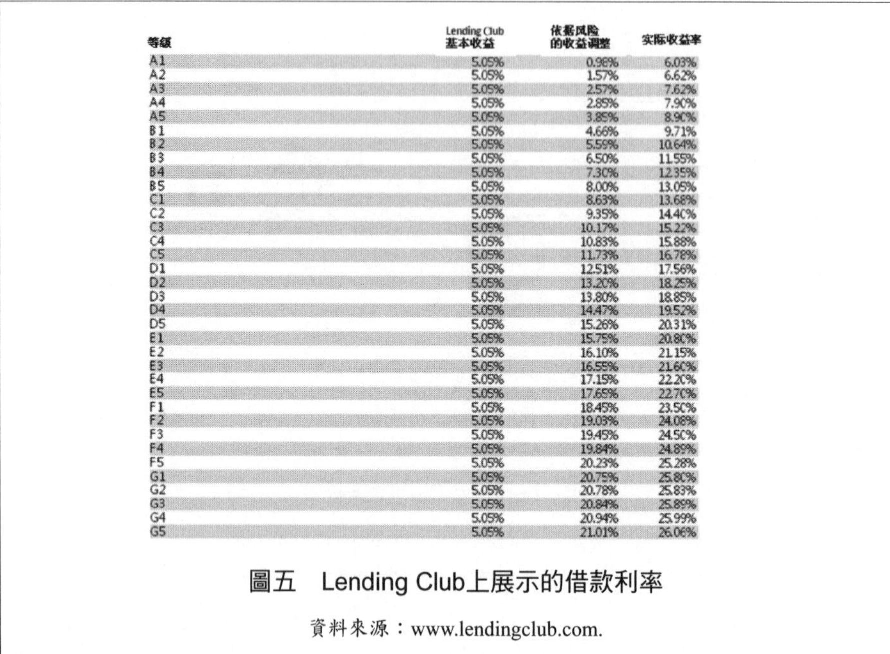

等級	Lending Club 基本收益	依据风险的收益调整	实际收益率
A1	5.05%	0.98%	6.03%
A2	5.05%	1.57%	6.62%
A3	5.05%	2.57%	7.62%
A4	5.05%	2.85%	7.90%
A5	5.05%	3.85%	8.90%
B1	5.05%	4.66%	9.71%
B2	5.05%	5.59%	10.64%
B3	5.05%	6.50%	11.55%
B4	5.05%	7.30%	12.35%
B5	5.05%	8.00%	13.05%
C1	5.05%	8.63%	13.68%
C2	5.05%	9.35%	14.40%
C3	5.05%	10.17%	15.22%
C4	5.05%	10.83%	15.88%
C5	5.05%	11.73%	16.78%
D1	5.05%	12.51%	17.56%
D2	5.05%	13.20%	18.25%
D3	5.05%	13.80%	18.85%
D4	5.05%	14.47%	19.52%
D5	5.05%	15.26%	20.31%
E1	5.05%	15.75%	20.80%
E2	5.05%	16.10%	21.15%
E3	5.05%	16.55%	21.60%
E4	5.05%	17.15%	22.20%
E5	5.05%	17.65%	22.70%
F1	5.05%	18.45%	23.50%
F2	5.05%	19.03%	24.08%
F3	5.05%	19.45%	24.50%
F4	5.05%	19.84%	24.89%
F5	5.05%	20.23%	25.28%
G1	5.05%	20.75%	25.80%
G2	5.05%	20.78%	25.83%
G3	5.05%	20.84%	25.89%
G4	5.05%	20.94%	25.99%
G5	5.05%	21.01%	26.06%

圖五　Lending Club上展示的借款利率

資料來源：www.lendingclub.com.

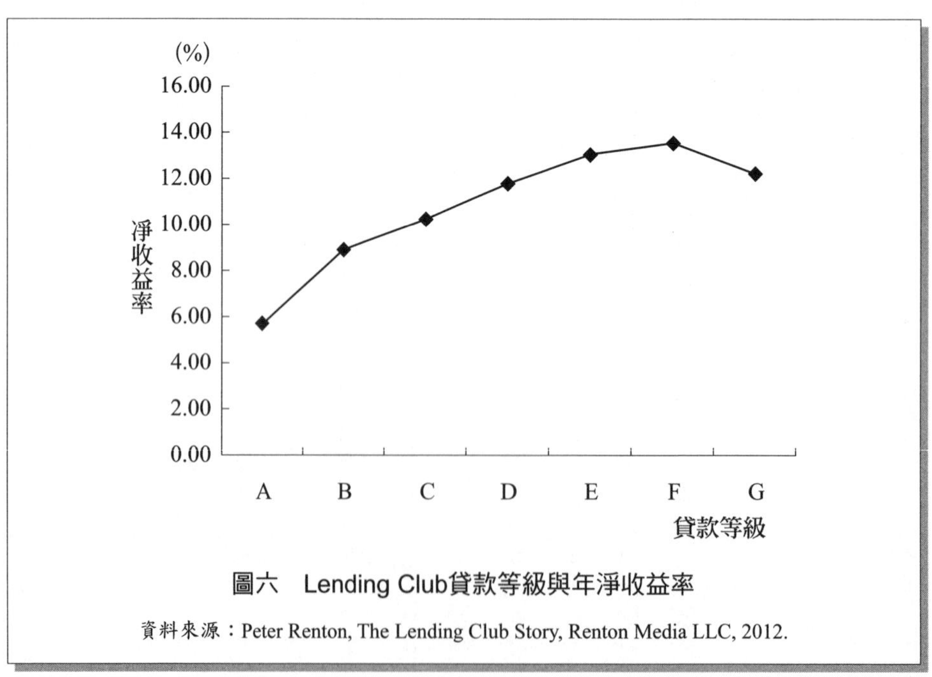

圖六　Lending Club貸款等級與年淨收益率

資料來源：Peter Renton, The Lending Club Story, Renton Media LLC, 2012.

格的條件：生活在加州等規定的四十二個州、具有唯一的社會安全號碼、信用紀錄評分（FICO）在六百六十分以上、債務收入比率低於百分之三十五等。第二，借款者必須填寫借款申請單，說明貸款的金額、目的、期限等，並填寫姓名、地址、電子郵箱、個人收入等資訊；為了保護借款者隱私，在借貸展示中，借款者的姓名、住址等暴露個人身份的資訊會被隱去。第三，Lending Club會依據借款者提供的資訊尤其是信用報告，確定這筆貸款的利率水準並給出報告；同時，給出管理費等資訊供借款者確認。第四，如果借款者接受以上條款，則將銀行賬戶關聯到Lending Club賬號上，提交貸款申請；通過審核後，貸款申請很快就會展示在網站平台。第五，借款資訊在網上展示的期限是十四天，如果借款在期限內全部被購買，則借款者只需在Lending Club上進行賬戶驗證便可以收到款項；如果在期限內只有一部份借款被購買，那麼借款者可以申請額外兩個星期的網上展示期或者接受已有借款金額。第六，借款者需要按照規定即時歸還貸款本金和利息，Lending Club會給予借款者一定期限的緩衝期；超過這個期限，Lending Club可能會通過第三方甚至是法律強制手段追討借款，並且會將借款者違約紀錄上傳到美國個人信用資料庫中。

(3)Lending Club平台。

Lending Club平台發揮著信用認定、資訊配對、利率制定、法律文書制定、賬目催收、風險隔離、二級市場構建等功能。第一，信用認定。對於借款者，Lending Club會通過其社會安全號碼查詢信用狀況，並且會通過調查研究核實其提交資訊的準確性，只有滿足信用紀錄評分六百六十分以上的人才能申請貸款；目前，Lending Club已經核實了平台上超過一半人的資訊。第二，資訊配對。

Lending Club為放款者提供了各類工具，使得放款者能夠依據信用級別、收益率、地域、借款目的等各種關鍵詞搜索借款申請。第三，利率制定。Lending Club上的借貸利率是由Lending Club依據借款者的信用評分加上其他資訊制定出來的，並不由借貸雙方協商。Lending Club依據信用評分把信用等級分為A到G七個等級，每個等級又分為五個次等級。對於每一個等級，都有一個相應的基準利率；在此基礎上，再依據借款者的借款金額、期限、最近的信用調查次數、信用紀錄長度等做一些調整，形成最後的借款利率。第四，法律文書制定。根據美國證券交易委員會的規定，Lending Club上的收益憑證屬於證券，因而Lending Club需要每天提交相應的材料，以滿足監管需要。Lending Club上的收益權證並不是發行時註冊，而是由Lending Club預先進行註冊，待發行完成再向美國證券交易委員會進行統一報告和確認。第五，賬目催收。除借款者的特殊要求外，Lending Club上所有的貸款都是通過銀行賬戶自動扣除進行還款的。如前所述，對於逾期的借款，Lending Club將通過電子郵件和電話與借款者聯繫並敦促還款；對於逾期六十天以上的還款，Lending Club將其交由第三方催收機構處理；對於某些捲款逃跑者，Lending Club也可能採取法律訴訟的形式扣置其不動產或者扣押銀行財產。第六，風險隔離。Lending Club已經採用了諸如資訊披露、充當權證發行中介等方式減少投資者風險，但無法避免平台破產所帶來的風險。Lending Club也在考慮借鑒Prosper的形式，成立一個特殊法律實體，將所有貸款放入特殊法律實體中，這樣即使平台本身出現各種風險，也不會影響投資者的資金回收。也就是說，這在法律意義上為投資者提供了破產隔離保護。第七，二級市場構建。為了保持放款者的流動性，也便於無法在平台上直接購買貸款的投資者進行投資，Lending Club

表二　Lending Club不同貸款期限與等級的貸款管理費

	A	B	C	D	E	F	G		
子級	1	2~3	4~5	1~5	1~5	1~5	1~5	1~5	1~5
36個月	1.11%	2.00%	3.00%	4.00%	5.00%	5.00%	5.00%	5.00%	4.00%
60個月	3.00%	3.00%	3.00%	5.00%	5.00%	5.00%	5.00%	5.00%	5.00%

資料來源：Peter Renton, The Lending Club Story, Renton Media LLC, 2012.

構建了二級交易市場FOLIOfn。

盈利模式

一方面，P2P平台營運者因創造了一種普惠金融形式而獲得廣泛讚譽；另一方面，它們也期望從平台營運中盈利。P2P平台的盈利主要來自借貸活動中收取的管理費。概括說來，營運方會從借款方一次性收取不超過百分之五的管理費，而從放款方的每筆本金或利息收入中收取百分之一的管理費，見**表二**。

相對於傳統銀行的利率水準和高昂的管理費，P2P平台的借款者和放款者都能得到更大的利益。Lending Club和Prosper這類P2P借貸平台之所以能吸引借款者和放款者，主要原因就在於它使得借貸雙方的收益最大化、成本最小化。Lending Club和Prosper按照信用評級給予借款者不同的利率水準，在通常情況下會比傳統銀行低很多，比如傳統銀行信用卡貸款利率平均達到百分之十八，而P2P平台對於A級信用的借款者的利率不超過百分之七。對於放款者而言，當前美國的一年期大額存單利率為百分之〇．一五至百分之一．〇五，但P2P平台的平均收益達到百分之十至百分之二十，見**表三和表四**。

進一步思考

美國的P2P模式有許多值得借鑒的地方。第一，借款者和放款者自由確定利率的方式不可行。由於資訊的不對稱及專業水準的差異，通過雙方協商確定利率將

表三　P2P平台與傳統銀行借款利率的對比

對借款者而言	利率
Lending Club	6.78%~27.99%
Prosper	6.38%~35.36%
Credit Card	10.29%~23.64%

資料來源：Peter Renton, The Lending Club Story, Renton Media LLC, 2012.

表四　P2P平台與銀行存單、股票市場收益率的對比

對放款者而言	利率
Lending Club	7.56%~22.68%
Prosper	9.28%~13.29%
1年期大額存單	0.15%~1.05%
5年期大額存單	0.6%~1.87%
標準普爾500指數5年平均收益率	4.85%

資料來源：Peter Renton, The Lending Club Story, Renton Media LLC, 2012.

消耗大量的時間和精力，只有標準化的定價方式和產品能使網上交易順利進行。第二，監管要求會使P2P平台變得集中。由於到美國證券交易委員會的註冊費高達數百萬美元，這限制了P2P平台的野蠻生長；美國證券交易委員會、CFBP、聯邦存款保險公司等監管機構監管框架的建立，為P2P平台的成長劃定了邊界，有利其健康成長。第三，借款者和放款者並不直接相連。「放款者向P2P平台購買收益權證，P2P平台向網路銀行購買收益權證，網路銀行向借款者提供資金」的模式，使得借款者和放款者並不直接發生關聯。這種模式使得P2P平台的營運風險降低；同時，對借貸雙方而言，也減少了欺詐和糾紛的發生；更重要的是，這能夠滿足美國多頭監管的法律需要。第四，類似Prosper的特殊法律實體的建立，將借貸資金與平台營運完全分離開來，從而減少了投資者的風險。第五，需要特別指出，在美國的P2P借貸中，借款者的信用非常重要。美國對於每一個公民都有完善

的信用報告可查，這構成P2P借貸的最基礎條件。美國公民對於信用紀錄也非常珍惜，若不是遭遇特殊情況絕不敢鋌而走險；因為一旦出現信用問題，在購房、就業、保險、信用卡貸款等各方面都會付出慘重的代價，甚至可以說在社會上寸步難行。

第三方支付與貨幣市場基金模式

第三方支付是指具備一定實力和信譽保障的非銀行機構，藉助通信、電腦和資訊安全技術，採用與各銀行簽約的方式，在用戶和銀行支付結算系統之間建立連接的電子支付模式。[5]第三方支付的模式大致分為兩類：獨立的第三方支付和平台擔保支付。獨立的第三方支付不具備擔保功能，僅作為一種支付手段，如PayPal、快錢就是這種模式。平台擔保支付實際上是第三方支付平台與電子商務網站相連，在商品服務的交易者之間充當信用中介。支付方的資金並不是即時到達收款方，而是在支付平台沉澱一定時間，待商品服務交易確認完成，支付平台才會將資金撥付給收款方。擔保形式的第三方支付模式很好地解決了交易雙方的資訊不對稱和逆向選擇問題，極大地促進了電子商務的發展，創造了全新的金融和消費模式；與此同時，支付平台收集了大量的交易資訊和資金流動資訊，這對於精確分析消費者的需求、信用情況、資金實力等，提供了極其客觀的基礎。支付寶是典型的平台擔保第三方支付手段。

[5]參見曹紅輝、李漢，《中國第三方支付行業發展藍皮書（二〇一一）》，北京，中國金融出版社，2012。

用戶放在第三方支付平台上的資金實際上相當於活期存款，但由於支付平台不屬於金融機構，不能為用戶提供利息收入，因而用戶缺乏動力在支付平台上留存大額資金。在這種情形下，基於第三方支付平台的貨幣市場基金就產生了。用戶只需要簡單操作，便可以將支付平台無收益的資金轉變為具有一定收益的貨幣市場基金，並且這種貨幣市場基金是可以隨時贖回變現的。在通常情況下，貨幣市場基金的收益高於銀行的活期存款，因而用戶有足夠動力將資金從銀行轉移到支付平台上，這改變了傳統資金的存在方式乃至傳統金融模式。另外，支付平台通過貨幣市場基金形式獲取了大量可用資金，而用戶黏性也會使得與支付平台相連的電子商務平台獲得更多的業務。可以說，基於第三方支付平台的貨幣市場基金的建立，對於用戶、支付平台、電商是共贏的。

我們將以PayPal來研究美國第三方支付及其貨幣市場基金的模式，見**圖七**。

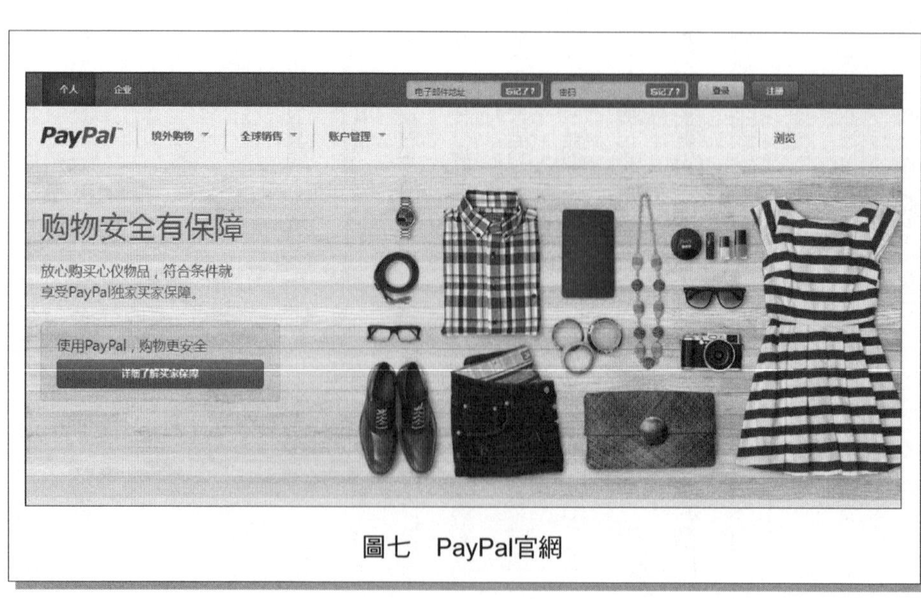

圖七　PayPal官網

概述

PayPal於一九九八年在美國加州成立，允許用戶使用電子郵件進行資金轉移；同時，它也和電子商務網站合作，為購物者和商家提供付款、收款服務。PayPal是目前全球最大的網上支付公司，其業務範圍遍佈全球一百九十個國家和地區，可使用貨幣超過二十種，活躍用戶突破九千八百萬；跨國交易中超過百分之九十的商家和超過百分之八十五的買家正在使用PayPal進行電子支付。

PayPal的貨幣市場基金成立於一九九九年，它運用長尾效應，將大量小額賬戶資金歸集起來進行投資。如前所述，PayPal貨幣基金成立的目的並非為了盈利，而是獲取客戶黏性、吸收資金、拓展業務。PayPal貨幣市場基金在二〇〇七年時達到十億美元的最高規模。但由於二〇〇八年金融危機後，美國的投資環境惡化，美聯儲實行零利率政策，PayPal貨幣市場基金收益太低，PayPal不得不最終將貨幣市場基金清盤。但是，隨著經濟運作好轉和貨幣政策改變，PayPal貨幣市場基金很可能重新開放。

產品與營運模式

PayPal最重要的功能是為全球的電子商務提供支付結算。收款方必須利用電子郵件地址在PayPal進行註冊並激活賬戶；付款方可以通過開設PayPal並轉入資金進行付款，也可以直接使用信用卡或者銀行賬戶付款。PayPal有三類賬戶：個人賬戶、高級賬戶和企業賬戶。個人賬戶主要供個人線上購物使用，付款免費，收款需要支付一定的費用；高級賬戶供個人購物和銷售使用，可以個人名義進行商品銷售，收款時可以享受比個人賬戶更低的費用；企業賬戶供公司或者企業團體使用，除了享受更高的費用優惠，還能管理各類子賬戶，進行財務計算和管理等功能。

PayPal是非擔保的第三方支付平台，因而付款與收款是即時發生的，支付平台並不對交易發生與否和貨物品質進行檢驗與擔保。但是，如果交易雙方對於交易結果存在爭議，可以在網上平台上傳相關證據進行申訴：申訴的前二十天內，交易雙方可以自行協商解決問題；如果雙方協商未果，PayPal將介入調查並處理。

一個典型的網上購物交易流程（見圖八）大致如下：一、付款人用電子郵件地址登錄並開設PayPal賬戶，獲得驗證後，提供信用卡或者相關銀行資料，將一定款項從銀行賬戶轉移至PayPal賬戶。二、付款人選好商品後，在PayPal中選擇相應的匯出金額，填寫收款方的電子郵件並確認。三、PayPal向收款人發出電子郵件，通知其領取款項。四、如果收款人有PayPal賬

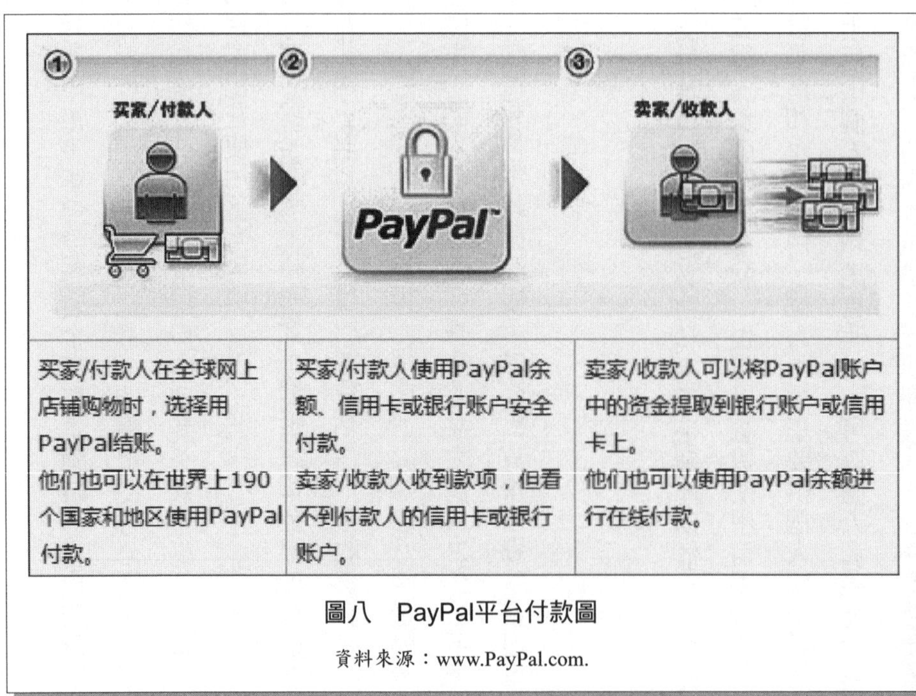

圖八　PayPal平台付款圖

資料來源：www.PayPal.com.

戶，則收取款項，並能將款項轉入信用卡或者銀行賬戶；如果收款人沒有PayPal賬戶，則按照程序開設PayPal賬戶。五、如果雙方對於交易不存在爭議，支付就此完成；如果雙方存在爭議，則進入爭議處理程序。在二十天內，雙方可以自由協商解決；如果二十天仍未解決問題，則由PayPal依據申訴方提供的證據以及平台保存的訂單號進行查詢，做出處理結果。

關於貨幣市場基金的營運，用戶只需要進入個人PayPal賬戶，找到PayPal貨幣市場基金項目並向其中轉入資金即可進行閒置資金的投資；如果需要運用資金進行支付，隨時可以將貨幣市場基金贖回到PayPal現金賬戶。

盈利模式

PayPal的盈利來自於交易中支付的手續費。對於付款方，若無須幣種兌換，使用PayPal一律免費；對於需要幣種兌換的海外購物，付款者要支付一定的貨幣兌換費。對於收款方，隨著賬戶類型和貨物類型的不同，PayPal的收費也存在差別。一般來說，對一般網站、賬單和電子郵件的收款，PayPal收取賬款百分之四．四的費用加〇．三美元固定費用；對於eBay銷售收款，收取賬款百分之三．九的費用加〇．三美元固定費用；對於數位商品等小額款項，PayPal統一收取賬款百分之六．〇的費用加〇．〇五美元固定費用；如果收款金額每月超過三千美元，可以申請費用優惠，無論是否屬於eBay網站上的收款，都可以依據額度的不同享受百分之〇．二至百分之〇．五的優惠。無論是收款方還是付款方，提現的費用都比較昂貴，以PayPal提現到中國的銀行賬戶而言，每筆費用為最少三十五美元。[6]需要特別指出的是，收款方提現時要格外注意，如果在收到賬款時便提現，並且提現金額超過總金額的百分之八十，會被懷疑存在銷售欺詐而遭賬戶凍結。

在貨幣市場基金方面，PayPal設置貨幣市場基金並非為了盈利，主要是為了吸引用戶沉澱資金、提高用戶黏性。在美國市場，貨幣市場基金的收益率一直不高，二〇〇二至二〇〇四年美國利率下行期間，PayPal貨幣市場基金的收益率僅百分之一左右；二〇〇五至二〇〇七年利率上行期間，其收益也不超過百分之四[7]；因而，PayPal不可能對貨幣市場基金徵收過多的費用。二〇〇二年以前，PayPal會對基金收取小額的管理費，但二〇〇二年美國的利率大幅下降後，PayPal主動放棄了大部份管理費用。自二〇〇八年美國實行零利率政策至今，所有貨幣市場基金的業績都非常低，PayPal貨幣市場基金的收益相對於P2P等其他投資途徑而言實在太低，因而PayPal不得不在二〇一一年七月選擇將貨幣市場基金清盤。PayPal貨幣市場基金的暫時謝幕並不代表這種創新的失敗，很可能在環境變好時，PayPal又會重開貨幣市場基金服務。更重要的是，PayPal貨幣市場基金為全球的第三方支付平台樹立了一種全新的資金使用方式，中國的餘額寶成功地借鑒了其模式。

群眾募資模式

群眾募資是指項目發起者利用網路等平台，發動眾人的力量，集中大家的資金和能力，為個人活動、企業經營或者是公益事業提供融資的方式。與傳統的融資方式相比較，群眾募資的特點在於小額和大量；其較低的融資門檻，也為新型創業公司的發展開闢了新的路徑。群眾募資模式在近幾年迅速走紅，成為創業者和創新企業在銀行、私募股權投資（PE）、創業投資（VC）外又一種有效的融資方式。

群眾募資項目的種類繁多，包括新產品研發、成立新公司等商業項目，也包括科學研究、賑災項目、藝術設計、政治運動等社會類項目。投資者參與群眾募資項目的目的也是多元化的，有的作為一種公益捐贈行為幫助他人實現夢想；有的借此參與到創新活動中，獲得經歷和經驗；有的則希望獲取一定的經濟回報。依據項目性質和投資者目的，群眾募資模式大致可以分為「團購＋預購」型、募捐型、股權型等。❽「團購＋預購」型項目主要是為了幫助公司開發新產品，承諾投資者在一定時間後獲得公司的實物回報；募捐型項目主要用於社會事業，投資者並不期望從中獲取具體回報；股權型項目主要是用於實現商業盈利，而投資者希望從項目中獲取利潤分紅或者是持有項目公司的股權。

根據富比士報導，截至二〇一三年第二季度，全球群眾募資平台接近一千五百家，而二〇一二年第二季度時，全球只有四百五十家左右。在眾多的群眾募資平台中，Kickstarter、Rochkthub、Indiegogo、GoFundMe是其中翹楚。我們以Kickstarter為例解析群眾募資平台，見**圖九**。

概述

Kickstarter成立於二〇〇九年，目前是全球最大的群眾募資平台，通過網路平檯面向公眾進行集

---

❻ PayPal官網：https://www.PayPal.com/c2/webapps/mpp/PayPal-fees#pricingLightBox1。

❼ 中國證券報、中證網，《美國版餘額寶的十年興衰》，2013-07-03。

❽ 參見羅明雄等，《互聯網金融》，北京，中國財政經濟出版社，2013。

圖九　Kickstarter官網

資。二〇一二年，Kickstarter的籌資總額為三億兩千萬美元；迄今為止，Kickstarter上已有五百三十萬人參與過平台群眾募資項目，有一百五十萬人同時參與過多個項目，而有十六萬六千人同時參與了十個及以上項目。❾

產品及營運模式

最初，Kickstarter主要為圖片、電影和音樂項目提供融資，目前為藝術、遊戲、設計、出版、電影等十三種類型的創新創業提供融資，見**圖十**。其流程為：首先，資金募集方需要將項目策劃上傳到群眾募資平台，群眾募資平台對項目進行審核，審核通過後，資金需求方可以建立專屬頁面，通過視頻短片、圖文等多種形式介紹項目（但《創業企業融資法案》（*Jumpstart Our Business Startups Act*）規定不能使用廣告形式）；然後，感興趣的個人或者團隊在平台上對項目進行投資，最小額度為一美元，最多不能超過《創業企業融資法案》規定的年收入的百分之五。另外，群眾募資平台採用「達標入賬」的方式對資金進行管理，也就是在規定的六十天募集期限內，群眾募資平台代管所募集的資金。如果項目能在募集期內募集到全部所需資金，群眾募資平

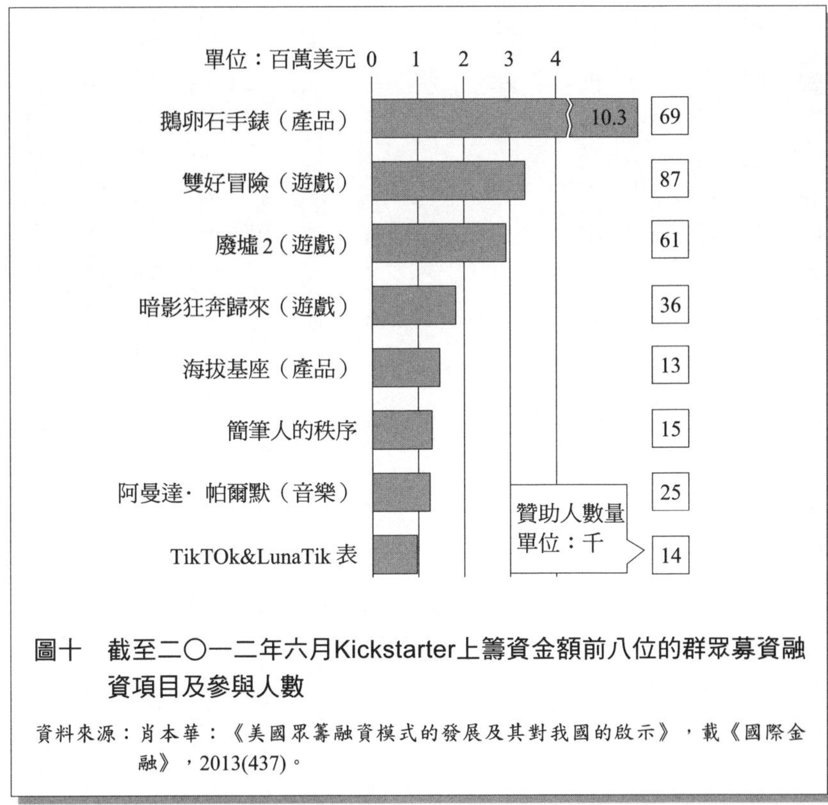

圖十　截至二〇一二年六月Kickstarter上籌資金額前八位的群眾募資融資項目及參與人數

資料來源：肖本華：《美國眾籌融資模式的發展及其對我國的啟示》，載《國際金融》，2013(437)。

台將在募集期結束時將資金轉給資金募集方：如果項目募集方未能在募集期內募集到全部資金，資金將全部返還給投資者。對於募集成功的項目，投資者可以獲得相應的實物收入或者股權類收入的憑證。

盈利模式

Kickstarter平台的盈利主要來自於佣金，對於籌資成功的項目，Kickstarter會收取籌資額的百分之五作為回報；同時，它會為提供資金支付服務的Amazon支付系統代收籌資額百分之三至百分之五的資金作為手續費。對於籌資不成功的項目，Kickstarter會收取更高的手續費，達到百分之八至百分之十。[10]

⑨ Kickstarter官網：www.Kickstarter.com。

⑩ 參見羅明雄等，《互聯網金融》，北京，中國財政經濟出版社，2013。

監管借鑑

需要特別指出的是，美國對於私募資本市場存在嚴格管制，在二〇一二年以前，嚴禁小企業在群眾募資等平台上進行股權融資，只限於為投資者提供實物回報。二〇一二年三月，為了解決美國嚴峻的失業問題，美國頒佈《創業企業融資法案》，專門對群眾募資模式做出說明：允許企業通過群眾募資平台進行股權融資；規定每個項目在一年內的融資規模不能超過一百萬美元；規定投資者的投資上限為年收入的百分之五；同時，也對群眾募資平台在美國證券交易委員會的資訊披露做出了具體要求。《創業企業融資法案》的出台，限制了群眾募資平台的無序生長，為行業發展提供了監管框架。在中國，相應的法律框架有待完善，中國國內群眾募資平台項目不能以股權、債券、分紅或利息等作為回報，項目發起人不能向投資者許諾任何資金收益，只能以實物、服務或者媒體內容作為回報；否則，將涉嫌非法投資。

銀行業

根據設立機構的性質，可以將銀行業在網路的深化分為兩類：一類是完全建立在網路上的純網路銀行，如美國安全第一網路銀行、Prosper網路借貸銀行、Lending Club網路借貸銀行；另一類是傳統銀行將銀行業務進行線上延伸，從而形成的金融網路平台，或稱為「水泥加鼠標」模式，如美國銀行網路銀行。在純網路銀行中，依據其營運模式的差異，又分為兩種類型：一種是以安全第一網路銀行（見圖十一）為代表的傳統銀行在網上的複製；另一種是前文介紹的以Prosper和Lending Club為代表

圖十一　安全第一網路銀行官網

的P2P借貸模式。P2P模式被認為是未來網路銀行的發展方向。根據艾瑞諮詢的報告，到二〇一〇年，在美國選擇通過網路銀行進行轉賬業務、查詢業務、購買銀行研究產品的用戶比率分別達到百分之六十七、百分之七十六、百分之七十七。[11]

純網路銀行──安全第一網路銀行模式

(1)概述。一九九五年十月，美國的Area Bank、Wachovia Bank、Huntington Bank聯合在網路上成立了全球第一家無任何分支機構的網路銀行──安全第一網路銀行。銀行的註冊地在肯塔基州，網上相關業務操作在亞特蘭大進行。安全第一網路銀行獲得了美國財政部儲貸機構監理局（OTS）的正式認可，並且加入了聯邦存款保險公司。一九九六年五月，安全第一網路銀行的股票上市，股價當日便上漲了超過百分之一百，其業務量以平均每月超過百分之十五的速度增

[11] 參見羅明雄等，《互聯網金融》，北京，中國財政經濟出版社，2013。

長，足見其受歡迎程度。

(2)產品與營運模式。第一，安全第一網路銀行賬戶申請。安全第一網路銀行是純網路銀行，其業務實現依賴於網路。客戶在網頁上填寫姓名、住址、職業、電子郵件地址等資訊後，打印出來，與新賬戶首次存款的支票郵寄到安全第一網路銀行的辦事機構就完成了開戶手續。該開戶手續不能在網路處理的原因是，根據美國當時的聯邦法律，銀行必須保存有客戶親筆簽名的開戶申請書。在開戶並存入至少一百美元後，客戶就能夠享受到安全第一網路銀行提供的網路銀行服務。安全第一網路銀行並不收取賬戶維護費，與此同時，客戶賬戶餘額也不計利息。第二，安全第一網路銀行的主要服務。①安全第一網路銀行為客戶提供基本電子支票服務，在安全第一網路銀行上提供了二十種免費電子月支付方式，可以聯機提供明細，並且提供已結算的支票聯機紀錄和線上金融報告。如果收款方不接受電子匯兌，安全第一網路銀行則代顧客簽發普通支票。②利息支票業務，可以對基本支票進行利息計算，對附屬電子票據支付進行清算。③ATM服務，安全第一網路銀行會向賬戶持有人發放普通的ATM卡，客戶使用該卡可以在全國的ATM提取存款、查詢賬戶等。④貨幣市場服務，客戶可以將資金放在安全第一網路銀行的貨幣市場中以賺取利息，當需要進行資金支付時，可劃轉資金到支票賬戶。⑤信用卡業務，安全第一網路銀行向預先經過核查、符合條件的客戶發行Visa Classic或Visa Gold信用卡，這類信用卡與傳統信用卡有著類似的功能。⑥基本儲蓄業務服務，安全第一網路銀行提供比傳統商業銀行稍高的利率，鼓勵客戶儲蓄。⑦信用違約互換交易（CDS）業務服務，鼓勵大額可轉讓存單辦理，賺取更高的利息。總之，安全第一網路銀行提供了類似於傳統商業銀行的服務，並且由於其全國聯網，因而自身營運成本較低，在收費、利息、服務效率方面對顧客更為有利。

(3)盈利模式。由於安全第一網路銀行並沒有開展貸款業務，因而其收益來源有限，最大的收益來自於各類手續費的收入。由於其業務幾乎都在網路上完成，因而營業成本非常低⓬，手續費收入已能維持安全第一網路銀行的營運。

一九九八年十月，在經營五年之後，安全第一網路銀行最終被收購，成為擁有一千八百六十億美元的加拿大皇家銀行金融集團（Royal Bank Financial Group）旗下的全資子公司。這對於雙方來說是雙贏的結局，加拿大皇家銀行憑此進入了美國金融零售業務市場，將業務拓展到極具潛力的線上領域；而安全第一網路銀行獲得了強大的資金支持，繼續保持在純網路銀行領域內的領先地位。安全第一網路銀行對網路銀行業務的開創性貢獻已經載入史冊。

銀行網路平台模式

(1)概述。伴隨著資訊化和網路創新浪潮，人們對於金融服務提出了更高的要求，網上賬戶管理、即時支付、網上理財成為基本的金融需求。在此背景下，美國傳統金融機構紛紛推出了網路銀行服務。當前，美國銀行（Bank of America）網路銀行（見圖十二）、花旗銀行（City Bank）網路銀行、富國銀行（Wells Frago）網路銀行是美國規模最大、業務最完善、最具代表性的三大金融網路平台。美國銀行側重於依據客戶類型提供服務，而花旗銀行則側重依據業務類型提供服務。我們簡要介紹美

⓬根據測算，當時在美國分行櫃檯每筆交易的成本為一·〇七美元，電話銀行每筆交易的成本為〇·五四美元，ATM每筆交易的成本為〇·二七美元，網路銀行每筆交易的成本為〇·〇一美元。

圖十二　美國銀行官網

國銀行網路銀行的營運模式。

美國銀行網路銀行擁有世界上最多的線上註冊用戶，其服務本質上是傳統業務向網路的延伸，網頁上包含了個人金融、商業金融、銀行概述、金融工具四個部份的資訊。與一般客戶聯繫最緊密的是個人金融服務部份。由於美國各州法律和相應金融法規的不同，美國銀行在各州能提供的業務種類不盡相同。

(2)產品與營運模式。美國銀行網路銀行個人金融服務主要涵蓋六個部份：儲蓄、貸款與信用、投資、專業金融服務、保險以及資訊。美國銀行網路銀行對各類業務進行了詳細的介紹，客戶可以在網上進行基本的業務辦理和操作，如查詢、轉賬、購買保險和證券、查詢研究資訊等；但大部份借貸業務依然需要營業據點的調查確認。第一，儲蓄業務。儲蓄業務涵蓋了儲蓄基本業務和信用卡儲蓄服務兩部份，儲蓄基本業務包括經常賬戶、儲蓄、信用違約互換交易、個人退休賬戶的服務。客戶可以在網上對賬戶進行查詢、交易。第二，貸款與信用業務。貸款與信用業務涵蓋抵押、信用卡和消費信貸部份。作為美國最大的住房貸款銀行之一，美國銀行為客戶提供購房助理和重新籌措資金兩項貸款業務；同時，美國銀行在網上發行Visa Classic、Visa Gold等信用卡；美國銀行也根據各個州的情況，提供汽車貸款、住房抵押貸款、學生貸款等業務。第三，投資業務。美國銀行的個人投資業務由美國銀行投資服務公司承擔，主要為客戶提供折扣經濟服務、個人投資諮詢服務、現金管理賬戶以及共同基金資訊服務。第四，專業金融服務業務。專業金融服務是美國銀行的特色服務，包含個人銀行、基礎金融服務、學生金融服務、電子錢包、軍事銀行、專業非洲裔美國人銀行、美國亞洲理財七項服務。第五，保險業務。美國銀行的保險業務由美國銀行保險服務公司運作，主要銷售人壽保險和汽車保險。第六，資訊服務。美國銀行為客戶提供個人金融計劃工具、市場研究與評議及美國銀行內部資訊三個產品。個人金融計劃工具主要是指投資評估、購房計劃、退休計劃、教育計劃等；市場研究與評議主要為客戶定期提供對市場的研究成果，指導客戶的投資理財；美國銀行內部資訊則提供非公開化的研究資訊。

(3)盈利模式。美國銀行網路銀行將線上、線下業務連接在一起，一方面可以為客戶進行線上金融服務，另一方面也能通過宣傳吸引新客戶。其收益來源非常廣泛，有存貸利息差收益、證券保險經紀收益、信用卡利息收益、財富管理經紀收益、諮詢業務收益等。總之，其收益與傳統銀行並無太大的差別；更重要的是，線上業務與線下業務產生了協同效應，增加了傳統業務的規模。

證券業

二十世紀七〇年代，納斯達克證券市場的建立和電子通信網路的興起開創了即時交易和高流動性的證券買賣方式；一九七五年五月，美國宣佈放棄固定佣金比率，採用競爭性的協議佣金制度，使得證券經紀費用大幅降低；一九九五年，隸屬於摩根史坦利的Discoberry Brokerage Direc聯合幾家經紀商率先引進了網路交易系統，允許客戶通過網路傳達交易指令，開啟了網路證券交易時代。網路證券交易的成本優勢是顯而易見的，平均而言，一九九五年為七十三美元一筆，一九九九年為二十五美元一筆，到目前已經接近十美元一筆。[13]由於網上證券經紀商的佣金費用遠低於傳統經紀商，因而網路證券交易業務的發展十分迅速。根據美國證券交易委員會的估計，美國專業網路經紀商的數量從一九九七年的二十八家發展到目前超過兩百家，現在絕大部份的證券交易都在網上完成。

在美國網路證券交易商中，Charles Schwab、E-trade、Fidelity、Ameritrade是最具代表性的。Charles Schwab、Merrill Lynch等公司依托傳統經紀業務的優勢，結合網路銷售，依然佔據著證券業務的半壁江山，分別約佔美國網路證券經紀業務的百分之二十五和百分之十。作為純網路證券經紀平台，E-trade也在證券市場上佔據了一席之地，其市場份額約佔百分之十五。我們主要介紹E-trade的營運模式，見**圖十三**。

概述

E-trade成立於一九九二年，是第一家網路經濟服務公司。開始時，E-trade通過網路提供線上

圖十三　E-trade官網

投資諮詢服務，後來擴展到網路證券經紀和交易。一九九七年，E-trade與美國線上和Bank One聯合，向澳大利亞、加拿大、德國等國拓展業務，用戶數量突破了二十二萬五千。二〇〇〇年，E-trade收購了Telebanic金融公司，創立E-trade金融公司，正式進入零售銀行業。目前，E-trade銀行是美國最大的純網路銀行，提供存貸款、信用卡、保險等全方位服務。E-trade是美國僅次於嘉信證券的第二大網路證券經紀商。

產品及營運模式

投資者在E-trade網上開戶並滿足最低六百美元的賬戶餘額後，可以享受到E-trade二十四小時的各項服務，包括證券交易、退休金賬戶投資、資訊諮詢等。

E-trade的證券交易服務涵蓋股票、指數股票型基金（ETF）、共同基金、固定收益類證券、期權期貨、外匯以及國際市場證券等，包括了美國絕大部

⑬見沈曉平，《網上金融》，北京，電子工業出版社，2009。

份公司股票、超過八千種共同基金以及所有的指數股票型基金、超過三萬種債券、七十七個國家的各類證券以及各類組合投資。退休金賬戶投資涵蓋了傳統的「個人退休帳戶」(Individual Retirement Arrangement, IRA)退休金計劃、Roth IRA退休金計劃、401(k)退休金計劃以及延遲性IRA退休金計劃等。E-trade為投資者提供了全面的個人退休金計劃類型，並且進行投資規劃指導。資訊諮詢服務主要涵蓋投資教育、投資工具、市場研究。E-trade為投資者提供了網上的投資課程，如果投資者需要也可以申請付費型的電話或面談投資諮詢。此外，E-trade在網站上會提供一系列投資組合構建、收益與風險預測的小工具以及免費的市場研究報告。[14]

盈利模式

E-trade的盈利主要來自交易佣金。如前所述，一九七五年後，美國放棄固定佣金制度，使得經紀商可以自主選擇佣金水準，證券業競爭使得佣金水準大幅下降；網路技術的日臻成熟，使得網路經紀業務的佣金水準進一步降低。目前，包括E-trade在內的各大網路證券經紀商大多採用最低交易費加浮動交易費的模式。

在滿足了E-trade 六百美元的最低資金要求後，投資者便可以進行證券交易；如果投資者的資金量在一萬美元及以上，可以在六十天內享受到最高五百美元的佣金優惠。一般來說，對於交易不超過一百四十九股（份）的股票或期權，投資者需要付出美金九元九角九分的固定佣金，每份期權需另付七十五美分的佣金；如果投資者上季度的交易量在一百五十股（份）以上，則其固定佣金下降為美金七元九角九分。債券佣金相對更加低廉，每份債券交易的佣金只有一美元，單次交易佣金最低為十美元，最高為兩百五十美元。E-trade對於一千三百支共同基金和七十支ETF免收交易佣金。除了佣金收入，E-trade也會從財務諮詢等方面獲取收益，見圖十四。⓯

保險業

基於網路的保險模式大致分為兩類：一類是利用垂直搜索平台，為客戶提供各類公司保險產品資訊、保費對比以及綜合性保障方案的線上金融超市，客戶需要鏈接到相關保險公司購買產品；另一類是傳統保險公司的線上銷售，提供公司產品介紹、線上諮詢、線上購買。

網路保險最早出現於美國，而後發展到英國。美國國民第一證券銀行首先通過網路銷售保單業務。現在，最為人熟知的網路保險公司是美國Insweb線上保險公司，見圖十五。

⓮ E-trade官網：www.etrade.com。

⓯ E-trade官網：www.etrade.com。

WHY E*TRADE | INVESTING & TRADING | RETIREMENT | EDUCATION

About Investing & Trading

Investment Choices
Stocks
ETFs
Mutual Funds
Bonds & Fixed Income
Options
Futures
Forex
International Investing
Managed Account Solutions
Select Portfolios

Account Management

Trading Platforms & Tools
E*TRADE 360
E*TRADE Pro
E*TRADE Mobile

Guidance & Advice
Online Portfolio Advisor
One-on-One Advice
Portfolio Management

Research & Insights
Independent Research
Stock & Fund Screeners
Ideas & Insights

Pricing & Rates

E*TRADE Community

For Active Traders

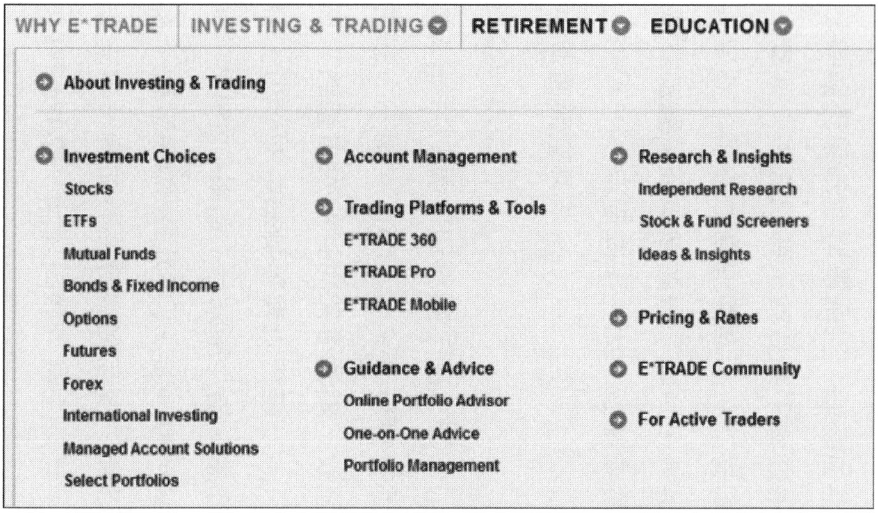

圖十四　E-trade官網投資交易業務介紹

圖十五　Insweb官網

概述

Insweb於一九九五年在加州成立，致力於提供線上的保險報價資訊服務、保險購買服務、諮詢服務；二〇〇五年，Insweb又引進AgentInsider系統，為保險代理人提供展業服務。Insweb在業界非常有影響力。二〇〇九年，通過Insweb進行保險購買、諮詢的人數超過一千萬；二〇一一年，Insweb的收入達到三千九百零四萬美元，比二〇一〇年增加百分之三十三。[16]

產品與營運模式

Insweb不僅與世界上五十多家保險公司有業務協議，而且與超過一百八十家站點建立了連接，為客戶提供意外險、汽車險、壽險、財險、房屋保險、健康保險等幾乎所有保險產品的報價和詳細資訊。當客戶按照需求輸入資訊後，Insweb會顯示產品比較分析的結果，並給出最為恰當和廉價的保險投資建議；如果客戶在Insweb線上購買保險，則可以享受到佣金折扣。

盈利模式

Insweb的盈利來自於客戶線上購買保險產品的佣金收入和向保險公司提供客戶資訊的收入。客戶線上進行保險產品比對後，選擇意向產品，Insweb會將客戶鏈接至相應的保險公司線上完成保險購買；交易完成後，Insweb會從這筆業務中獲取一定的佣金收入。另外，Insweb也會將線上訪問用戶的需求資訊轉賣給保險公司，從而獲得一定的收入。

Insweb在意外險和車險等簡單險種中獲取的佣金佔佣金收入的絕大部份，

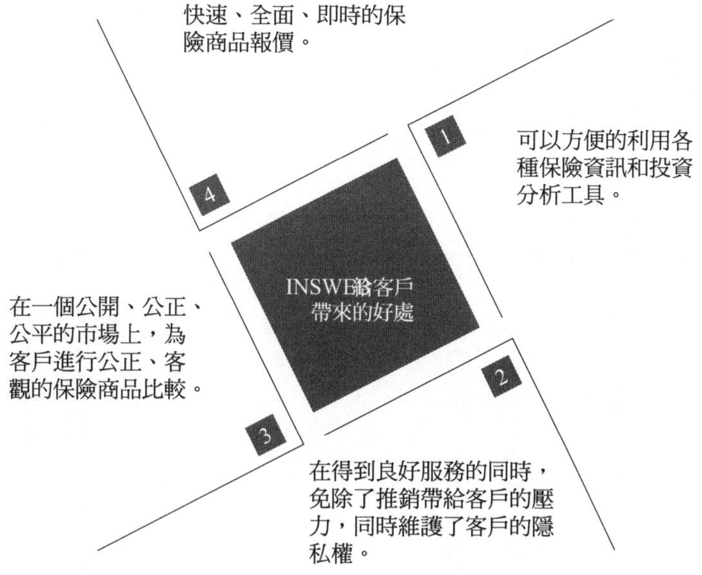

INSWEB給客戶帶來的好處

1 可以方便的利用各種保險資訊和投資分析工具。

2 在得到良好服務的同時，免除了推銷帶給客戶的壓力，同時維護了客戶的隱私權。

3 在一個公開、公正、公平的市場上，為客戶進行公正、客觀的保險商品比較。

4 快速、全面、即時的保險商品報價。

圖十六　Insweb客戶服務的優勢

資料來源：天拓諮詢：《淺談網路保險Insweb》，2013-09。

而其在壽險、財險等較複雜險種的銷售較少。究其原因，在於保險銷售有其特殊性，許多條款需要客戶當面諮詢代理人並進行協商、確認。Insweb等線上保險公司主要是發揮產品比價、網上諮詢的作用（見圖十六），通過網上服務獲取客戶的資訊，從而為保險公司有針對性地發掘客戶需求；其銷售業績難以提升，三千九百零四萬美元的收入在美國上兆美元保費收入中微乎其微。Insweb最終於二〇一一年被Bankrate收購。

美國互聯網金融的風險與監管

文獻綜述

關於金融監管，國內外的相關文獻浩如煙海，而對於互聯網金融的監管，則隨著近年來各類互聯網金融業態的出現以及對互聯網金融的理論研究逐漸增多，才使人們不斷關注對於互聯網金融的監管。

在國外，早已出現了各類互聯網金融業態，由此也就自然導致了對互聯網金融監管的討論。早在一九八三年，Hirshleifer(1983)就把第三方支付明確界定為「俱樂部商品」。他以一個形象的故事說明了這一點：假定有一個處於低窪地帶的「拓荒地」，經常有海水倒灌的風險，所以每家都需要築一段堤壩，而整塊「拓荒地」的整體安全程度，並不等於每家為築壩所付出努力的總和，而是取決於堤壩最薄弱那家所付出的努力。Varian(2004)將這個模型向前推進了一步，由於每家在「拓荒地」的身家多少不同，就會造成每家投入築壩的努力不一樣，比如一貧如洗的光棍可能沒有動力去認真修堤壩。那麼，這個光棍的行為就構成了整個「拓荒地」安全的威脅，在每家各管一段的無政府狀態下，最終這個「拓荒地」就會有滅頂之災。此時，就需要有人充當監管者，確保這個光棍的堤壩必須達到最低的安全標準。他們的研究奠定了對互聯網金融有必要進行監管的理論基礎。

在互聯網金融的現實發展及學者們的理論研究後，互聯網金融的監管問題就進入了美國監管者的視野之中。二〇〇八年九月，波士頓聯儲和亞特蘭大聯儲寫了一篇名為《理解新型零售支付中的風險》的文章，該文認識到零售支付正在從紙質交易向非現金（noncash）支付轉變，由此帶來了不少新型零售支付業態的出現（PayPal已明確進入了此文的視野），這會帶來五類風險，即欺詐風險、操作風險、法律風險、清算風險、系統性風險。

二〇〇三年美國政府責任辦公室（Government Accountability Office）向美國國會提交的關於P2P的報告，著重探討了P2P行業監管的問題。該報告提出了兩項可行的方案：第一種方案是維持現在多部門分頭監管，州與聯邦共同管理的監管架構，包括美國證券交易委員會、美國聯邦貿易委員會（FTC）、金融消費者保護局（CFPB）都會參與其中，對放款人的保護主要是通過聯邦和州的證券登記與強制資訊披露條款，對借款人的保護主要是通過消費者金融服務和金融產品保護相關條例；第二種方案是將各部門、聯邦和州的職責集中在一個單獨的部門，由該部門來統一承擔保護放款人與借款人的責任。該報告認為，根據《多德—弗蘭克華爾街改革與消費者保護法案》，新組建的金融消費者保護局是合適的選擇。

互聯網金融的風險

互聯網金融除了具有傳統金融業經營過程中存在的流動性風險、信用風險、利率風險和匯率風險等之外，由於涉及通信、設備和管理等諸多方面，造成互聯網金融還存在技術風險、業務風險和人為因素形成的風險。採用網路技術的互聯網金融造成了金融風險的放大效應。可以認為，互聯網金融將比傳統金融面臨更大的風險考驗，各種風險對互聯網金融的挑戰將甚於傳統金融。

流動性風險

流動性風險是指銀行的支付能力不足所造成的風險。銀行的流動性需要主要來自存款的提取和貸款的需求，對於這種提取和需求，銀行不能完全掌握。非預期的提取和非預期的需求會造成銀行的支付能力不足，這是銀行業務中經常發生的、正常的風險。在互聯網金融條件下，虛擬貨幣的出現使網路銀行面對更多的不確定因素：一方面，商業銀行的信用擴張能力得到了增強，通過線上交易加快了貨幣流通的速度；另一方面，突發性的交易又可能引起網路銀行的流動性風險。

信用風險

信用風險是指互聯網金融交易者在合約到期日不完全履行其義務的風險。互聯網金融業務和服務機構都具有顯著的虛擬性。虛擬化的金融系統可以利用虛擬現實資訊科技增設虛擬分支機構或營業據點，從事虛擬化的金融服務。互聯網金融中的一切業務活動，如交易資訊的傳遞、支付結算等都在由電子資訊構成的虛擬世界中進行。互聯網金融服務方式的虛擬性使交易、支付的雙方互不見面，只是通過網路發生聯繫，這使得對交易者身份、交易真實性的驗證難度加大，增大了交易者之間在身份確認、信用評價方面的資訊不對稱，從而增大了信用風險。互聯網金融中的信用風險不僅來自服務方式的虛擬性，還有社會信用體系的不完善而導致的違約可能性。

利率風險和匯率風險

利率風險和匯率風險是指市場的利率和匯率變化引起的銀行資產價格變化，造成資產貶值損失的可能性。它是由資金的供求決定的，是一種市場風險。在銀行業務中，這種風險是很難完全避免的，因為任何銀行都無力控制市場，即使中央銀行也只能在一定程度上進行調節。

互聯網金融包括的傳統金融風險還有資本風險和管理風險等。資本風險是指銀行資本金過少，因而缺乏承擔風險損失的能力，缺乏對存款及其他負債的最後清償能力，使銀行安全受到威脅的風險。管理風險是指銀行業務經營中存在的營私和盜竊的風險。所謂營私，主要是指銀行的高級管理人員利用職權牟取私利，如貸款給自己或親友等。至於盜竊，有來自內部的，也有來自外部的。

互聯網金融技術支持系統的風險

互聯網金融的業務及大量風險控制工作均是由電腦程式和軟體系統完成，所以電子資訊系統的技術性和管理性安全就成為互聯網金融運作的最為重要的技術風險。這種風險主要包括電腦系統停機、磁盤列陣破壞等不確定因素，來自網路外部的數位攻擊，電腦病毒破壞三個方面。互聯網金融業務的開展必須選擇一種成熟的技術解決方案來支撐，但在技術選擇上存在著技術選擇失誤的風險。這種風險既來自於選擇的技術系統與客戶終端軟體的兼容性差導致的資訊傳輸中斷或速度降低的可能，也來自於選擇了被技術變革所淘汰的技術方案，造成技術相對落後、網路過時的狀況，導致巨大的技術和商業機會的損失。

業務風險

由於採用BIS後，金融機構的經營活動可突破時空局限，打破傳統金融的分支機構及業務據點的地域限制，並且能夠向客戶提供全天候、全方位的即時服務，從而使互聯網金融的經營者或客戶通過各自的電腦終端就能隨時與任何一家客戶或金融機構辦理證券投資、保險、信貸、期貨交易等金融業務。這使互聯網金融的業務環境具有很大的地域開放性，並導致互聯網金融中支付、結算系統的國際化，從而大大提高了結算風險。基於電子化支付系統跨地區的各類金融交易數量巨大，因此任何一個地區金融網路的故障都會影響全省乃至全國金融網路的正常運作和支付結算，並會造成經濟損失。二十世紀八〇年代美國財政證券交易系統曾發生只能買入、不能賣出的情況，一夜就形成兩百多億美元的債務。中國也曾發生過類似情況。

人為因素形成的風險

由於部份工作人員安全觀念淡薄，安全管理制度不能真正落實，缺乏應有的網路安全意識，認識不到執行制度的緊迫性和重要性，特別是在業務量較小、人員較少的基層營業據點，人們出於相互信任的緣故，密碼設置過於簡單，密碼變更不按規定登記保管等現象依然存在，個別據點崗位職責設置不清，非註冊人員或內勤主管兼作櫃員，從而直接影響BIS的安全運作，導致互聯網金融風險的產生。

法律風險

法律風險是指由於互聯網金融立法相對落後和模糊而導致的交易風險。由於相應法規的缺乏，如在互聯網金融市場准入、交易者的身份認證、電子合同的有效性確認等方面沒有明確而完備的法律規範等，在採用ABIS後，利用網路提供或接受金融服務、簽訂經濟合同就會面臨在有關權利與義務等方面相當大的法律風險，容易陷入不應有的糾紛之中，使交易者面臨關於交易行為及其結果的更大不確定性，從而增大了互聯網金融的交易費用，甚至影響了互聯網金融的健康發展。

綜上所述，數據集中後，互聯網金融的各種業務風險與傳統金融並無本質區別，但由於互聯網金融基於資訊科技，這使得互聯網金融在延續、融合傳統金融風險的同時，更新、擴充了傳統金融風險的內涵和表現形式，導致金融風險發生的突然性、傳染性都增強了，進而危害也更大。因此，互聯網金融風險的監管和控制也就具有了不同於傳統金融風險管理的手段和方式。

互聯網金融的監管

美國監管當局對網路銀行採取了審慎寬鬆的政策，基本上通過補充新的法律、法規使原有的監管規則適應網路電子環境。一方面，他們強調網路和交易的安全、維護銀行經營的穩健和對銀行客戶的保護；另一方面，他們認為網路銀行是一種有益於金融機構降低成本、改善服務的創新，通過使用標準網路瀏覽器，這種創新不僅可以大大降低技術維護成本、加快新系統和軟體的發展，而且使銀行間可以實現資源共享，因而在監管政策、執照申請、消費者保護等方面，網路銀行與傳統銀行的要求比較相似。在市場准入方面，美國對現有金融機構分支型網路銀行的設立，按新設分支行或營業部的管理規則進行管理，一般不要求重新註冊或審批，也不必聲明或備案，監管當局一般通過年度檢查來收集網路銀行的業務數據。而對純網路銀行則按照新銀行機構的設立程序，需要審批註冊。純網路銀行在註冊時既可以按照標準註冊程序申請註冊，也可以申請按照銀行持股公司規則註冊，並要滿足其他特定的要求。

美國網路銀行的風險控制由兩部份組成：一是基於網路虛擬技術的網路銀行業務活動和電子貨幣行為的風險控制；二是金融監管當局對網路銀行的監管。可以看出，這基本上是一個內外控制相結合、技術與業務相兼顧、以金融監管為指導的完整的網路銀行風險控制體系。

網路銀行業務活動和電子貨幣行為的風險控制

美國銀行機構具備嚴密的網路銀行業務風險管理制度框架，主要包括以下四個方面：

(1)明確決策管理層在業務風險中的職責。監管當局對網路銀行業務的風險監管具體通過銀行機構決策管理層的履職行為付諸實施，銀行管理層是否合格以及能力的強弱直接關係風險監管的實施效果。這就意味著在風險監管中起關鍵作用的是銀行機構的決策管理部門，即銀行董事會和高級管理層。

(2)網路銀行業務的技術風險管理。網路銀行業務風險監管除了具備傳統銀行風險管理規程外，還包括一種能夠識別、衡量、監督和控制技術風險的管理程序。這種與新技術特別是網路技術緊密相關的風險監管包括三個階段，即對技術運用的規劃、對技術的實施、對風險的衡量和監控手段。在技術風險規劃階段，銀行董事會就對會給銀行風險管理造成重大影響的網路產品是否與銀行的整體戰略一致做出判斷，並由高級管理層對所採用的技術與風險做出評估，或者聘請審計人員或諮詢員對網路銀行業務技術與產品做出獨立評估等。在技術實施階段，管理層要有效評估與該業務有關的技術與產品，做出正確的技術組合選擇，並確保所選擇的技術安裝無誤。當銀行不具備此類專業技能時，銀行可以通過外包的方式將此類業務承包給專業人士，或與擁有互補性技術的另一網路銀行業務提供者結成聯盟。在衡量和監控風險階段，管理層要利用稽核程序有效識別、衡量和控制網路銀行業務系統，並對系統是否符合性能標準進行定期檢查。

(3)網路銀行業務風險的內部控制機制。內部控制機制是監控網路銀行業務操作與系統安全風險的主要手段，主要分三個階段：第一，對可能發生的差錯或非法活動的預防性控制，如利用一定的控制軟體對網路進入人員進行控制，或者只允許那些授權人員通過使用用戶名和密碼的方式進入網路；第二，對已發生的活動加以識別並進行偵測控制，如對非法人員入侵活動發出警報；第三，對偵測到的情況進行糾正控制，如用於恢復遭病毒侵害的檔案和數據庫的軟體恢復系統。為了應付風險巨大、狀況複雜的情形，如交易型網路銀行業務，則要求銀行具備相應的更高層次的內部控制機制，如增加對交易活動的監控、運用跟蹤技術識別和比對請求來源、對不尋常交易進行定期報告和檢查等。

(4)網路銀行業務外包情況下相關風險的控制。銀行在業務外包的情況下，要定期對其技術支持來源進行重新評估，以確定已有的方案是否適合其業務計劃，以及是否有足夠的彈性滿足預期的需求。

金融管理當局對網路銀行的監管

互聯網金融業務的交叉廣、參與主體來源複雜，以往側重市場准入的機構監管模式難以完全滿足監管需求，因此國際上的普遍做法是，針對不同類型的互聯網金融業務，按照其業務行為的性質、功能和潛在影響，確定相應的監管部門以及適用的監管規則。美國將網路融資分為股權、借貸兩種模式，分別由金融市場監管機構、銀行監管機構實施監管〔祁斌（二〇一四）〕。美國當局對網路銀行的監管形式有規則、公告、勸告、警示、信函、備忘錄等（見表五）。負責監管的部門主要是美國金融管理局（OCC，貨幣監理署）、美聯儲、儲貸機構監理局、聯邦存款保險公司、全國信用合作社管理局（NCUA，全國信貸聯盟協會），以及聯邦金融機構檢查委員會（FFIEC）。其中，美國金融管理局和美聯儲是主要監管機構，它們之間的具體責任劃分以《聯邦監管法案》第十二條為根據。美國銀行分為聯邦註冊（國民銀行）和州註冊（州立銀行），因此，除全國性監管機構，還有各類州立的監管機構。

聯邦銀行監管機構將儲蓄類機構置於全面的監管和檢查之下，以確保銀行的安全性和可靠性。直到二〇一一年七月，保護消費者權益和監管銀行都屬於銀行監管機構的職權範圍。這些監管機構包括負責全國性銀行的金融管理局；負責外資銀行在美國國內營運和在各州註冊以及作為美聯儲成員的州立銀行；負責非聯邦儲備系統成員的各州銀行的聯邦存款保險公司；負責聯邦保險信貸聯盟的全國信用合作社管理局；負責聯邦儲蓄的財政部儲貸機構監理局。聯邦存款保險公司、美聯儲和各州發放銀行許可權的監管機構共同承擔監管責任。聯邦金融機構檢查委員會是美國金融業的協調機關，其主要

表五　美國網路銀行監管機構及監管規則一覽表

監管機構	類型	編號	標題	方式
聯邦存款保險公司	金融機構信函	68–99	資訊安全的風險評估工具與實際	
		98	預留訊息電話呼叫	聯合
		86–98	電子商務與消費者隱私	
		79–98	電子金融服務與消費者一致性	聯合
		131–97	與網路相關的安全風險	
		124–97	可疑活動報告——電腦犯罪	聯合
		014–97	電子銀行檢查程式	
貨幣監理署	勸告	99–94	網路銀行檢查手冊	
	勸告	99–6	國民銀行網站隱私聲明引導	
	公告	99–20	認證系統	
	公告	99–9	電腦駭客對基礎設施的威脅	
	勸告	99–11	預留訊息電話呼叫	聯合
	公告	98–38	技術風險管理：PC銀行	
	公告	98–31	電子金融服務與消費者一致性	聯合
	公告	98–03	技術風險管理——銀行和監管者指引	
	勸告	97–9	可疑活動報告——電腦犯罪	
	公告	96–48	儲值卡系統——給銀行和監管者的資訊	
美聯儲	銀行監管與規則部信函	00–04	資訊外購與交易程式	
		00–03	資訊科技檢查頻率	
		99–08	資訊科技統一收費體系	
		98–09	資訊科技的評估	
		97–32	網路資訊安全的合理操作指引	
		97–28	可疑活動報告——電腦犯罪	聯合
儲貸機構監理局	備忘錄	99–109	交易網站指引	
	備忘錄	98–97	客戶資訊的隱私權與準確性政策	
	規則	N/A	電子操作——最終規則	
	備忘錄	98–90	電子金融服務與消費者一致性	聯合
	備忘錄	97–95	可疑活動報告——電腦犯罪	聯合
	公告	32–6	資訊科技檢查程式	
	備忘錄	97–30	線上零售PC銀行指引	
FFIEC	手冊		FFIECIS檢查手冊	

資料來源：尹龍：《對我國網路銀行發展與監管問題的研究》，載《金融研究》，2001(1)。

職責是協助美國聯邦儲備局、聯邦存款保險公司、全國信用合作社管理局、金融管理局、財政部儲貸機構監理局等監管機構遵守統一的監管原則及執行統一的標準。

二〇〇八年金融危機的出現，暴露了美國金融法律監管及體制的漏洞。二〇一〇年七月二十一日，美國通過《金融監管改革法案》並設立了新的金融監管機構——金融服務監督委員會（FSOC）。金融服務監督委員會的成員包括金融消費者保護局，聯邦存款保險公司和美國證券交易委員會的主管，擁有投票權或者無投票權的各州銀行監管者或者證券委員會成員。金融服務監督委員會的職責包括：

(1)監管金融服務市場，發現影響美國金融穩定的潛在威脅。

(2)協調聯邦和州的金融監管機構在政策制定和監管活動中的資訊共享與合作。

(3)發現在監管體系中可能引起金融風險的缺陷。

(4)為新興市場的發展和金融監管事項的討論與分析提供座談。

其中，金融消費者保護局的主要工作為：

(1)強化金融消費者教育。

(2)制訂或修訂金融消費者保護法規。

(3)檢查金融機構消費者保護合規情況。

(4)構建並負責運作消費投訴及處理體系。

(5)進行金融消費者保護監測和研究。

美國聯邦貿易委員會是許多聯邦消費者保護法律的執行者。直到二〇一一年七月二十一日，美國聯邦貿易委員會一直是針對非銀行金融服務提供者的主要執法力量。此後，與金融消費者保護局共同承擔這些責任。此外，美國聯邦貿易委員會會針對可能參與不公平或者欺騙行為的非銀行金融服務提供商進行調查和採取執法手段。美國聯邦貿易委員會是個執法機構，而不是監管機構，它專注於執法行為，不會定期檢查機構或者提出任何的報告要求。

除此以外，網路銀行在美國還受到諸如清算協會、一些銀行集團等自律性機構的管理。不過，這些管理是針對會員，而且是自願的，其所涉及的領域也主要是技術、標準等，目的是為銀行創新創造條件。

監管的法律法規

在將互聯網金融納入現有監管體系的同時，美國也在根據形勢發展，不斷創新監管理念，針對互聯網金融出現後可能出現的監管漏洞，通過立法、補充細則等手段，延伸和擴充現有監管法規體系。

美國銀行監管機構在傳統監管法律制度的基礎上，制定了一系列具體的專門針對網路銀行業務及其風險的管制規則，見**表六**。這些關於網路銀行業務的專門監管法規，絕大部份與網路銀行風險監控有著直接或間接的關聯，而且大多是圍繞著與技術密切相關的風險監控問題展開的，它們為網路銀行業務的風險監管提供了具體的監控指導，而且這些規則一般都具有較強的針對性和可操作性。網路銀行監管法律框架主要有五個方面：

表六　適用於P2P行業的聯邦借貸與消費者金融保護法案

法律	相關的條款或例子
Truth Lending Act	要求貸方就貸款的條件和信貸交易提供統一、可理解的披露；監管貸款宣傳，給予借款人即時獲知資訊披露和信貸處理方式等權利。
Equal Credit Opportunity Act	禁止貸方基於種族、膚色、宗教信仰、國籍、性別、婚姻狀態、年齡等因素歧視信貸申請人。
Service Members Civil Relief Act	給予在軍隊服務的借款人一個利率上限，允許現役軍人和有任務的後備軍人暫停或推遲某些民事義務。
Fair Credit Reporting Act	必須是處於經許可的用途才能獲得消費者的信用報告，要求個人向信用部門提供正確的資訊；貸方如果拒絕信貸申請人，則必須根據信貸報告中的資訊公開披露；貸方也被要求發展和落實一套防盜竊資訊程式。
Section 5 of the Federal Trade Commission Act	禁止不公平或者欺詐性的條款和做法。
Gram-Leach-Bliley Financial Modernization Act	限制金融機構將消費者「非公開個人資訊」透露給非關聯的第三方，要求金融機構知會客戶其資訊共享機制，並且告知客戶，如果客戶不希望他們的資訊被無關聯的第三方機構獲知，他們有權選擇「退出」。
Electric Fund Transfer Act	給予消費者某些使用電子轉賬從銀行賬戶中匯入或者匯出資金的權利。
Electronic Signature in Global and National Commerce Act	允許使用電子紀錄或者電子簽名創設有法律約束力或者執行力的協議；要求在消費者交易中使用電子紀錄或者電子簽名的商業行為必須預先徵得消費者同意。
Bank Secrecy Act	要求金融機構執行反洗錢程序，使用消費者身份確認程序，篩選個人財產被凍結或者其公司被禁止進行交易的個人名單。
Fair Debt Collection Practice Act	對涉及消費者債務的第三方債務收款機構提供了指引並做出了限制，禁止在催收過程中使用威脅、騷擾和侮辱性行為。

(1)財政部金融管理局發佈的一系列與網路銀行業務相關的監管法律文件和規則。例如，一九九八年二月發佈的為聯邦銀行正確監控網路銀行業務與技術相關風險提供指導的《技術風險管理——個人電腦銀行業務》；二〇〇二年五月發佈的《網路銀行最終規則》（以下簡稱《最終規則》），該規則是目前美國關於網路銀行活動的正式管理規定。《最終規則》明確賦予網路銀行經營經銷業務、數據處理業務、資訊產品供給、副產品銷售等權利。《最終規則》進一步強調了「透明度原則」，它用針對網路銀行業務系統的檢查，替代了過去將網路銀行簡單視為「銷售通道」而

進行的網路銷售方式單一評估。

(2)聯邦儲備局發佈的網路銀行業務監管規則，如一九九七年十二月發佈的《網路資訊安全穩健操作指南》。

(3)聯邦存款保險公司制定的有關監管規章，如一九九八年六月發佈的《電子銀行業務——安全與穩健審查程序》等。

(4)聯邦銀行機構監察委員會公佈的文件，如二〇〇〇年十一月發佈的《外包技術服務風險管理》。

(5)多個監管機構共同制定或發佈的文件，如由金融管理局、聯邦儲備局、聯邦保險公司和互濟貸款監管署聯合發佈的《關於電子銀行服務和消費者守法指南》及《資訊安全指引》。

二〇〇八年美國金融危機全面爆發後，針對導致危機的金融法律監管及體制漏洞，美國政府於二〇一〇年七月通過了《金融監管改革法案》，即《多德—弗蘭克法案》。該法案涉及美國金融業的方方面面，包括建立新的金融監管機構，如金融穩定監督委員會和消費者金融保護局。

互聯網金融的發展與監管挑戰

美國金融監管體制有一個明顯的特徵，那就是按行為監管。美國的金融監管機構很少對各種機構的性質進行區分，而是根據各機構的業務採取執法。

互聯網金融業態的發展帶來了新的監管憂慮和挑戰。例如，在主要的盈利性平台專注於提供相對直接的無抵押貸款的同時，它們也和其他平台開發（或者將會開發）更複雜的貸款產品與其他貸款方式，如汽車貸款和抵押、P2P借貸概念的衍生品等。這些都會引起監管者的憂慮，如保證貸款條例的公平性與透明度。同時，主要的盈利性平台也吸引了越來越多的資深個人與機構投資者，它們和其他的平台可能會給投資者提供建議服務，這就引發了新的監管問題。例如，LC Advisor，LLC，Lending Club的一個全資子公司，已經在美國證券交易委員會與州證券監管機構登記為投資諮詢公司。LC Advisor將會通過Lending Club的平台，為高淨值客戶和機構客戶管理投資賬戶，並且提供其他服務。此外，平台可以為借貸者開發不同的功能和產品，比如允許公司代表放款人挑選貸款，或者允許放款人投資由公司篩選的貸款池，這通常是由美國證券交易委員會來監管。這些做法會引起關於保護放款人的新問題，如果選擇聯合或統一監管方式的話，這會給金融消費者保護局與美國證券交易委員會在定義和協調管轄權時提出新的挑戰。

由於現行的監管模式存在各機構之間分工不明確，權利所引用的法律條例比較模糊，有落後於行業發展之嫌，因而統一監管的方案呼聲較高。但是，我們必須注意到，轉移到新的監管體系成本是極高的，因為企業必須重新適應新的監管方式和監管風格，而消費者也必須重新熟悉參與步驟，有可能會打擊消費者參與的熱情。同時，不能肯定單一機構行使職責能解決現在監管體制的所有問題。

無論是保留現有的監管制度，還是選擇聯合或統一監管的方式，現存的機制正面臨新的風險與監管挑戰。另外，針對一些業務的風險程度，還需要不斷跟蹤研究，以確定參與聯合監管的部門。以P2P業務為例，來自美國證券交易委員會公司金融部門、市場與交易部門、投資管理部門的職員們認為，通過查看公司的證券登記資料，他們現在正定期監管Prosper和Lending Club的業務變化。他們注意到，從公司提交的材料可以看出，這兩家公司的增長是非常明顯的。同時，如前面已經討論的，金融消費者保護局的職責包括研究、監管、報告消費者金融產品與服務的發展；除此之外，金融消費者保護局還要為消費者辨別風險。然而，金融消費者保護局的功能尚未完善，還沒有決定如何監管P2P借貸行業。如果P2P借貸發展迅速的話，FSOC可以參與到監管當中。

美國互聯網金融的現狀評述

現狀

與中國國內的激辯與爭議相比，互聯網金融在美國並沒有得到特別的對待。從目前來看，美國的互聯網金融在發展過程中存在著這樣的趨勢：一是傳統金融與網路技術的融合更加緊密；二是新興的互聯網金融業務發展迅速，衍生出新的金融業態，但並未危及傳統銀行體系和金融體系的統治地位。

從P2P網路信貸領域來看，創新仍處在實驗和探索階段，前路漫漫。Lending Club 和 Prosper在二〇一三年的成交量達到了二十四億兩千萬美元，但相對於美國約三兆五千億美元的消費者信貸市場而言，它們的地位實在是無足輕重。美國人將P2P視為廣泛的金融創新的一部份，它使得借貸的途徑更加豐富，效率或許有所提高。更重要的是，它在金融領域引入了一種網路的民主思維。但其未來發展如何，有待時間的檢驗。

從第三方支付市場來看，它與傳統支付系統遙相呼應、相互補充。PayPal引領了一場支付革命，也帶動了美國傳統金融業務的資訊化發展，行動信用卡、手機銀行的增速均超過了百分之二十。據統計，二〇一二年美國行動支付佔整個支付體系的比率將近百分之一，預計到二〇一五年達到百分之二；第三方支付主要是在國際貿易和支付中發揮作用。第三方支付、行動支付確實弱化了傳統支付體系的功能，但並沒有達到取代傳統支付體系的地步，它們更像是對傳統支付體系的一個額外補充。

從貨幣市場基金來看，無論是規模還是收益率，貨幣市場基金都在直線下降。二〇〇八年貨幣市場基金達到三兆七千五百億美元，超過銀行總存款規模七兆兩千億美元的百分之五十；而到金融危機後，其規模已經降到兩兆四千億美元左右。從收益率來看，以PayPal為例，二〇〇二至二〇〇四年利率下行期間，貨幣市場基金的平均收益率約百分之一；二〇〇五至二〇〇七年利率上行期間，貨幣市場基金的平均收益率超過百分之四，均高於同期的銀行利率水準。但是，金融危機後，貨幣市場基金的收益率大幅下滑，二〇一一年的平均收益率僅為百分之〇．〇四。探究低收益率的原因：一是金融危機後美聯儲量化寬鬆政策帶來的低利率政策；二是二〇〇九年後財政部不再承擔貨幣市場基金的托底義務；三是Q條例取消後，銀行可以對支票與活期存款支付利率。貨幣市場基金收益率走低的同時，美國股票市場卻持續走高，使得資產轉移加速，貨幣市場基金規模持續萎縮。

從群眾募資市場來看，它有效地促進了社會創新，成為了傳統證券業務的替代和補充。群眾募資對於支持和鼓勵微小企業的創新活動意義重大，二〇一二年美國通過的《創業企業融資法案》允許小企業通過群眾募資獲得股權資本後，群眾募資更是得到了快速的發展，目前全美至少有一千五百家群眾募資平台。

從銀行業來看，純網路銀行舉步維艱，傳統銀行加快與網路的融合。如前所述，世界第一家網路銀行——安全第一網路銀行有過非常輝煌的時刻，它的優勢是費用低、可以享受線上金融服務。但是，安全第一網路銀行有著固有的缺陷，如資金運作管道少、營業據點少、從業人員限制，這使得它很難像大銀行那樣提供專業而全面的金融服務，也就是便利性上存在缺陷，進而導致客戶黏性不足。當傳統銀行加快網路佈局，一樣能夠提供網上金融服務的時候，客戶們最終會因安全性、便捷性、專業性等原因選擇傳統銀行。安全第一網路銀行最終被加拿大皇家銀行收購，成為了傳統銀行的網上平台。目前，美國絕大部份傳統銀行都提供了線上金融服務，將金融業務與網路聯繫在一起，從而拓展了服務的邊界、提升了服務的品質。網路銀行、行動支付、手機銀行等融合創新活動從未間斷，線上的便捷性和線下的專業性相互融合，全面提升了銀行業的服務水準。

從證券業和保險業來看，其現狀與銀行業類似。純粹的網上交易平台無法為客戶提供詳細的產品介紹，傳統證券公司和保險公司依托自身優勢建立網上平台，很快就佔據了主導地位。

評述

互聯網金融起源於美國，二〇一三年在中國逐步興起。如今，互聯網金融成為中國經濟金融領域一個極具爭議性的話題，互聯網金融是否對傳統金融形成顛覆、互聯網金融如何監管被反覆激辯。我們不得不問，為什麼互聯網金融在美國沒有形成這麼大的爭議？

根本的原因在於中、美金融體系的差異，即制度因素的不同。中國是銀行主導的、相對僵化的金融體系，而美國是市場主導的開放金融體系。二〇一三年，美國GDP達十六兆五千六百億美元，貨幣供給量M_2約為十一兆美元，股市市值約二十兆美元，債券市場規模約四十兆美元；而中國方面，GDP為八兆五千兩百億美元，貨幣供應量約十八兆美元，股市市值約三兆七千五百億美元，債券市場市值與股市相當。從金融體系效率測算，以RW Goldsmith(1985)的金融相關率測算，美國約為四・二八，而中國約為三・〇，美國的經濟貨幣化程度比中國高百分之四十二・七。再從結構來說，M_2/GDP的比值能夠很好地反映貨幣的使用效率，美國的這一比值是百分之六十六，而中國為百分之兩百一十一。可以看到，中國的貨幣使用效率極低，反映出兩國金融體系的截然不同。市場主導型金融體系強調通過創新活動增強市場競爭，最終達到一種帕累托均衡；這類創新活動是持續不斷進行的，因而對於市場的影響是平穩的。而僵化的金融體系長期處於嚴厲的監管之下，並且可能伴隨著市場壟斷，導致金融活動受到壓抑，當某種創新活動成功繞過監管，其作用便會無限放大，釋放出巨大的能量，對市場形成強烈影響。

從整個金融體系來看，美國無疑是各國學習的典範，即使二〇〇八年次貸危機後各國曾對其金融市場有所懷疑，但從如今恢復的情況而言，美國金融體系的彈性和恢復能力令人吃驚。美國的銀行業、股票市場、債券市場以及期貨市場都是世界上最發達的。大中型企業在紐交所、美交所、納斯達克等市場發行股票和債券、商業票據獲得資金；中小企業可以從眾多的私募股權投資、創業投資募集資金，也能從數量眾多、充份競爭的銀行中獲得資金；對個體消費者而言，美國的銀行業擁有全球最具競爭性和最大的零售金融服務。尤其需要強調美國的銀行業，它直接與中小企業和個人的金融服務相關。自一九三三年《格拉斯—斯蒂格爾法》、一九六〇年《銀行合併法》頒佈之後，美國禁止銀行業跨州和跨行業經營，銀行業一直處於零散的競爭局面。一九九四年《州際銀行法》允許銀行跨州經營，一九九九年《金融服務法現代化法案》通過並廢除了《格拉斯—斯蒂格爾法》後，美國銀行業出現兼併大潮並開始提供全方位金融服務，同時效率大幅提升。雖然兼併活動催生了花旗銀行、美林銀行、摩根大通銀行等特大金融機構，但得益於原來的競爭體系，美國銀行業總體處於充份競爭的狀態，目前有超過七千三百家商業銀行。在二十世紀八〇年代利率市場化之後，各銀行間的競爭活動更加劇烈，不斷提升其服務水準、改善服務品質，注重向中小企業和個人提供金融支持。美國甚至專門制定了《小企業法》，以促進商業金融向中小企業貸款。正是因為美國金融體系的這種競爭性，使得企業和個人的金融需求可以得到即時滿足，並且市場創新活動總是漸次推進的，而網路的出現只是加劇了這種創新，並不會對市場產生顛覆。

比較而言，中國的金融體系迥然不同。如前所述，中國是一個銀行佔主導的金融體系，社會融資活動絕大部份需要通過銀行；而從銀行的競爭程度看，中國有三家政策性銀行、五家大型商業銀行、十二家股份制銀行、一百四十四家城市商業銀行以及超過兩百家農村商業銀行。據二〇一三年七月中國銀監會公佈的數據，四家大型商業銀行的總資產為六十一兆兩千億人民幣，佔銀行業金融機構總資產一百四十一兆三千四百億元的百分之四十三．三，可見行業集中度之高。與此同時，最關鍵的問題在於，中國的利率市場化仍未完成，無法發揮資金價格配置資源的作用，持續偏高的存貸利差一直為人所詬病，導致大型銀行缺乏動力改善金融服務。存款利率被壓低，使得普通居民的貨幣投資需求長期被壓抑，一旦餘額寶之類貨幣市場基金能提供更高的利息收益，這種被壓抑的金融需求就會爆發性地釋放出來；而貸款利率也被實際低估，故銀行就產生了惜貸行為，致使中小企業融資困難，而民間借貸、影子銀行大行其道。

總之，美國的競爭性金融制度有效地釋放了企業和居民的金融需求，因而網路與金融的結合，只是推動了原有體系的不斷完善，傳統金融與互聯網金融相互補充、相得益彰，提高了整個金融系統的效率和彈性。從中國來看，因為金融壓抑的程度太高，互聯網金融成為打破金融壟斷、進行金融深化的一個突破口，致使企業和居民長期壓抑的金融需求被釋放出來。從客觀上看，互聯網金融能夠推動中國金融體系的競爭，並可能形成新的金融業態。

美國互聯網金融發展對中國的啟示

網路興起於美國，互聯網金融也興起於美國。從美國互聯網金融發展的過程和影響力來看，最直觀的影響可能就是證券行業佣金率的下降速度更快了。但是，經過十幾年的發展，互聯網金融對美國金融體系的衝擊還不明顯，其原因可能是美國金融體系的特點和宏觀金融環境所致。畢竟，美國金融市場的自由化程度最高，而且是市場主導型金融體系，金融創新對美國金融體系而言已經司空見慣，其自我的適應能力很強，而且反應速度很快。

但是，對於中國金融而言，互聯網金融的衝擊力可能就不一樣了，也許會徹底改變中國金融業的基因，加快中國金融市場的自由化，甚至會撼動中國傳統的金融體系。

可能加快中國利率市場化進程

從宏觀上講，中國金融體系的現狀是銀行主導，而且利率的市場化程度不高，尤其是銀行存款利率受到管制，導致存在多個利率市場，而且不同的市場存在一定程度的分割。當互聯網金融出現之後，就成為溝通各個利率市場的一條寬闊橋樑，其衝擊的就是商業銀行的存款市場。美國互聯網金融企業**PayPal**的貨幣市場基金，在資本市場如此發達的美國，都能在二〇〇七年順利超過十億美元；二〇一三年出現的阿里巴巴的餘額寶，在短短幾個月內匯集的資金額就超過了一千億元，存款從銀行向貨幣市場基金轉移的速度令人驚奇。雖然一千億元相對於銀行體系一百多兆元的存款總量依然很小，但「餘額寶們」後續將會滾雪球似的增長，加之商業銀行之間的競爭，最終必然會對銀行的存款市場產生衝擊。如果互聯網金融不被政策扼殺在搖籃中，將會倒逼中國利率市場化政策的加快推出，從而對中國金融業產生深遠的影響。對於政策制定者而言，技術的進步已成事實，互聯網金融已經出現並且正在迅速發展壯大，覆蓋群體數量巨大而且客戶黏性很強；對於在網路時代成長起來的八〇後、九〇後群體，由網路帶來的民主意識已經生根，他們對新事物的接受能力很強。因此，接受不可阻擋的互聯網金融將成為政策制定者的必然選擇，由此順勢而為地加快利率市場化步伐也是必然的。

服務於小微客戶的貸款平台，或許能在一定程度上解決小微企業的貸款難問題

互聯網金融的典型產物就是P2P平台、群眾募資平台，它們的共同特點都是資金借出方分散，而且單個額度都較低，貸款方資金需求量也較小。此外，有平台公司負責貸款方的資訊審核，甚至事後追款義務。從美國的經驗來看，申請貸款的項目很多，但實際能夠獲得貸款的比例較低，這與阿里巴巴相似。但是，相對傳統商業銀行的貸款成本而言，P2P平台、群眾募資平台的成本低得多，而且效率高，能夠解決部份小微企業的貸款難問題。另外，P2P平台、群眾募資平台嚴格依賴貸款者的信用數據，因此可以間接培養國人的信用意識，推動中國信用體系的發展。

改變家庭的資產配置結構，影響中國金融結構的發展

對於美國家庭而言，存款較少，基金、債券、股票配置的比例較高，但中國家庭是存款佔據絕大部份，其他金融產品相對較少。互聯網金融的出現，對美國家庭的影響較少，但對於中國家庭而言，影響會大得多。以成功營運的餘額寶為例，百分之四．五左右的年化收益率相對於百分之〇．三五的活期利率高得多，而餘額寶的投資方向是貨幣市場基金，購買餘額寶的人實質是加大了貨幣市場基金的配置比例，降低了存款的配置。如果某一天，餘額寶開始配置債券也不足為奇。此外，互聯網金融低廉的交易成本為資本市場開闢了一條新的銷售通路，有助於打破對銀行管道的過度依賴。進一步，互聯網金融所產生的大數據挖掘，將使證券公司或者基金公司能夠開發出匹配各類投資者的金融產

品，並且實現理財產品的自動定向銷售，「金融＋數據挖掘」的結合將精準行銷的業務模式推廣到金融業的產品銷售中，不僅會改變金融業的經營模式，更重要的是實現和強化了資本市場的財富管理功能。因此，互聯網金融將會改變中國家庭的資產配置結構，加強了新興的網路客戶群體與資本市場的聯繫，讓資本市場的客戶群下沉。該變化不僅為資本市場帶來了大量的增量資金、提升了資本市場的影響力，而且會影響中國金融結構的發展方向。

第三方支付打破了傳統銀行的壟斷，市場又多了一個強有力的競爭者

在美國，互聯網金融也是以第三方支付為主要發展方向之一，**PayPal**最重要的功能就是為全球的電子商務提供支付結算。不論是有擔保的支付平台還是無擔保的支付平台，其實質都是為消費者提供一個方便的支付平台，而不是依賴於某一家銀行。對於傳統銀行而言，提供支付清算功能是其賴以生存的基礎之一，當這一功能受到第三方支付平台的衝擊時，會迫使它們去變革，比如建立自己的網上支付平台、與第三方支付平台合作或者成立純網路銀行等，以便為消費者提供更加便捷的支付工具。總之，第三方支付打破了傳統銀行的壟斷，間接提高了銀行業的運作效率。

審慎寬鬆的監管支持互聯網金融的發展

從美國監管當局對互聯網金融的監管政策來看，基本上是通過補充新的法律法規，使原有的監管規則適應互聯網金融。市場准入基本延續了傳統銀行的規則，風險控制制度則針對網路銀行的業務活

動和電子貨幣行為的特殊性有所變化。對於中國互聯網金融的監管而言，我們應該從理念上支持，因為互聯網金融的出現是技術進步的結果，是能夠促進中國金融業效率提升的新基因，對於一直受到詬病的銀行業壟斷、低效率能夠起到「攪局」的效果，甚至是金融業的「鯰魚」。從監管規則上看，由於互聯網金融有其特殊性，也需要制定相應的法規來適應。但是，互聯網金融的發展是否有一定的邊界以及邊界在哪裡，現在還不能確定。從風險識別的角度來看，互聯網金融的主要風險可能在於平台公司自身的破產風險、貸款方的違約風險，但只要採取積極的措施，這些風險都可以控制。鑒於互聯網金融的總體規模還較小，因而寬鬆的監管框架也許更好。

參考文獻

巴曙松，王凡，〈美國貨幣監理署的監管框架及其發展趨勢〉，《國際貿易》2006(3)。

曹紅輝，李漢，《中國第三方支付行業發展藍皮書(2011)》，北京：中國金融出版社，2012。

羅明雄等，《互聯網金融》，北京：中國財政經濟出版社，2013。

馬其家，〈美國金融穩定監管委員會及啟示〉，《東北師範大學學報》，2011(5)。

沈曉平，《網上金融》，北京：電子工業出版社，2009。

天拓諮詢，〈淺談互聯網保險〉，Insweb，2013-09。

吳慶田，〈美國網絡銀行的風險控制分析與借鑒〉，《湖南商學院學報》，2005(2)。

吳曉求，〈中國金融的「三維」改革與互聯網金融〉，工作論文，2013-12。

仵志忠，〈資訊不對稱理論及其經濟意義〉，《經濟學動態》，1997(1)。

楊天宇，鍾宇平，〈中國銀行業的集中度、競爭性與銀行風險〉，《金融研究》，2013(1)。

楊再平，〈互聯網金融之我見〉，證券時報網，2013-10。

尹龍，〈對我國網絡銀行發展與監管問題的研究〉，《金融研究》，2001(1)。

張素華，《網絡銀行風險監管法律問題研究》，武漢：武漢大學出版社，2004。

中國證券報，中證網，〈美國版餘額寶的十年興衰〉，2013-07-03。

Allen F., and D.Gale, *Financial Innovation and Risk Sharing*, *MIT Press*, Cambridge, 1994, MA.

Allen F., James Mcanderws, and Philips Strahan, "*E-Finance: An Introduction*", Journal of Financial Services Research, 2002, 22(1/2) 5-27.

Bai,C., Li,D., Qian,Y.and Wang,Y., "*Anonymous Banking and Financial Repression: How does China's Reform Limit*

Government Predation without Reducing Its Revenue? ", CEPR Discussion Paper, 1999.

Calvet L., M. Gonzalez, and P.Sodini, "*Financial Innovation, Market Participation and Asset Prices*", NBER Working Paper, No. 9840.

Chester S. Spatt, "*Regulatory Competition, Integration and Capital Markets*",available at www.sec.gov/news/speech/spch102306cc. htm,October 23, 2006.

DeYoung R., "*The Performance of Internet-based Business Models: Evidence from the Banking Industry*", Bus, 2005, 78: 893-947.

DeYoung R., Lang W. W., Nolle D. L., "*How the Internet Affects Output and Performance at Community Banks*", Bank Finance,2007, 31(4): 1033.

Finnerty, J.D.,Debt Management, Harvard Business School Press, Cambridge, 2001, MA.

Furst K., Lang W. W., Nolle D. L., "*Internet Banking*", Journal of Financial Services Researd, 2002,22: 95-117.

Gastion C. M.and Walhof P., "*Regulatory Arbitrage: Between the Art of Exploiting Loopholes and the Spirit of Innovation*", DE ACTUARIS, September 2007.

Georgios I.Zekos, "*Cyberspace and E Finance*", Hertfordshire Law Journal, 2004,2(1): PP31-44.

Hadjiemmanuil, C., "*Institutional Structure of Financial Regulation: A Trends towards Megaregulators*", Paper presented at the conference on The Future of Financial Regulation in Taiwan, Taipei, 6th July, 2001.

Mckinnon,I. R., *Money and Capital in Economic Development,* Washington, D.C.,The Brookings Institution,1973.

Merton, R., "*On the Application of the Continuous-time Theory of Finance to Financial Intermediation and Insurance*",Geneva Papers on Risk and Insurance Theory, 1989, Vol. 14, pp.225- 261.

Merton,R., "*Operation and Regulation in Financial Intermediation: A Functional Perspective*", Operation and Regulation of Financial Markets, 1993.

Merton,R., "*A Functional Perspective of Financial Intermediation*", Financial Management, 1995, Vol . 24, pp.23-41.

Merton, R. and Z.Bodie, "*Deposit Insurance Reform, A Functional Approach*",Carnegie-Rochester Conference Series on Public Policy, 1994, Vol.38, June.

Merton, R., and Z. Bodie, *A Framework for Analysing the Financial System*, Harvard Business School Press, 1995, Boston.

Persons, J. C. and V. A. Warther, "*Boom and Bust Patterns in the Adoption of Financial Innovations*", The Review of Financial Studies, 1997, Vol. 10(4), pp. 939-967.

Shaw,E., *Financial Deepening in Economic Development*, Oxford University Press, 1973.

Taylor, M., "*Dealing with Regulatory Arbitrage*", Paper presented at Financial Sector Conference Aligning Financial Regulatory Architecture with Country Needs: Lessons from International Experience, 5th and 6th, June, 2004.

Taylor S., Todd P. A., "*Understanding the Information Technology Usage*: *A Test of Competing Models*", Information Systems Research, 1995, 6(2): 144-176.

Tufano, P., "*Financial Innovation*", Handbook of the Economics of Finance, Elsevier North-Holland, 2002, chapter 6.

United States Government Accountability Office, "*Person-to-person Lending*: *New Regulatory Challenges could Emerge as the Industry Grows*", 2011-07.

Vijayasarathy L. R., "*Predicting Consumer Intentions to Use Online Shopping*: *The Case for An Augmented Technology Acceptance Model*", Information and Management, 2004, 41(6): 747-762.

後記

互聯網金融作為新的金融業態，是一個時期以來人們十分關注的問題。作為研究者，之所以將其作為重要的研究對象，一方面是基於其蓬勃發展的勢頭，另一方面更是基於其對傳統金融體系帶來的深刻挑戰。我們對互聯網金融的研究主要側重於分析其獨特的運作機理和相當複雜的理論結構。在我們的研究成果形成之前，人們對互聯網金融的研究，基本上停留在互聯網金融的現實形態和個案分析，對互聯網金融的理論邏輯研究明顯不夠。必須提及的是，中投公司副總經理、中國人民銀行研究局原局長謝平的研究是個例外，他與鄒傳偉在《金融研究》二〇一二年第十二期發表的題為《互聯網金融模式研究》論文，已經開始涉及互聯網金融的很多基礎理論，並對互聯網金融與傳統金融的替代邊界做了相當重要的計量分析。與謝平等人的理論研究略有不同的是，我們研究的重點主要放在構建互聯網金融的理論結構、風險變異以及監管的基石準則等方面。本書就是我與我的研究團隊一個時期以來關於互聯網金融理論研究的重要成果。

本書相當多的內容曾作為《中國資本市場研究報告（二〇一四）》，即《互聯網金融：理論與現實》（北京：北京大學出版社，二〇一四）一書的內容。此後，隨著研究的深入，我們對原來的研究又進行了修改和深化，有的部份（如導論部份）幾乎完全重寫。經刪減、修改和重寫後，其對互聯網金融的研究更體現了基礎性，理論性的特點，故將書名定為《互聯網金融——邏輯與結構》。本書的研究、寫作、刪減、修改由我主持。各章作者分別來自於中國人民大學金融與證券研究所、財政金融學院、漢青研究院、法學院和中央財經大學金融學院。他們是：導論，吳曉求教授；第1章，梁循教授、許偉副教授、申華博士；第2章，施煒博士、李鳳雲副教授；第3章，湯珂教授、趙錫軍教授；第4章，許榮教授；第5章，董安生教授、安邦坤博士；第6章，應展宇教授；第7章，李少君博士、李剛博士。劉振亞教授、楊東教授和李偉博士等亦參加了相關內容的討論。最後，吳曉求教授翻閱了全書，並向相關作者提出了一些修改建議。在本書出版之前，本書中部份章節內容在中國國內有關學術期刊上亦有選登。

中國人民大學金融與證券研究所所長
吳曉求教授

國家圖書館出版品預行編目 (CIP) 資料

互聯網金融：邏輯與結構 / 吳曉求等著. -- 第一版. -- 臺北市：風格司藝術創作坊, 2016.02
面； 公分
ISBN 978-986-92628-6-6(平裝)

1.金融業 2.金融管理 3.中國

561.92 105002249

金融理財06

互聯網金融——邏輯與結構

作　　者：吳曉求等著
編　　輯：苗龍
發 行 人：謝俊龍
出　　版：風格司藝術創作坊
106 台北市安居街118巷17號
Tel: (02) 8732-0530　Fax: (02) 8732-0531
http://www.clio.com.tw
總 經 銷：紅螞蟻圖書有限公司
Tel: (02) 2795-3656　Fax: (02) 2795-4100
地址：台北市內湖區舊宗路二段121巷19號
http://www.e-redant.com
出版日期／2016 年 5 月　第一版第二刷
定　　價／399 元

ISBN 978-986-92628-6-6　Printed in Taiwan